趙爾巽等撰

清史稿

第一四册

卷一三〇至卷一四一（志）

中華書局

清史稿卷一百三十

志一百五

兵一

有清以武功定天下。太祖高皇帝崛起東方，初定旗兵制，八旗子弟人盡爲兵，不啻舉國皆兵焉。太宗征藩部，世祖定中原，八旗兵力最強。聖祖平南服，世宗征青海，高宗定西疆，以旗兵爲主，而輔之以綠營。仁宗剿教匪，宣宗禦外寇，兼用防軍，而以鄉兵助之。文宗、穆宗先後平粵、捻，湘軍初起，淮軍繼之，而練勇之功始著，至是兵制蓋數變矣。道、咸以後，海禁大開，德宗復立海軍，內江外海，與水師並行。而練軍、陸軍又相繼以起，擾攘數年，卒釀新軍之變。以兵興者，終以兵敗。嗚呼，豈非天哉！今作兵志：一曰八旗，二曰綠營，三曰防軍，附陸軍，四曰鄉兵，五曰土兵，六曰水師，七曰海軍，八曰邊防，九曰海防，十曰訓練，十一曰製造，十二曰馬政，並分著於篇。

八旗

清初，太祖以遺甲十三副起，歸附日衆，設四旗，曰正黃、正白、正紅、正藍，復增四旗，曰鑲黃、鑲白、鑲紅、鑲藍，統滿洲、蒙古、漢軍之衆，八旗之制自此始。每旗三百人爲一牛彔，以牛彔額眞領之。五牛彔，領以札蘭額眞。五札蘭，領以固山額眞。每固山設左右梅勒額眞。天命五年，改牛彔額眞俱爲備禦官。天聰八年，定八旗官名，總兵爲昂邦章京，副將爲梅勒章京，參將爲甲喇章京，各分三等。備禦爲牛彔章京。什長爲專達。又定固山額眞行營馬兵爲阿禮哈超哈，其後曰驍騎營。巴雅喇營前哨兵爲噶布什賢超哈，其後曰護軍及前鋒營。駐防盛京兵爲守兵，預備兵爲援兵。各城寨兵爲守邊兵。舊蒙古左右營爲左右翼兵。舊漢兵爲烏眞超哈。孔有德之天祐兵，尚可喜之天助兵，幷入漢軍。九年，以所獲察哈爾部衆及喀喇沁壯丁分爲蒙古八旗，制與滿洲八旗同。崇德二年，分漢軍爲二旗，置左右翼。四年，分爲四旗，曰純皂、曰皂鑲黃、曰皂鑲白、曰皂鑲紅。七年，設漢軍八旗，制與滿洲同。世祖定鼎燕京，分置滿、蒙、漢八旗於京城。以次釐定兵制。

禁衞兵大類有二：曰郎衞，曰兵衞。郎衞之制，領侍衞內大臣六人，鑲黃、正黃、正白旗各二人。內大臣六人。散秩大臣無定員。侍衞分四等。更有藍翎侍衞。凡御前侍衞、乾清門侍衞由三旗簡用，漢侍衞由武進士簡用，皆無定員。初，鑲黃、正黃、正白三旗，天子自將，選其子弟曰侍衞，凡值殿廷，以領侍衞內大臣統之。宿衞乾清門、內右門、神武門、寧壽門爲內班，宿衞太和門爲外班。行幸駐蹕咸從。其扈從，後扈二人，前引十人，豹尾班侍衞六十人。凡佐領親軍，鑲黃旗滿洲八十五佐領，蒙古二十八佐領，每佐領親軍二人；正黃旗滿洲九十三佐領，蒙古二十四佐領；正白旗滿洲八十六佐領，蒙古二十九佐領。三旗親軍選六十人隨侍衞行走，餘皆值宿。巡幸則御前大臣侍衞、乾清門侍衞咸從。行營則列兩廂，餘於幔城之隅，環拱宿衞。康熙二十九年，以武進士技優者拔置侍衞，偕三旗值宿。雍正十一年，以親軍未滿十年者，挑選前鋒。滿、漢八旗左右翼各設前鋒統領一人，備警蹕宿衞。侍衞班內有上駟院侍衞，司轡、司鞍。其兼尚虞、鷹鷂房、鶻房、十五善射、射鵠、善撲等侍衞，統在三旗額內，俱無定員。鑾儀衞亦侍從武職。設掌衞司內大臣一人，鑾儀使三人，冠軍使十人，雲麾使、治儀正、整儀尉各有差，專司乘輿鹵簿。校尉由內府選者爲旗尉，由五城選者爲民尉。此八旗郎衞制也。

兵衞之制，定鼎初，卽以上三旗守衞紫禁宮闕，以護軍統領、參領、前鋒統領率之。噶布什賢超哈滿洲、蒙古八旗分左右翼備宿衞。內務府三旗，各設佐領三人，旗鼓佐領四人，正黃旗設朝鮮佐領一人，每二丁設馬甲一，每佐領各設領催六、護軍十五，以領侍衞內大臣率之。內務府官兵守護行宮者，分東西北三路，設千總等官，兵額不等。熱河行宮亦如之。其守護陵寢者，順治初，永陵、福陵、昭陵各設雲騎尉、騎都尉。嗣後盛京三陵，增設總管、防禦、驍騎校。京師東西陵制亦如之。所屬各旗驍騎有差。八年，制定親王至輔國公等，以次設長史、護衞等官。十七年，定八旗漢字官名，固山額眞曰都統，梅勒章京曰副都統，甲喇章京曰參領，牛彔章京曰佐領，昂邦章京曰總管，烏眞超哈曰漢軍。凡滿、蒙、漢各旗共選四千八百人爲養育兵，訓練技藝。嗣後兵額屢增。乾隆中，滿、蒙養育兵至二萬三百餘人。盛京打牲烏拉，設總管、協領、佐領等員，轄打牲兵丁。吉林之參戶，蜜戶，漁戶，獵戶，鷹、狐、獺、鶻諸戶，咸隸內府三旗。其巡捕營汛守外七城門，上設步兵汛二十五所，城外分中南北三營，馬步兵汛額各有差，統以參將、遊擊等。暢春、圓明、靜明等園守兵，統以守備。康熙初，定駐蹕之地，八旗護軍分左右翼巡宿，啓蹕則三旗營總、護軍參領隨行。十三年，定八旗步兵二萬一千餘名，鳥槍步兵凡千七百三十七名。又定內九門外七門設城門校，轄十六門門軍。其步軍營汛守皇城內各汛專用滿洲，城外各汛兼用蒙古、漢軍。尋定上駐園，則八旗兩翼，翼分七汛，更番宿衞。每日當值之前鋒、鳥槍護軍共七百二十人。二十一年，定田獵每年三舉，八旗各簡前鋒軍校以從。二十二年，定車駕巡幸期。八旗驍騎營於內外城並增汛所。二十三年，以黑龍江所進精騎射、善殺虎者編虎槍營。三十年，設火器營。雍正元年，設巡捕營，馬兵汛十五，步兵汛五十二。凡朝會期，協尉、副尉率步軍巡警。二年，諭各旗共選四千八百教養兵，習長槍挑刀各藝。四年，令八旗前鋒習射，月六次。其專司防火者曰防範兵。九年，令五旗門汛護軍、馬甲均歸本營操演。令三旗增訓練兵二千，編爲二營。十三年，額定馬甲五千二百五十，春秋二季合操。乾隆十四年，設雲梯兵一營。又於昆明湖設趕繒船，以前鋒軍習水戰。二十五年，令來京回人編一佐領，以和卓爲佐領統轄之，後皆準此。三十九年，定大閱頭隊前鋒八旗，分爲八隊，每隊小旗八，海螺四，爲殿後兵。四十一年，以來京之番子視回人例，編一佐領，統於內務府正白旗。四十六年，增京師步軍左右二營，合南北中爲五營，分二十三汛，領兵一萬，於八旗漢軍鄂爾布、步甲、閒散內擇壯丁充補。嘉慶四年，令巡捕五營以中營作提標，管圓明園五汛，參將四人，分管南北左右四營，共十八汛，兩翼總兵分轄之。十七年，以增設之健銳營歸左翼，外火器營歸右翼，合八旗前鋒、內火器營、驍騎營凡三十六營。咸豐三年，諭京師各旗營兵十四萬九千有奇，統兵大臣分班親閱，馬步火器，務令精整，不得以臨時召募濫充。十年，從勝保請，令八旗兵加練槍礮擡槍。同治四年，諭醇親王訓練神機營，旗、綠各營，亦隨時校閱。光緒二十四年，選練神機營馬步隊，以萬人爲先鋒隊，習槍礮及行陣戰法。此八旗兵衞制也。

八旗駐防之兵，大類有四：曰畿輔駐防兵，其藩部內附之衆，及在京內務府、理藩院所轄悉附焉；曰東三省駐防兵；曰各直省駐防兵，新疆駐防兵附焉；曰藩部兵。

畿輔駐防兵制，順治初，獨石口、張家口、山海關、喜峯口、古北口並設防禦一人或二人，采育里、固安縣設防守尉、防禦有差。康熙十四年，察哈爾八旗，每旗設總管一人，副總管一人，參領三人，佐領、驍騎校、護軍校各有差。捕盜官每旗二人，親軍、前鋒各二，護軍十七，領催四，驍騎二十五。在京蒙古都統兼轄之。山海關總管一人，防禦八人，滿、蒙、漢兵七百有奇。尋設張家口總管一，防禦七，兵百三十有奇。獨石口、古北口增防禦各二，喜峰口防禦二，冷口、羅文峪防禦各一，兵多則六十八，少則十二人。雍正三年，設天津水師營都統一，協領六，佐領、防禦、驍騎校各三十二，旗兵千六百人，蒙古兵四百人，分左右兩翼。乾隆三年，增熱河駐防兵二千人，委前鋒校、前鋒、領催、鳥槍領催、馬甲、鳥槍馬甲、炮甲、弓矢匠各有差，以千四百人駐熱河，四百駐喀喇河屯，二百駐樺榆溝。八年，改山海關總管爲副都統，增協領、佐領諸屬，滿、蒙、漢兵共八百人，分左右翼。二十六年，設察哈爾都統一人，駐張家口，理八旗游牧，兼轄防兵，副都統二人，駐左右翼游牧邊界。四十五年，設駐防密雲滿、蒙兵二千。嘉慶三年，增熱河圍場副都統。九年，改總管。十五年，改設都統一人。以厄魯特達什達瓦降衆徙居科布多，旋分其屬爲三旗，設總管、副總管、佐領、驍騎校等。尋移至熱河，作爲官兵。先是康熙中，建避暑山莊於熱河，設總管、守備、千總分守各行宮。乾隆間，增建行宮，設千總、委署千總一二人，兵自六人至九十八人不等。木蘭圍場總管一人。康熙季年，設有防禦八及滿、蒙兵百餘。迨乾隆中年，增左右翼長二，驍騎校八，駐兵共八百人。每一兵給地一頃二十畝，或地不宜耕種，則改給牛羊。木蘭之地，周遭樹柵爲界，設營房八，卡倫四十，八旗各分五卡倫，各以旗兵守之。道光四年，諭駐京旗兵，遇閏月賞給甲米，他省不得援例。此畿輔駐防制也。

東三省駐防兵制，共駐四十四所，兵三萬五千三百餘人。凡前鋒、領催、馬甲、守門庫等兵，步甲、夜捕手、匠役、養育兵、鳥槍馬甲、領催、水手之屬，或設或否，名額多寡，各視駐地所宜，損益區置之，初無定限。

其在盛京，天聰間始設駐防於牛莊、蓋州，兵九十六人。順治元年，世祖將遷燕京，設盛京八旗駐防兵，以正黃旗內大臣和洛會總統之，以鑲黃旗梅勒章京統左翼，正紅旗梅勒章京統右翼。每旗設滿洲協領一，佐領四，蒙古、漢軍佐領各一。設熊岳城守官，其下滿洲佐領三，漢軍佐領一，錦州、鳳凰城、寧遠城守官，其下各設滿洲佐領各二，漢軍佐領一，興京、遼陽、牛莊、岫巖、義州城守官，滿洲佐領各一人，蓋州、海州滿、漢佐領各一，統駐防兵。康熙元年，改盛京昂邦章京爲鎭守遼東等處將軍，梅勒章京二人爲副都統，統轄協領、佐領、驍騎校。四年，改遼東將軍爲奉天將軍。十四年，設錦州、義州城守尉各一，佐領、驍騎校各有差。各邊門皆置防禦一。尋設開原防禦三，金州防禦一，兵弁各有差。五十五年，設金州駐防水師營，船十號，兵五百，水手一百。雍正五年，設熊岳副都統一人，廣寧、義州、錦州、寧遠至山海關設副都統一，復州、南金州、鳳凰城、岫巖、旅順等處設副都統一，分轄旗兵。乾隆十二年，改奉天將軍爲鎭守盛京將軍。盛京各額兵都一萬五千有奇。

其在吉林，順治十年，設寧古塔昂邦章京一，梅勒章京二，佐領、驍騎校各八。十八年，設吉林水師營。康熙元年，改寧古塔昂邦章京爲將軍，梅勒章京爲副都統。三年，設水師營總管各員。七年，增寧古塔協領二。十年，以寧古塔副都統一，佐領、驍騎校各十一，兵七百，移駐吉林。又增吉林協領八，佐領、防禦、驍騎校各十二，兵六百人。尋增防禦十五人。十五年，移寧古塔將軍駐吉林，留副都統於寧古塔，增吉林副都統一人。三十一年，設伯都訥協領二人，佐領、驍騎校各三十，防禦八。五十三年，設三姓、琿春協領一，佐領、驍騎校、防禦有差。雍正三年，設阿勒楚喀協領一人，佐領、驍騎校、防禦各五。十年，設三姓副都統一人。尋設吉林鳥槍營參領一人，佐領、驍騎校各八，鳥槍兵千。乾隆十三年，令打牲烏拉兵歸吉林將軍兼轄。先是順治時，設打牲烏拉協領二，又設總管一人，統轄珠軒頭目，及參、蜜、漁、獵諸戶，專司採捕諸役。後遞增佐領、防禦八，驍騎校十或八，額兵千。至是以在吉林境，命兼統於吉林將軍。二十一年，設阿勒楚喀副都統一人。道光六年，以雙城堡移駐京旗分左右翼，各設總、副屯達二人。嗣又分一旗五屯，增總、副屯達各六人。

其在黑龍江，當康熙初年，自吉林移水師營來駐齊齊哈爾等處，水手一千有奇。盛京壯丁散處者，隨時編入八旗。巴爾呼人、錫伯人居近吉林，卦勒察人居近伯都訥，庫爾喀人居近琿春，並設佐領、驍騎校等分駐。其東北最遠者，索倫、達呼爾二部，天命、天聰間，相率內附，其後分充各城額兵。至鄂倫春所居益遠，使馬、使鹿部分處山林，業捕貂，皆審戶比丁，列於軍伍。二十二年，初置黑龍江將軍，原水師營總管等並屬之，設副都統二，協領四，佐領、驍騎校各二十四，防禦八，滿洲兵千，索倫、達呼爾兵五百，駐愛琿城。二十三年，設打牲處總管一，副總管二，以索倫、達呼爾壯丁編設佐領、驍騎校。尋於墨爾根城設駐防兵。二十九年，移將軍駐墨爾根，又增協領四，佐領、驍騎校各七，索倫、達呼爾兵四百餘，以副都統一人統兵駐愛琿。尋設兵千餘駐防齊齊哈爾。三十八年，將軍復自墨爾根移駐齊齊哈爾。四十九年，設墨爾根副都統一人。雍正六年，增設打牲處總管三，滿洲、索倫、達呼爾副總管十六，索倫、達呼爾佐領、驍騎校各六十二。十年，設呼倫貝爾統領一，索倫、巴爾呼總管、副總管各二，佐領、驍騎校各五十，兵三千，尋增兵二千有奇。厄魯特總管、副總管各一。乾隆八年，改呼倫貝爾統領爲副都統。嘉慶九年，以齊齊哈爾等處承種官田馬甲歸各本旗，所墾新田，改增養育兵耕種。咸豐八年，增黑龍江馬甲千。光緒八年，將軍文緒請由黑省至茂興設七站，由茂興至呼蘭設五台，共台站六十人，置掌路記防禦一，驍騎校二，領催六，分隸鈴束。黑龍江八旗兵約分五類：曰前鋒，共百四十六人，佩櫜鞬，負旗幟，爲先導；曰領催，供會計書寫，馬甲之長也，共七百四十八人；曰馬甲，又稱披甲，共九千二百十三人；曰匠役，爲鳥槍、弓、鐵、鞍諸匠，共一百五十二人；曰養育兵，康熙季年，始以旗兵屯田，至嘉慶中，改屯田馬甲爲養育兵，共八百人。別有未入伍者曰西丹，譯言控馬奴，不得預征伐之事。此東三省駐防制也。

各直省駐防制，順治二年，始設江南江寧左翼四旗，陝西西安右翼四旗，皆置滿、蒙兵二千，弓匠二十八，鐵匠五十六。六年，於山西太原設正藍、鑲藍二旗滿、蒙駐防兵，暨游牧察哈爾兵。初，太宗親征察哈爾，降土默特之衆，後編爲二旗，設左右翼，都統部衆得同辦事。旋裁都統，以旗務掌之將軍、副都統，與內八旗等。至是，游牧察哈爾遂列於山西駐防。十一年，設山東德州鑲黃、正黃二旗滿、蒙領催、馬甲暨弓、鐵匠。十五年，增設西安佐領、驍騎校二十八，驍騎一千。設浙江杭州滿、蒙八旗馬甲、步甲、弓匠，漢軍馬甲、步甲、鐵匠，滿、漢棉甲兵，共四千有奇。其後每旗並增佐領、驍騎校、驍騎。十六年，改設京口駐防鎮海將軍一，副都統二，協領、參領、防禦、佐領、驍騎校有差。尋增江寧、西安步甲各一千。

康熙十三年，增西安右翼四旗滿、蒙馬甲千，弓、鐵匠十四，漢軍馬甲等，江寧馬甲千。後又各增兵二千及弓、鐵匠等。是年增京口步甲千人。十五年，設陝西寧夏八旗滿、蒙領催，馬甲，步甲，弓、鐵匠。十九年，設福建福州左翼四旗漢軍領催、馬甲、步甲、鐵匠，及滿、蒙步甲。二十年，設廣東廣州鑲黃、正黃、正白上三旗漢軍領催、馬甲、炮甲、弓匠。二十二年，設湖廣荊州八旗滿、蒙領催，馬甲，步甲，弓、鐵匠，共二千八百有奇，尋增至四千人。是年又增西安將軍，增滿洲左右翼副都統各一，漢軍左右翼亦如之，八旗滿、蒙協領各八，漢協領、佐領、防禦、驍騎校不等，滿、蒙、漢兵共七千，滿、蒙步軍七百，暨弓、鐵匠等。二十三年，續設廣州鑲白、正紅、鑲紅、正藍、鑲藍五旗漢軍兵，設將軍一人，副都統二，協領、參領各八，防禦、驍騎校各四十，八旗鳥槍領催、鳥槍驍騎、領催、驍騎、炮驍騎，弓、鐵匠共三千有奇，兼置綠旗左右前後四營，將領八，兵三千四百有奇。尋於福州、荊州、寧夏、江寧、京口、杭州並分設鳥槍領催、鳥槍驍騎、領催、驍騎各有差。京口步軍內兼設鳥槍、弓、箭、長槍、籐牌等兵額。是年增設杭州駐防八旗滿、蒙、漢兵共三千二百人。三十二年，設山西右衞八旗滿、蒙、漢護軍、領催、馬甲、鐵匠共五千六百有奇，以將軍統之，設隨甲四十八，筆帖式六。三十六年，裁京口綠旗水師總兵，改設京口副將，分左右二營，設遊擊以下將領八人，兵一千九百人。五十九年，設河南開封滿、蒙領催，鳥槍領催，馬甲，鳥槍馬甲，弓、鐵匠。六十年，設四川成都副都統一，協領四，佐領、防禦、驍騎校、鳥槍領催、鳥槍驍騎、驍騎暨步軍，弓、箭、鐵匠。

雍正元年，福州駐防漢軍步兵悉改馬兵。二年，增太原、德州駐防兵各五百人。六年，設福州駐防水師營協領一人，佐領、防禦各二，驍騎校六，水師五百。七年，設駐防浙江乍浦水師營。設青州駐防將軍、副都統各一人，協領四，佐領、防禦、驍騎校十六，暨八旗滿、蒙兵弓、鐵匠。設廣州駐防水師營協領一人，佐領、防禦各二，驍騎校、八旗漢軍水師領催有差。八年，以各省駐防漢軍營伍廢弛，令所在將軍訓練之。設駐防青州八旗滿洲兵二千人。增右衞駐防兵五百人，自將軍及兩翼副都統以下，設協領，佐領，防禦，驍騎校，滿、蒙前鋒，滿、蒙、漢領催等，及驍騎三千有奇。十三年，設甘肅涼州八旗滿、蒙、漢兵凡二千人。設駐防莊浪八旗滿、蒙、漢兵凡千人。

乾隆二年，設駐防綏遠城，以征準噶爾之滿、蒙、漢開戶家丁二千四百，熱河駐防兵千，及右衞蒙古兵五百，凡三千九百人。設涼州將軍、副都統各一人，滿、蒙、漢佐領、防禦、驍騎校、步軍尉及八旗驍騎二千人，步軍六百人。又設莊浪駐防副都統一人，滿、蒙、漢協領、佐領、防禦、步軍尉及八旗驍騎一千人，步軍四百人。四年，改寧夏駐防步甲六百爲養育兵。增荆州養育兵四百人。十年，設江寧駐防養育兵。二十一年，定開封城守尉歸巡撫統轄。二十二年，裁京口將軍，以綠旗左右營改隸江寧將軍。二十五年，改綏遠城將軍駐防兵額，步軍、養育兵各四百，共領催、前鋒、驍騎實二千四百人。二十八年，以土默特二旗歸綏遠城將軍統轄。設歸化城副都統一人。三十九年，改杭州駐防步軍一百二十八人爲養育兵。四十一年，設成都駐防將軍一人。四十九年，增西安副都統一人。嘉慶十二年，飭各將軍不得以老弱充兵額。此各直省駐防制也。

新疆駐防兵制，乾隆二十五年，始議於新疆設兵駐守。命阿桂率滿洲、索倫驍騎五百，綠營兵百，回人二百，至伊犂搜捕馬哈沁，招撫厄魯特，並築城屯墾。其後陸續由內地增調屯田兵至二千五百人，五年更替，以五百人差操，二千人屯種，分二十五屯，設屯鎭總兵。其明年，阿桂奏定卡倫侍衞十五人，增伊犂駐防馬兵千五百，合原額兵凡二千五百人。二十七年，以涼州、莊浪駐防兵五千，並戶口移駐伊犂。旋以新疆底定，設駐防兵制。凡卡倫兵以侍衞領之，屯田兵以督屯武職領之，駐防馬兵以佐領領之，綠旗兵以營員領之，而特設將軍爲之總轄。侍衞、章京等皆按年番替。二十九年，調綠營兵千，在伊犂河岸築惠遠城。其管理築城兵，設副將一，守備二，千總二，把總八。以察哈爾移駐兵一千八百戶編兩昂吉，領隊大臣統之，設十二佐領，分左右二翼，每佐領設兵二百。以黑龍江移駐戶千編一昂吉，設六佐領，領隊大臣統之。又撥錫伯兵、熱河滿、蒙兵各一千，及達什達瓦厄魯特兵五百，俱攜眷駐伊犁。定馬兵永遠駐守，綠旗兵五年番換。三十年，以投出之厄魯特人編一昂吉，與達什達瓦部衆俱爲厄魯特昂吉，以領隊大臣統之。原厄魯特兵作厄魯特右翼，自領隊大臣以下，二三等侍衞、藍翎侍衞無定員。三十一年，定烏魯木齊駐辦事大臣及協辦大臣，統駐防兵及工作官兵，置經理新疆貿易、稽察卡倫台站各官。三十二年，定左翼厄魯特六佐領爲上三旗，右翼厄魯特共十佐領編爲下五旗。三十四年，增惠寧城滿兵領隊大臣一人。三十七年，以投誠之沙畢納爾人等歸入下五旗厄魯特，增設四佐領統之。嘉慶二十年，於沙畢納爾四佐領內增副總管一人。道光十年，以惠遠城滿兵四千六百有奇，巴燕岱滿兵二千一百有奇，諭將軍等不得議增兵額。同治六年，以哈薩克人東犯，飭李雲麟訓練厄魯特、蒙古兵以防之。增布倫托海辦事大臣，督率喇嘛，建署治事，並設幫辦一人。此屬新疆北路者也。

其在南路防兵，烏什駐總理回務參贊大臣、協辦大臣各一人，統轄滿洲、綠旗及屯田各官兵，兼轄阿克蘇、賽里木、拜城各駐防兵。所屬有侍衞、章京等官。滿洲營領隊侍衞二，駐轄翼長、參領各一，副參領、委署參領各二，前鋒校六，綠旗營游擊以下、屯田副將以下各十八人。阿克蘇駐章京一，綠旗營遊擊一。賽里木駐翼長一，兼統拜城駐防。葉爾羌駐辦事參贊大臣及領隊大臣，統轄滿洲營領隊副都統、侍衞、參領、副參領等，如烏什例。和闐、喀什噶爾並駐辦事大臣及領隊大臣，統轄滿洲營侍衞、章京、領隊侍衞、參領、副參領等，暨綠營總兵、參將等官。庫車駐辦事官，統轄綠營都司以下官，兼轄沙雅爾事。哈喇沙爾駐辦事官，統轄綠旗營城守，及屯田駐防兵。闢展駐領隊大臣一，統協領、佐領以下暨步兵、綠旗兵。

乾隆二十四年以後，於烏什駐辦事大臣，阿克蘇駐辦事大臣、協辦大臣各一人，葉爾羌設辦事大臣二人，及章京、卡倫侍衞等。滿洲營設副都統一人，統健銳營前鋒參領、副參領等，安西滿洲營佐領五品官、索倫五品官、察哈爾佐領等，綠營總兵、遊擊以下各官。又於和闐駐領隊總兵官及遊擊以下。又喀什噶爾駐總兵、理回疆事務大臣、協辦大臣各一。滿洲營設副都統一，領隊侍衞二。領隊侍衞兼統索倫兵。索倫設委署副總管及佐領各二，察哈爾總管一，副總管二，及護軍校以下。綠營設提督及都司以下官。英阿薩爾駐領隊總兵官一，兼統索倫、察哈爾、綠旗兵。又於庫車、哈喇沙爾、闢展並駐辦事大臣。初臺站之改，屬闢展者凡六。每臺置外委千、把總一人。葉爾羌西路南北路卡倫六，各置坐卡侍衞一人，東西南三路凡二十一臺，各置筆帖式一人。沙雅爾南路卡倫一。庫車東路至哈喇沙爾西凡十臺。臺置筆帖式一人。每臺、卡俱置防守兵，多至十人，少或一人，俱有供役回人十戶。尋各官兵歸併烏什、阿克蘇，止駐一章京及遊擊以下，旋改駐協辦大臣及領隊侍衞等。喀什噶爾之總理大臣移駐烏什之永寧，尋改設辦事大臣二人。三十一年，撤回索倫兵，改遣健銳營兵九百人換防，並令健銳營翼領一人，正副委署參領十八人，護軍校二十四人，統兵分駐各回城。四十四年，裁闢展辦事大臣，改設領隊大臣。旋設吐魯番屯田都司以下官。

道光八年，以阿克蘇爲南路適中之地，增兵一千，移柯爾坪防兵五百歸阿克蘇，裁拜城參將以下弁兵，共新舊防兵二千二百人，守卡借差兵外，得練兵一千三百人，控制各路。九年，於喀什噶爾邊增八卡倫弁兵。尋以八卡倫內喀浪圭、圖舒克塔、烏拍拉特三處通霍罕要路，於明約洛建堡，設都司一人，綠營兵二百人駐守。阿爾瑚馬廠三處建堡，置兵二百或六十人。葉爾羌屬卡倫七，以亮葛爾、庫庫雅爾爲通夷要隘，英吉沙爾屬卡倫五，惟烏魯克爲要路，皆建土堡兵房，設千總官，其次設把總、外委，駐守兵多者六十人，少者十五或十人。

咸豐三年，以新疆南北兩路駐兵四萬餘人，歲餉一百四十五萬，軍興後饋餫艱難，諭陝、甘赴口外駐防官自是年始，卽行停止。其喀什噶爾、英吉沙爾、葉爾羌、和闐八城防兵，由烏魯木齊駐防滿洲兵、綠旗兵酌撥。四年，改定新疆南路換防兵制。增伊犁滿洲兵二百人，烏魯木齊綠營兵千二百人，滿洲兵三百人。裁葉爾羌、喀什噶爾、烏什、阿克蘇四城防兵一千人。七年，以喀城肅清，撤回土爾扈特蒙兵，留伊犁官兵防守。八年，令南路換防官兵自是年始，分六年抽換，以節繁費。天山以南，爲回部所居，自設臺站、卡倫，無俟重兵防守。烏什、葉爾羌、喀什噶爾、英阿薩爾咸以滿、漢兵協力守邊。他如和闐、阿克蘇、庫車、哈喇沙爾、闢展則守以綠旗兵。凡滿洲營駐防兵，以三年更換，綠旗營駐防兵，以五年更換。此南路之制也。

同治以來，回疆不靖，欽差大臣左宗棠次第殄平之，新疆漸歸版籍。光緒初年，改省議起。左宗棠擬令將軍率旗營駐伊犁，塔爾巴哈台改設都統，並統綠、旗各營。迨八年收復伊犁，從譚鍾麟、劉錦棠言，於南北兩路增設額兵，其舊有參贊、辦事、領隊各大臣悉予裁汰。即自哈密至伊犁都統暨諸大臣名額亦酌撤之。巴里坤、古城、烏魯木齊、庫爾喀拉烏蘇等處所餘旗丁，歸併伊犁滿營，均改從各省駐防將軍營制。十一年，行省制成。伊犁旗營實存勇七千，留其精壯，改馬隊九旗，步隊十三旗，以提督、總兵分領之。伊犁開屯由此始，而旗屯居其一焉。蓋新疆自藩部迄於設行省，綜其駐防旗兵制度，約略如此。

其藩部兵制，曰內外蒙古，曰青海，曰西藏。內外蒙古之兵，設旗編次，略同內八旗。

每旗設札薩克一人，汗、王、貝勒、貝子、公、台吉爲之。協理旗務二或四人，亦台吉以上充任。按丁數編爲佐領。設佐領一，驍騎校六。每六佐領設參領一人。佐領較多者，設章京、副章京。各率所屬以聽於札薩克。內札薩克蒙古凡二十四部、四十九旗。科爾沁六旗，分左右二翼，二翼又各分前後旗。崇德元年，設左翼旗、左翼前旗、右翼旗、右翼前後旗。順治六年，設左翼後旗。郭爾羅斯前後二旗，杜爾伯特一旗，扎賚特一旗，皆順治五年設。扎魯特二旗，左翼崇德元年設，右翼順治五年設。喀爾喀左翼一旗，康熙三年設。奈曼一旗，敖漢一旗，皆崇德元年設。土默特二旗，左翼崇德元年設，右翼順治二年設。喀喇沁三旗，右翼崇德元年設，左翼順治五年設，康熙中增設一旗。翁牛特左右二旗，阿魯科爾沁一旗，皆崇德元年設。巴林左右二旗，順治五年設。克什克騰一旗，順治三年設。烏珠穆沁二旗，右翼崇德六年設，左翼順治三年設。浩齊特二旗，順治三年設左翼，十年設右翼。阿巴哈納爾二旗，康熙四年設左翼，六年設右翼。阿巴噶二旗，崇德六年設右翼，順治八年設左翼。蘇尼特二旗，崇德六年設左翼，七年設右翼。四子部落一旗，順治八年設。烏喇特右翼一旗，順治十年設。茂明安一旗，順治元年設。烏喇特前中後三旗，順治五年設。鄂爾多斯七旗，兩翼、中旗、前旗、後旗皆順治六年設，雍正九年，增設一旗。歸化城土默特左右二旗，崇德元年設，後置副都統，隸綏遠城將軍轄之。是爲內蒙古兵制。

外札薩克蒙古，喀爾喀四部，凡八十六旗。喀爾喀土謝圖汗部二十旗爲中路。康熙三十年，設十七旗。逮雍正間，遞增至三十八旗。尋分二十旗屬三音諾顏部，存十八旗。乾隆初，復增二旗，於本旗外分十九札薩克掌之，仍統於土謝圖汗部。車臣汗部二十三旗爲東路。康熙三十年，設十二旗。其後增至二十一旗。乾隆間，遞增二旗，於本旗外分二十二札薩克掌之，仍統於車臣汗。札薩克圖汗部十七旗爲西路。康熙三十年，設八旗。逮雍正間，遞增至十五旗。乾隆時，遞增二旗，於本旗外分十六札薩克掌之，仍統於札薩克圖汗。三音諾顏親王部二十二旗，雍正十年設，卽於土謝圖汗部內分轄二十旗。乾隆初，增二旗，於本旗外分二十一札薩克掌之，仍統於三音諾顏札薩克親王。烏蘭烏蘇厄魯特部二旗，康熙二十五年分設。乾隆間，隸移烏蘭烏蘇並隸三音諾顏部。賀蘭山厄魯特一旗，康熙三十六年設。青海厄魯特部二十一旗，雍正三年設二十旗，乾隆十一年增設一旗。青海游牧綽羅斯部二旗，輝特部一旗，土爾扈特部一旗，喀爾喀部一旗，皆雍正三年設。哈密一旗，康熙三十六年設。吐魯番一旗，雍正十年設。都爾伯特十四旗，乾隆十八年編設。土爾扈特部，乾隆三十六年編設。康熙十三年，定每年春季，王、貝勒以各旗下台吉兵丁合操。乾隆元年，諭內札薩克六會，防秋兵丁各備牧馬器械，分二班，錫林郭勒、烏蘭察布、伊克昭三會爲一班，哲里木、昭烏達、卓索圖三會爲一班，以大札薩克爲盟長，每年遣大臣會同盟長，按旗察閱兵丁。其喀爾喀四部游牧防守兵萬人，遣參贊大臣同喀爾喀將軍、貝勒、公等分年簡稽軍實。三年，命賞六會防秋牧馬之兵，視康熙間成例，分給弓矢、衣服、銀兩有差。五十一年，諭蒙古兵丁應習圍場者，車臣汗、土謝圖汗二部，由庫倫辦事王、大臣，三音諾顏、札薩克圖汗二部，由烏里雅蘇臺將軍、大臣等分領練習，並令各部落汗、王、公選大台吉各四人，小台吉十人，赴木蘭圍場。道光三年，從陝甘總督那彥成言，以青海二十四旗分左右二翼，每翼設盟長、副盟長，每六旗設霍碩扎爾噶齊，每三旗設一梅勒，每旗設一甲喇，各旗兵按人數之多寡，隨官兵番值巡防。十一年，允楊遇春請，以蒙古兵五百人析爲二班，分防八卡。十五年，諭令察哈爾兵丁選補缺額，與札薩克游牧共衞北邊。同治十年，諭邊外各路台站，都統或盟長分任管轄。每台額定駱駝百頭，馬五十匹，戈壁地備駱駝百五十頭。此內外蒙古及青海兵制也。

蒙古各盟，當雍、乾時，征討準、回，資其兵力以集事。自俄人闌入，烏蘭海南北並受羈牽，喀魯倫東西侵爲田牧，雜居無限，卡倫鄂博，蓋同虛設矣。

西藏旗兵，自乾隆五十七年始。前後藏各設番兵千。定日、江孜各設五百。前藏領兵者曰戴琫，其下如琫，又下甲琫、定琫。原置戴琫三人，二駐後藏，一駐定日，復增戴琫一人駐江孜。前藏番兵，游擊統之。後藏及江孜、定日，都司統之。原有唐古特兵，歸戴琫督練。初制，每番兵千，弓箭三之，鳥槍七之。嗣選唐古特兵三千，鳥槍、刀矛各半。至是新設額兵三千，每千人五成鳥槍，三成弓矢，二成刀矛。其唐古特兵，由駐防將領督同番目教練。前藏駐遊擊、守備各一，千總二，把總三，外委五。後藏駐遊擊、都司各一，守備三，千總二，把總七，外委九。是年，以福康安疏請江孜增守備一，外委一，兵三十人，定日增守備一，把總一，外委一，兵四十人。尋用和琳疏言，定日要隘曰轄爾多，曰察木達杏嶺，曰古喇噶木洞，曰宗喀，每處各設定琫一人，番兵二十五人。此西藏兵制大略也。

當乾隆十五年，始除西藏王爵，設駐藏大臣，以達賴喇嘛統前藏，班禪統後藏。前後藏凡設四汛，遊擊、都司、守備、千把總、外委十六人，兵丁六百六十人，戴琫、如琫、甲琫、定琫百六十六人，番兵三千人，騎兵五百人，駐藏大臣與達賴、班禪參制之。咸、同以後，廓爾喀崛强於西，英吉利侵軼於南，中朝威力羈縻而已。

八旗官兵額數，代有增減，舉其最近者以見例。光、宣之季，實存名數，職官約六千六百有奇，兵丁十二萬三百有奇。八旗各營印務參領雖設專職，大率參領、副參領兼之。印務章京、印務筆帖式亦兼職。親軍校、親軍、拜唐阿等在各旗支餉，實於他所供差。其醇王園寢守護兵，光緒間始增設前鋒、護軍統領諸職，雖已汰去，而設官已久，職亦較崇，仍序列之。其他不具錄云。

鑲黃旗滿洲，都統一，副都統二，印務參領二，參領、副參領各五，印務章京八，佐領八十六，驍騎校八十六，印務筆帖式八，凡二百有三人。領催四百二十八，馬甲千五百六十二，隨甲八十六，養育兵二千二百二十七，親軍校十一，親軍百五十八，弓匠長七，弓匠七十八，倉甲二十五，通州十九，清河六。餘如通州領催，備宴馬甲，盔、鏇、鞍、骲頭、箭、鐵諸匠，拜唐阿分網戶、粘杆、備箭，一人至九人，陸軍部承差三人，凡四千六百三十人。

正黃旗滿洲，自都統至印務章京及筆帖式並同鑲黃旗，惟佐領九十三、驍騎校九十二爲小異，凡二百十六人。領催四百六十二，馬甲千六百二十八，隨甲九十三，養育兵二千三百九十三，親軍校十一，覺羅親軍四，親軍百七十一，南苑驍騎校一，弓匠長八，弓匠八十四，餘如南苑馬甲，備宴馬甲，倉甲，盔、鏇、鞍匠，庫使，守吏，酒吏，鷹手，鞭子手，亭兵，網戶，粘杆拜唐阿等一至六人，陸軍部承差一人，凡四千九百十二人。

正白旗滿洲，都統以下並同上，佐領、驍騎校亦同鑲黃旗，凡二百有三人。領催四百三十，馬甲千四百十四，隨甲八十六，養育兵二千二百四，親軍校十一，覺羅親軍五，親軍百五十六，弓匠長十，弓匠七十六，倉甲三十，通州二十，清河十。餘如南苑馬甲，備宴馬甲，骲頭、鞍、箭、盔諸匠，鞭子手，網戶，備箭拜唐阿，傳事兵等一至十二人，陸軍部承差三人，凡四千四百八十八人。

正紅旗滿洲，都統以下並同上，惟佐領、驍騎校各七十四，凡一百七十九人。領催三百七十，馬甲千二百八十七，隨甲七十四，養育兵一千八百八十八，親軍校十六，親軍百三十二，弓匠長二，弓匠七十二，倉甲二十七，通州十九，清河八。餘如南苑馬甲，守吏，庫使，傳事兵，粘杆、宰牲拜唐阿等一至九人，凡三千八百九十五人。

鑲白旗滿洲，都統以下並同上，惟佐領、驍騎校各八十四，凡一百九十九人。領催四百二十，馬甲千四百十四，隨甲八十四，養育兵二千一百八十，親軍校十三，親軍百五十四，覺羅親軍二，弓匠長二，弓匠七十二，帳房頭目二，倉甲二十七，通州二十，本裕倉七。餘如鏇、盔諸匠，鞭子手，傳事，渡吏，亭兵，備箭、宰牲拜唐阿等一至四人，陸軍部承差三人，凡四千三百九十七人。

鑲紅旗滿洲，都統以下並同上，佐領、驍騎校亦同鑲黃旗，凡二百有三人。領催四百三十，馬甲千五百四十八，隨甲八十六，養育兵二千二百四，親軍校十九，覺羅親軍三，親軍百五十，弓匠長六，弓匠八十，倉甲二十七，通州二十，本裕倉七。餘如盔匠、鏇匠、鞭子手、南苑馬甲、承差、傳事兵、亭兵、宰牲拜唐阿等一至四人，凡四千五百七十七人。

正藍旗滿洲，都統以下並同上，惟佐領、驍騎校各八十三，凡一百九十七人。領催四百十七，馬甲千四百九十一，隨甲八十三，養育兵二千一百三十九，親軍校十七，覺羅親軍十一，親軍百四十，弓匠長二，弓匠八十三，倉甲十九，通州十七，清河二。餘如鏇匠、盔匠、鞭子手、承差兵、傳事兵、亭兵、南苑馬甲、守吏、拜唐阿、宰牲拜唐阿等一至五人，凡四千四百三十三人。

鑲藍旗滿洲，都統以下並同上，佐領、驍騎校俱同鑲白旗，凡一百九十九人。領催四百三十九，馬甲千五百九十，隨甲八十六，公缺馬甲二十四，恩缺馬甲一，養育兵二千二百四十九，親軍校十五，覺羅親軍六，親軍百五十五，弓匠長六，弓匠八十八，餘如南苑馬甲、南苑領催、帳房頭目、鏇匠、鞭子手、酒醋局吏、庫使、傳事兵、亭兵、宰牲兵等一至八人，陸軍部承差一人，凡四千六百九十人。

鑲黃旗蒙古，都統一，副都統二，印務參領一，參領二，副參領二，印務章京四，佐領、驍騎校各二十八，印務筆帖式四，凡七十二人。領催一百四十，馬甲四百九十七，隨甲二十八，養育兵五百九十二，親軍校四，親軍五十二，弓匠長一，弓匠二十七，餘如長號達、長號、盔匠、鞍匠、網戶、苑甲、承差、傳事兵、亭兵等一至六人，凡千三百六十三人。

正黃旗蒙古，自都統以下至印務章京及筆帖式，並同鑲黃旗，惟佐領、驍騎校各二十四，凡六十四人。領催百二十，馬甲四百五十二，養育兵五百八，親軍校四，親軍四十四，弓匠二十四，餘如長號、拜唐阿、茶拜唐阿、鞍匠，一至七人，凡千一百七十一人。

正白旗蒙古，都統以下並同上，惟佐領、驍騎校各二十九，凡七十四人。領催百四十五，馬甲四百八十七，隨甲二十九，養育兵六百九，親軍校四，親軍五十四，弓匠長二，弓匠二十七，餘如長號、拜唐阿達、拜唐阿、網戶拜唐阿、南苑馬甲、盔匠、鞍匠、亭兵等一至七人，凡千三百七十八人。

正紅旗蒙古，都統以下並同上，惟佐領、驍騎校各二十二，凡六十人。領催一百十，馬甲三百八十一，隨甲二十二，養育兵四百六十，親軍校六，親軍三十八，弓匠長三，弓匠十八，餘如南苑馬甲、哈那器馬甲、盔匠、粘杆拜唐阿、亭兵等一至五人，凡一千五十人。

鑲白旗蒙古，都統以下並同上，佐領、驍騎校俱同正黃旗，凡六十四人。領催一百二十，馬甲四百四十，養育兵五百八，親軍校二，親軍四十八，凡千一百十八人。

鑲紅旗蒙古，都統以下並同上，佐領、驍騎校如正紅旗，凡六十人。領催一百十，馬甲三百八十八，隨甲二十二，養育兵四百五十九，親軍校三，親軍四十一，弓匠長一，弓匠十八，承差、盔匠各一，凡一千四十五人。

正藍旗蒙古，都統以下並同上，惟佐領、驍騎校各三十，凡七十六人。領催一百五十，馬甲五百四十四，隨甲三十，養育兵六百三十，親軍校九，親軍五十一，弓匠長二，弓匠二十八，承差、盔匠、馬甲、亭兵、蒙古通事兵各一，凡一千四百四十八人。

鑲藍旗蒙古，都統以下並同上，惟佐領、驍騎校各二十五，凡六十六人。領催百二十五，馬甲四百四十二，隨甲二十五，養育兵五百二十七，親軍校五，親軍四十四，包衣護軍校二，弓匠長一，弓匠二十二，鞍匠、盔匠、恩缺馬甲、聽差馬甲、亭兵各一，凡千一百九十八人。

鑲黃旗漢軍，都統一，副都統二，印務參領二，參領、副參領各五，印務章京六，佐領、驍騎校各四十一，印務筆帖式六，凡一百有九人。領催二百五，馬甲千六百八十一，隨甲四十一，敖爾布三百二十八，養育兵九百三十七，藍甲三十九，弓匠長六，弓匠三十一，炮手四十，餘如更夫、承差兵、拜唐阿、銅匠、盔匠、鞍匠、亭兵等一至五人，凡三千三百三十二人。

正黃旗漢軍，自都統以下至印務章京及筆帖式，並同鑲黃旗，惟佐領、驍騎校各四十，凡一百有七人。領催二百，馬甲、隨甲千六百八十，敖爾布三百二十，養育兵九百十四，藍甲三十一，弓匠長三，弓匠三十六，炮手四十，餘如更夫、承差兵、拜唐阿、備箭拜唐阿、銅匠、盔匠、鞍匠、聽差兵、亭兵一至十二人，隨印外郎一人，凡三千二百六十人。

正白旗漢軍，都統以下並同上，佐領、驍騎校亦同鑲黃旗，凡一百有七人。領催二百，馬甲千六百四十，隨甲四十，敖爾布三百二十，養育兵九百十四，藍甲五十二，弓匠長二，弓匠三十八，炮手四十，餘如更夫、承差兵、拜唐阿、銅匠、盔匠、鞍匠等一至六人，隨印外郎三人，凡三千二百六十八人。

正紅旗漢軍，都統以下並同上，惟佐領、驍騎校各二十八，凡八十三人。領催百三十八，馬甲千一百五十三，隨甲一，敖爾布二百二十，藍甲五，養育兵六百四十一，弓匠長八，弓匠十四，炮手三十九，餘如更夫、拜唐阿、盔匠、鞍匠、亭兵、承差兵等一至五人，凡二千二百三十二人。

鑲白旗漢軍，都統以下並同上，惟佐領、驍騎校各三十，凡八十七人。領催百五十，馬甲千二百三十，隨甲三十，敖爾布二百四十，養育兵六百九十九，弓匠長四，弓匠十五，炮手四十，餘如更夫、備箭拜唐阿、承差兵、盔匠等一至五人，隨印外郎一人，凡二千四百二十四人。

鑲紅旗漢軍，都統以下並同上，惟佐領、驍騎校各二十九，凡八十五人。領催百四十五，馬甲千一百八十七，隨甲二十九，敖爾布二百三十三，養育兵六百七十四，弓匠長二，弓匠二十，炮手四十，餘如拜唐阿、更夫、承差兵、盔匠、亭兵，一至四人，隨印外郎二人，凡二千三百四十二人。

正藍旗漢軍，都統以下並同上，佐領、驍騎校俱同鑲紅旗，凡八十五人。領催百四十五，馬甲千一百九十四，隨甲二十二，敖爾布二百三十二，養育兵六百七十六，弓匠長四，弓匠二十二，炮甲、炮手各二十，餘如盔匠、馬甲盔匠、公主門甲、更夫、拜唐阿、承差兵、亭兵等一至七人，凡二千三百六十二人。

鑲藍旗漢軍，都統以下並同上，佐領、驍騎校亦同鑲紅旗，凡八十五人。領催百四十五，馬甲千二百十八，敖爾布二百三十二，養育兵六百七十五，藍甲十八，弓匠長五，弓匠二十四，炮手四十，餘如更夫、拜唐阿、盔匠、匠役、亭兵等一至五人，隨印外郎二人，凡二千三百七十六人。

圓明園隨同辦事營總二，營總六，護軍參領八，副護軍參領十六，委護軍參領三十二，護軍校、副護軍校各百二十八，包衣營總一，包衣護軍參領、副護軍參領各三，包衣護軍校九，凡三百三十六人。護軍三千六百七十二，馬甲三百，槍甲四百，養育兵千八百二十六，包衣護軍一百二十，包衣馬甲三十，包衣養育兵六十，凡六千四百八人。

健銳營翼長四，正參領八，副參領十六，委參領三十二，番子防禦一，前鋒校、副前鋒校各七十，凡百有二人。前鋒千九百六十，委前鋒一千，領催四，馬甲八十一，養育兵八百三十三，凡三千八百七十八人。

內火器營管營長官二，正翼長、委翼長各一，營總四，正參領四，副參領八，委參領十六，護軍校一百十二，凡一百四十八人。鳥槍護軍二千五百十二，炮甲五百二十八，養育兵八百八十，凡三千九百二十人。

外火器營全營翼長一，委翼長一，營總三，正參領四，副參領八，委參領十六，護軍校一百十二，凡一百四十五人。鳥槍護軍二千五百三十，槍甲三百五十二，養育兵八百十八，凡三千七百人。

左右翼前鋒營，左右翼前鋒統領二，前鋒參領、前鋒侍衞各十六，委前鋒侍衞八，空銜花翎十六，前鋒校九十六，空銜前鋒校八，藍翎長四十八，委藍翎長十六，印務筆帖式四，凡二百三十人。前鋒兵千六百六十八人。

八旗護軍營，護軍統領八，護軍參領、副護軍參領各一百十二，委護軍參領五十六，空銜花翎一百十二，護軍校八百八十二，空銜護軍校五十六，藍翎長一百十二，門筆帖式三十六，印務筆帖式十六，凡一千五百有二人。護軍萬四千八十一人。

八旗包衣屬鑲黃旗者，參領、副參領各五，佐領十一，管領十，章京一，護軍參領、副護軍參領各五，護軍校三十五，驍騎校十一，凡八十八人。領催七十九，護軍四百，披甲千六百八十九，隨甲十一，養育兵八十八，拜唐阿四百二十一，凡二千六百八十八人。屬正黃旗者，參領、副參領各五，佐領十三，管領十，護軍參領、副護軍參領、委護軍參領各五，護軍校三十三，前鋒校二，驍騎校十三，凡九十六人。領催九十五，護軍四百七十八，披甲千八百九，隨甲十三，養育兵八十九，拜唐阿等三百四十七，凡二千八百三十一人。屬正白旗者，參領、副參領各五，佐領十二，管領十，護軍參領、副護軍參領、委護軍參領各五，護軍校三十三，前鋒校二，驍騎校十二，凡九十四人。領催八十八，護軍三百六十，前鋒四十，披甲等千七百三十八，隨甲十二，養育兵八十五，拜唐阿等六百三十五，凡二千九百五十八人。屬正紅旗者，參領五，佐領十一，管領十九，包衣達等十六，護軍校六十，驍騎校十二，凡一百二十三人。領催三十四，護軍八十五，馬甲八百四十六，藍甲三百三十二，蒙古護軍七十，凡千三百六十七人。屬鑲白旗者，參領五，佐領十四，管領十一，包衣達等三十二，親軍校一，護軍校八十，驍騎校十三，凡一百五十六人。領催七十四，護軍百四十二，藍甲五百六十六，白甲千一百三十一，拜唐阿三，凡一千九百十六人。屬鑲紅旗者，參領五，佐領十七，管領六，包衣達等六十三，護軍校五十八，驍騎校十二，凡一百六十一人。領催四十七，護軍一百八，紅甲千一百十八，藍甲五百四十五，凡千八百十八人。屬正藍旗者，參領五，佐領六，管領七，包衣達等五十九，護軍校一百三，驍騎校十六，凡一百九十六人。領催七十八，護軍二百二十六，馬甲千六百二十四，藍甲七百六十一，拜唐阿十五，凡二千七百四人。屬鑲藍旗者，參領五，佐領二十一，管領三十八，司庫等九十二，護軍校一百三十七，驍騎校十六，凡三百有九人。領催七十八，護軍百八十九，馬甲千三百八十六，藍甲千二百八十二，凡二千九百三十五人。

醇賢親王園寢翼領一，防禦一，驍騎校一，凡三人。領催二，披甲四十六，凡四十八人。

以上凡職官六千六百八十人，兵丁十二萬三百有九人。

清史稿卷一百三十一

志一百六

兵二

綠營

綠營規制，始自前明。清順治初，天下已定，始建各省營制。綠營之制，有馬兵、守兵、戰兵。戰守皆步兵。額外外委皆馬兵。綜天下制兵都六十六萬人，安徽最少，閩、廣以有水師故最多，甘肅次之。綠營隸禁旅者，惟京師五城巡捕營步兵。將軍兼統綠營者惟四川。有屯兵者惟湖南、貴州。其新疆之綠營屯防，始乾隆二十五年，由陝、甘陸續移往駐防。各省標兵規制，督撫得隨時疏定。綠營戰功，自康熙征三藩時，用旗、綠兵至四十萬，雲、貴多山地，綠營步兵居前，旗兵繼之，所向輒捷。其後平定準部、回疆、金川，咸有勛績。

乾隆四十六年增兵，而川、楚教匪之役，英、法通商之役，兵力反遜於前。迨粵寇起，廣西綠營額兵二萬三千，土兵一萬四千，遇敵輒靡。承平日久，暮氣乘之，自同治迄光緒，疊經裁汰，綠營之制，僅存而已。

京師巡捕五營，設步軍統領一人，統左右翼總兵官以及十六門門千總，海淀、暢春園、樹村汛、靜宜園、樂善園設副將或守備各官不等，置兵共三千人。京城內九門、外七門，每門設千總二，門甲十或二十，門軍四十人。左翼總兵統步軍營巡捕南、左二營各汛官，凡兵三千六百有奇。右翼總兵統步軍營巡捕北、右二營各汛官，凡兵二千五百有奇。

各直省營制，順治元年，定直隸官兵經制，設直隸巡撫，標兵分左、右二營，遊擊以下八人。設宣府、眞定、薊州、通州、天津、山海關六鎭總兵官及鎭標守備、遊擊等，設紫荆關等七協副將及協標官兵，設拱極城等十七處參將，山永等營遊擊，鞏華城等處守備、都司，分領各營兵。

定山東官兵經制，設河道總督，標兵分中、左、右三營，設副將或遊擊以下將領八，兵凡三千，備河防護運。山東巡撫標兵分左右二營，設遊擊以下將領八，兵凡二千。設臨清、沂州二鎭總兵官及將領八，兵共二千四百有奇。設德州、青州、武定三營參將或守備將領八或六，兵共二千二百有奇。設登州水師營守備，登州、萊州、臨淸、濟南各營遊擊或守備四，兵共一千二百有奇。初，山東與直隸、河南共一總督，康熙元年，設山東提督，尋並裁去，以巡撫兼任。

山西、江南、陝西官兵經制，並於順治二年定之。山西設宣大總督及巡撫，督標分中、左、右三營，撫標分左右營，各設將領八，兵凡二千。設太原、平陽二協副將及協標官兵。設汾州等營參將、遊擊、守備，分領營兵。十三年，裁宣大總督，康熙元年，設山西提督，迭裁迭復，雍正九年仍裁之，以巡撫兼任。

江南設漕運總督，江蘇、鳳廬二巡撫，標兵及左右營如制，將領九或八人，兵共四千有奇，並設奇兵營、游兵營。設江南漢兵提督，分中、左、右、前、後五營，分設將領八，兵凡四千。設蘇州、鎭江、浦口、安慶、池太、東山、廣德八鎭總兵官，鎭標兵及將領。設狼山等七協副將，金山、常州各營參將、遊擊、守備，分領營兵。國初設江南江西河南總督。其後分合不常。康熙間，定爲兩江總督。又裁鳳廬巡撫歸併江蘇。設蘇松提督。尋定爲江寧提督，增安徽提督，分轄營務。又裁安徽提督，改江南水陸提督，統全省官兵。先是設操江巡撫，轄安慶等五府，滁、和等三州兵。後改安徽巡撫，以鳳廬兵並屬之。

陝西初設川陝總督，幷轄四川兵，標兵分五營。別設西安、延綏、甘肅、寧夏四巡撫，標兵各分左右營，將領略如諸省。設延綏、固原、臨鞏、鳳翔、漢羌、甘肅六鎭總兵官，鎭標兵亦分五營，將領如之，延綏又分設東西二協。設西安、慶陽等八處副將，宜君、階州等各營參將、遊擊、都司及守備，分領營兵。康熙時，迭改川陝總督，並轄山、陝、甘。尋改川陝甘總督。乾隆間，甘肅分設總督，以四川總督兼轄陝西兵，爲川陝總督，復改陝甘總督。國初設甘肅巡撫，其寧夏、延綏巡撫先後裁撤，寧夏歸甘肅，延綏歸陝西。後又裁甘肅巡撫，陝甘總督兼統撫標兵。甘州置甘肅總兵官，尋改設甘肅提督。初設陝西漢兵提督及寧夏提督，分五營，皆設將領八，兵凡四千人。後改西安提督，又移駐固原，改固原提督云。

順治三年，定河南、江西、湖廣官兵經制。河南設巡撫，標兵分左右營，將領八，兵二千，制同上。設河南提督，標兵分中、左、右三營，設將領分統。設河北、南陽、開歸三鎭總兵官，標兵各分左右營，將領兵數如撫標制。設開封副將、守備以下將領七，兵一千人，河南衞輝、汝寧、歸德各營各參將等，兵各一千。設磁州營都司，兵五百人，後屬直隸嵩縣等二營守備，兵三百或二百。先是河南與直隸、山東共一總督，兼轄河南官兵。其後或專設河南總督，或裁改之。至雍正十三年，仍爲河南巡撫。

江西初設巡撫及南贛巡撫，標兵分左右營，設將領五人，兵凡千五百人。設江西提督，標兵分五營，營設將領八，兵凡五千人。設南贛、九江二鎮總兵官，標兵分五營，各設遊擊以下將領官，兵如提標之數。設袁州等四協副將，分左右營，將領各八，兵凡二千人。設廣德各營參將，撫州各水師營守備，兵六百人，南康等營守備兵三百人。康熙初年，裁南贛巡撫，以標兵屬江西巡撫。七年，裁提督。十三年，復設。嗣增設撫建提督，旋裁之，並裁江西提督，以巡撫兼任。

湖廣設總督，標兵分中、左、右營，將領各八，兵凡三千人。設湖北巡撫、鄖陽巡撫、偏沅巡撫，撫標兵分左右營，將領官兵如江西撫標例。設湖廣提督，標兵分五營，將領官兵如江西提標例。設荆州、鄖陽、長沙三鎮總兵官，辰州協副將，標兵各分中、左、右營，各設將領八，兵凡三千人。設黄州、承天、常德三協副將，協標兵各設將領七，兵凡千二百人。承天協後改安陸營。設漢陽等營參將將領各四，兵六百人。夷陵等營遊擊各設將領三，兵四百人。設三江口等營守備、把總，兵各二百人。康熙初，并湖廣總督爲川湖總督。其後四川總督不轄湖廣，復設湖廣總督。裁鄖陽巡撫，以湖北巡撫統轄標兵。

順治四年，定四川官兵經制。設四川巡撫，標兵分左右營，各設將領八，兵凡千三百人。設建昌、保寧、永寧、夔州四鎮總兵官，鎮標分三營，設將領八，兵凡二千人。設松潘、成都、重慶三協副將，協標兵分二營，設遊擊以下將領官兵。設威茂等各營參將、遊擊、守備，分領營兵。四川初僅設巡撫，駐成都府。川陝總督駐陝西，兼轄四川十四年。嗣設四川總督，駐重慶府。其間或幷爲川湖總督，駐荊州九年，移駐重慶十九年。或云川陝甘，或云川陝，遷改靡常。至乾隆間，定爲四川總督。

順治五年，定浙江官兵經制。設總督，標兵分三營，設副將或遊擊將領各八，兵共三千。設浙江巡撫，標兵二營，將領各八，兵共二千。浙江提督標兵三營，營設將領八，兵共三千。設定海、衢州二鎭總兵官，標兵皆三營，營設將領八，共兵各三千。錢塘水師一營，台州水師三營，營設將領八，共兵各三千。衢州設水師左右路總兵官，標兵三營，遊擊以下將領分統營兵。設衢州、湖州、嘉興等七協副將，標兵皆三營，營皆設將領八，每協共兵二千五、六百。設金華、嚴州、處州三協副將，標兵二營，將領各八，共兵皆千六百。設吉安等各營守備、參將，分統營兵。先是設浙江總督，其後改稱閩浙，兼轄福建，裁改不常。雍正間，定爲閩浙總督。

順治七年，定福建官兵經制。設福建巡撫，標兵二營，將領八，兵凡二千。設福建水陸提督，標兵三營，營設將領八，兵凡三千。設汀州、泉州、銅山三鎭總兵官，及援勦總兵官、中路總兵官，標兵各二營，各設將領八，兵二千。設福州、漳州、建寧三協副將，標兵三營，各設將領八，兵凡三千。設福州水師，及汀州、興化、邵武、延平、閩安、同安七協副將標兵，各設將領八，兵凡二千。設福寧協副將二營，將領七，兵凡千八百人。設泉州等營參將、長樂等營遊擊，將領各八，共兵各一千。

順治八年，定兩廣官兵經制。廣東設巡撫，標兵二營，將領八，兵凡二千。設廣東提督，標兵五營，將領八，兵凡五千。設廣東水師總兵官，標兵六千，分左右二協，中、左、右三營。二協設副將，復分二營，設將領八，兵一千五百。三營水師，各設將領八，兵各一千。設肇慶、潮州、瓊州三鎮總兵官，標兵二營，將領八，兵凡二千。設韶州、惠州、高州、南雄四協副將，協標兵皆二營，將領各八，共兵各二千。惟南雄爲一千六百。設肇慶、高州水師及吳川等營參將，柘林鎮各營遊擊，將領各七，共兵各一千。設東莞、始興等州縣守備以下將領，兵二百至五百有差。廣西設巡撫，標兵二營，將領八，兵凡千五百。廣西提督標兵分五營，將領八，兵凡四千有奇。設左右翼總兵官，並桂林暨南寧城守營。九年，增設潯梧、柳慶、思南三協副將以下將領，兵各千二百；鬱林、新太、河池三營參將以下將領，兵各六百；永寧、昭平二營參將以下將領，兵各四百；上思、三里二營守備以下將領，兵各二百；賀縣營守備，兵百人。十年，定兩廣總督標兵分五營，中營設將領八，左、右、前、後營共將領八，兵凡五千。國初置兩廣總督，康熙二年，專轄廣東，四年，兼轄兩廣，雍正元年，復專轄廣東，十三年，仍兼轄兩廣。

順治十六年，定雲、貴官兵經制。設雲貴總督，標兵分中、左、右、前四營，中營設將領八，餘三營將領八，兵凡四千。設雲南巡撫，標兵二營，將領八，兵一千五百。先一年，貴州設巡撫，營制亦同。及是設貴州提督，標兵分左、右、前、後四營，左營設將領八，餘三營將領八，兵凡三千。設大定、黔西、鎭遠、威寧四鎭總兵官，標兵三營，將領八，兵各二千有奇。設貴陽城守協及平遠、定廣、銅仁、平越、安南五協副將，標兵二營，遊擊以下將領。設思南營等處參將、遊擊、守備，分統官兵。國初雲貴總督，兩省互駐。康熙元年，分置兩省總督，自後或改或倂。迨乾隆中，仍定爲雲貴總督。此直省綠營初制也。

雍正四年，靖逆將軍富寧安於哈密置大小卡路八，西安總兵潘之善於沙州西南諸隘設哨探、置臺站防夷。五年，以浙江綠營積弱，選山、陝、甘兵壯健者移駐之。十年，以苗疆遼闊，貴州改設總兵、遊擊，統轄丹江、台拱等營，及銅仁、鎭遠、石阡各協，並新設上江、下江諸營協，隸古州，以鎭攝之。十一年，諭各總兵官巡察營伍。乾隆五年，用湖廣總督那蘇圖言，裁虛設戰船，除私立提塘，及字識占冒口糧之弊。十六年，定哈密駐防兵制，於安、甘、涼、肅四提、鎭營分遣將弁廿餘，兵二千往駐。二年一受代，四月、八月迭更半數，新舊相間，以資敎練。回營時，鎭臣核其勤惰，分別擢用之。十八年，陝甘總督尹繼善疏陳西陲防務，宜慎選安西將材，多備槍彈，預蓄資糧，築城垣，擇畜牧，允行。二十四年，改安西提督爲巴里坤提督，設哈密副將以下將領八，兵八百，餘裁改有差。尋改設烏魯木齊總兵官，分中、左、右營及城守營，隸巴里坤提督。凡巴里坤、烏魯木齊將領官兵，歸陝甘總督統屬。乾隆四十一年，大小金川平，新入版圖，屯兵駐守，制同內地，設懋功、綏靖、崇化、撫邊、慶寧等營，置遊擊、守備等官，兵共二千六百有奇。四十九年，以陝甘總督福康安言，甘肅原設額兵五萬六千六百人，陝西額兵三萬四千五百九十人，迭經移駐裁併，存兵五萬五千九百餘，減原額過半。嗣增兵萬二千七百餘，合舊存兵額凡七萬人。而州縣墩戍兵力猶單，請於平涼等府州縣各增兵額，墩堡四十四座，於各標兵內酌選移駐，從之。旋議再增兵三千。又議陝、甘各營兵習弓矢、鳥槍、馬上槍箭，每日在本營習技，五日小合操，十日大合操，演九進十連環陣法，練勁旅三萬人。五十三年，諭提、鎭不得私立旗牌、伴當等名，致侵兵額。嘉慶四年，以剿辦教匪，各省額兵徵調四出，令各省召募補充。五年，陝西設寧陝鎭總兵、副將以下官，咸如昔制。十年，諭各督、撫、提、鎭，以練習鄉勇法練習綠旗兵。道光五年，諭直隸備戰兵萬五千三百有奇，演習車炮陣式。旋卽議裁。十六年，諭直隸營兵以四成習弓矢，二成習步槍兼馬槍，其刀矛二技，令籐牌軍盡習之。二十二年，直隸蘆台增設通永鎭總兵官，以北塘、海口等十五營均歸統屬，分三營，設遊擊、守備等將領，新鎭標兵凡五千四百餘，專操水陸技藝。咸豐八年，河南歸德營升爲鎭，設總兵官、左右營都司、遊擊等，馬兵五百八十，步兵千一百有奇。同治元年，諭專設總督之直隸、江南、四川、甘肅及督、撫同城之福建、廣東、湖北由總督會同提督節制。其江蘇、浙江、安徽、江西、陝西、湖南、廣西、貴州各鎭兵，就近由巡撫節制。四年，增安徽皖南鎭總兵官，設將領弁兵如制。六年，諭寧夏鎭綠營兵原額七千，陝西定邊協原額千人，回匪亂後，存者寥寥，咸令補足。九年，改廣東赤溪營爲水師，隸陽江鎭統轄，變通巡洋舊章。又移湖北武昌城守營分防金口、簰洲二汛。十二年，於山西南北二鎭選兵一千，分二營，設將領訓練。光緒十一年，以廣西南邊三千餘里，原設隘一百九，分卡六十六，兵力猶單，分要處爲三路，鎭南關口關前隘憑祥土州爲中路，自關以東諸隘爲東路，以西諸隘爲西路，就原有防軍二十二營幷爲二十四營，以十二營專防中路，餘十二營分防東、西路。廣西提督自柳州移駐龍州。其城守營設遊擊及守備等。增設柳慶鎭總兵官，駐柳州。綠營歷年增損規制，大略如是。其移駐編改，節目不能覼縷以詳也。

若其裁汰之數，自順治中，所裁山西標兵四千餘，陝、甘將領四十八，兵一萬六百餘，河南五百，湖廣五千，江西三千，將領八，江南萬九千餘，將領百十七，其最多者也。餘者海州一協，裁將領七，兵六百餘，臨清一鎮，裁將領五，兵一千，三營兵五百，沂州鎮裁將領九，臨清城守營將領五，兵三百，壽張營兵二百。又裁江西及南贛撫標二營官兵，四川撫標、湖北及鄖陽撫標各二營官兵，多少不等。康熙八年，裁辰常鎮總兵，設辰州協標官兵。二十三年，裁崇明提督，設崇明水師總兵，定三營及奇兵營制。三十四年後，計所裁標兵，南贛鎮千餘，九江協九百餘，銅鼓營兵八百餘爲最多，餘者自四、五百以下，少至六、七人。乾隆中，裁撫標新設二營，餘所裁最多三百餘，最少十人、九人。嘉慶十九年，諭各標額兵六十二萬四千餘，較雍、乾以來所增實多，令督、撫、提、鎮量加裁汰。於是次第減萬四千有奇。二十五年，又諭各省勿糜餉以養額兵。道光中，裁陝、甘綠營馬兵三千六百餘。又裁山東、山西撫標，及兗州等三鎮，太原、大同二鎮，東河河標，雲、貴督、撫、鎮、協各標兵額，暨福建水陸各營，浙江馬、步兵，兩廣、江蘇、安徽馬、步、守兵各有差。

咸豐元年，曾國藩疏言：「八旗勁旅，以强半翊衞京師，以少半駐防天下，而山海要隘，往往布滿，其額數常不過三十五萬。綠營兵名爲六十餘萬，其實缺額常六、七萬人。乾隆中葉，增兵議起。向之空名坐糧，悉令補足，一舉而增兵逾六萬。經費驟加，大學士阿桂爭之不得。至嘉慶、道光間，覩帑藏之漸絀，思阿桂之遠慮，特詔裁兵，而兩次所裁僅一萬六千。請飭各省留强汰弱，復乾隆初制。」諭如所請，命各督、撫分三年裁復舊額，所裁之數，年終彙陳，不得再有空糧之弊。四年，裁山西馬、步、守兵五千八百餘，雲南步、守兵三千九百餘。同治八年，裁九江、洞庭、岳州、荊州等水師營，改城守營，並酌設陸汛。

光緒五年，左宗棠、楊昌濬疏言：「軍興未收制兵之效，由餉薄而額多，不能應時精練，兵不練與無兵同，練不精與不練同。甘肅賦少兵多，軍實向資他省，餉源稍絀，動滋事端。亟宜量減可裁之兵，以節餉糈，卽以所裁軍餉加所留之兵，庶可責其勤練。雍正中，甘兵定額較內地爲多，後雖陸續裁減，計尙存馬、步、守兵五萬七千餘。卽須分成核減。」六年，丁寶楨言：「四川自軍興後，招募營勇，裁者少而增者多。同治間，楚、黔、川勇多至六萬餘。次第裁撤，至今存營勇二千九百餘，尙可裁其什一。」是歲，湖南各營弁兵及水陸防勇次第裁者四千三百餘，湖北裁者三千二百餘，安徽陸續裁者約九千餘。八年，張曜疏言：「裁汰勇丁，卽可規復兵額，變通營制，方能永固邊防。」九年，張之洞奏整頓山西綠營練軍，裁湘軍正勇千人，設籌資遣，尋復裁汰，綜合前後裁兵約及六千人。時貴州制兵裁汰二成，守兵裁者三千二百餘，戰兵二千九百餘。江西額兵萬一千九百餘，近始以制兵作練軍，然長年調練，冒替弊生，遂有「兵止一人，人已三變」之誚。因定撫標選鋒仍舊操練，裁外屬各營抽練之軍，悉回原汛。

十一年，諭直省裁汰綠營。卞寶第言：「廣西額兵二萬三千，土兵一萬四千。粵逆初起，不過二千人。合此巨數之兵，不能擊少數之賊。廣西如此，他可類推。自後髮、捻、回、苗恣亂，綠營戰績無聞。今宜以漸變通營制，裁額併糧，以兩餉挑一兵。如額兵一萬，分二十營，一半駐守，一半巡防。無事則計日操防，有警則隨時援應。綠營積習，無許復存。」

二十二年，諭：「近者戶部奏請裁兵，宜汰綠營七成，勇營三成。通諭以來，惟山東陳明分限五年裁減五成，此外酌裁無幾。綜各省兵勇尚八十萬有餘，歲餉約共三千餘萬。綠營積惰，久成虛設。當茲借欵期迫，棄有用之餉，養無用之兵，因之國窮民蹙。各將軍、督、撫亟應定限切實裁減以聞。」

二十四年，從胡燏棻等言，裁併綠營、練勇，選練新操。時山東兵額已陸續裁十之三。至是以不敷分配，未裁之二成，仍止不裁。於是山西以汰存兵額不敷防卡之用，請增練新軍數營。恭壽亦言綠營弊深，屢裁而益弱，須藉民力以輔之，宜急行團練。

二十七年，劉坤一、張之洞奏汰綠營，言：「綠營官皆選補，兵皆土著。兵非弁之所自招，弁非將之所親信，既無恩義，自難鈐束。以傳舍之官，馭世業之兵，亦如州縣之於吏役，欲其整飭變化，服教從風，此必無之事。況綠營將弁，薰染官習，官弁且不易教，況於兵乎！層層積弊，已入膏肓，既甚驕頑，又極疲弱，本難練成可用之兵，自非裁汰不可。惟有分年漸裁一策，不分馬、步、戰、守，每年裁二十分之一，計百人裁五，限二十年而竣。計成扣餉，按次銷除，卽以節省之餉，作緝捕營察之用。惟湖南鎮筸鎮，係改土歸流，無土著農戶，除苗產外，地皆屯田，民皆兵籍，綏靖鎮亦然，請於此兩鎮兵額不再裁汰，但將綠營改爲勇營。所裁將領，可用者改隸勇營，不能帶勇者，開缺或改官。使武職無把持之弊，合天下兵出於勇營之一途。更定營名，以符名實。」

二十九年，從徐世昌等言，以綠營挑改巡警。

宣統元年，步軍統領衙門疏言：「巡捕五營，原設馬、戰制兵萬人。嗣因屢次裁併，中營現兵千五百人，內分馬兵五百四十，戰兵八百六十，簡差戰兵百人。南營兵千二百五十人，內分馬兵三百二十，戰兵三百三十，簡差戰兵百人。左營兵八百人，內分馬兵三百二十，戰兵三百八十，簡差戰兵百人。右營兵七百人，內分馬、戰兵各三百，簡差戰兵百人。惟南營汛地設巡警後，差務較簡，請撥南營兵三百七十五人隸北、左、右三營，每營馬兵各三百六十五人，戰兵四百十人。」是年，免裁之鎮筸、綏靖二鎮，定議改爲續備軍。此外乾州、永綏、常德諸協，河溪、保靖等營，留兵各三、四百人，去綠營之名，改勇營規制，作爲續備軍。岳州、澧州等營，各裁將弁，存兵六十四人或至九十三人。其餘撫、提、鎮、協諸營，各裁統將，一以同城將領兼統餘兵。湖北通省將領，副將五人裁去一人，參將七人裁二人，遊擊十七人裁五人，都司十一人裁三人，守備三十三人裁十人。其撫標各營尙未盡裁，俟分軍裁汰。

是年，裁江北舊役衞兵左右二哨兵。貴州綠營已裁二成，尋裁副將以下各官，歸幷四營，酌改六營，惟邊防要地佐防軍所不及者緩裁。

二年，浙江綠營裁汰後，尚餘將領三百九十九，兵七千餘，一律裁盡，收取馬匹軍械，改編巡防隊八營。四川綠營次第裁盡，挑選精壯改練防軍。湖廣營已裁十成之七，一、二年後，卽可裁盡。湖北自咸豐八年裁馬兵改步兵，同治八、九年，先後裁撤水陸軍二千一百有奇，馬二百餘匹，光緒十一年以來，又裁二千九百有奇，馬、步、戰、守兵七千六百有奇，馬八百八十餘匹，實存馬、步、守兵共七千餘，馬千六百六十四，以後分年裁盡。尋湖北之漢陽協興國等營，湖南之衡州協保靖等營，副將以下各官，一律停補。裁福建綠營，計至宣統六年裁盡，現存將領三百八十人，步、戰、守、舵、炊、兵夫五千九百有奇。直隸綠營，於同治年間改爲練軍。光緒以來，通永等鎭分年裁減，至二十九年，實存馬、步、戰、守兵二萬六千餘人。其天津城守及葛沽、通永、通州、北塘等凡十一營，當庚子之變，潰散無餘，遂悉裁撤。此外各營均十裁其三，復裁將弁三百十四人。其大沽六營，庚子年傷亡過甚，亦全裁之，改設巡警。

三年，直隸綠營尚存官弁七百餘，兵六千六百餘，實行裁汰，惟淮、練、巡防各營，暫仍其舊。四川關外原設台兵，向由綠營撥派，共三十九台，將弁兵丁，一律裁撤。福建綠營，豫定裁盡年限，所節之餉，編練巡防隊。江西亦擬裁盡綠營。甘肅邊要，陸軍尚未成鎮，僅存馬、步、守兵萬七千餘，資其防制之力，暫從緩裁。山西綠營所存無幾，分三年盡裁之。江南綠營亦然，惟徐州鎮標緩撤。山東以全裁綠營情事窒礙，因請緩裁。廣東綠營，三江、崖州二協，儋州營，督標中營均免裁。其餘十減其四，將領五百餘，除邊要及兼防營之缺緩裁，餘悉停補，改練陸軍。廣西綠營，自光緒二十九年裁後，僅存撫、提標將領五或四人，兵四五十人，左江、右江兩鎮將領各二人，兵各二十人。此歷朝裁兵大較也。

綠營積重，沿數百年。同治中興以後，疆臣列帥，懲前毖後，漸改練勇巡防之制。光、宣間屢加裁汰。宣統三年，武昌事起，陸軍部疏言時局艱危，各省綠營、巡防隊一律從緩裁撤。綠營之制，遂與有清相終始云。

直隸總督統轄督標四營，節制一提督、七總兵，兼轄保定城守，熱河喀喇沁，吉林、奉天捕盜，永定河、運河等營。

督標四營。左營，右營，前營，後營。保定城守等營。新雄營，涿州營，拱極營，良鄉營，中路，東路，南路，西路，北路，張家口，獨石口。熱河喀喇沁等營。烏蘭哈達，塔子溝，承德府，平泉州，三座塔，多倫諾爾廳。吉林捕盜營。賓州廳，五常廳，敦化縣，雙城廳，伊通州。奉天捕盜營。昌圖府，新民廳，海城廳，承德縣，開原縣，鐵嶺，遼陽州，錦縣，寧遠州，義州，廣寧縣，蓋平縣，復州，金州廳，懷德縣，奉化縣，唐平縣，海龍廳，鳳凰廳，安東縣，寬甸縣，懷仁縣，通化縣，興京，岫巖州。永定河、運河等營。北運河務關廳，楊村廳，通惠河漕運廳，南運河。

直隸古北口提督統轄提標四營，節制七鎮，兼轄河屯一協、三屯等營。提標中營、左營、右營、前營，密雲城守營，順義營，承德府河屯協左營、右營，唐三營，三屯營，喜峯路，燕河路，建昌路，八溝營，建昌營，赤峯營，朝陽營，昌平營，居庸路，鞏華營，懷柔路，湯泉營，古北口。

馬蘭鎮總兵統轄鎮標二營，兼轄遵化等營。鎮標左營、右營，遵化營，薊州營，曹家路，牆子路，黃花山，餘丁營。

泰寧鎮總兵統轄鎮標二營，兼轄紫荆關等營。鎮標左營、右營，水東郘營，紫荆關，白石口營，廣昌營，插箭嶺，磐山營，易州營，房山營，涞水營，馬水口，沿河口。

宣化鎮總兵統轄鎮標三營，兼轄獨石口、多倫諾爾二協，蔚州等營。鎮標中營、左營、右營，獨石口協左營、右營，鎮安營，龍門所營，雲州堡，馬雲堡，鎮寧堡，松樹堡，滴水堡，赤城堡，君子堡，靖安堡，多倫諾爾協中營、左營、右營，蔚州營，東城營，宣化城守營，懷來營，懷來城守營，岔道營，龍門路營，懷安營，左衛營，柴溝營，西陽河堡營，張家口營，萬全營，膳房堡營，新河口堡營，洗馬林堡營。

天津鎮總兵統轄鎮標二營，兼轄河間、大沽二協，務關等營。鎮標左營、右營，四黨口營，河間協左營、右營，鄭家口營，景州營，大沽協前左及中左、後左、前右、中右、後右六營，葛沽營，祁口營，務關營，霸州營，武清營，靜海營，舊州營，天津城守營。

正定鎮總兵統轄鎮標二營，兼轄固關等營。鎮標左營、右營，固關營，龍泉關營，倒馬關營，忠順關營，龍固城守營。

大名鎮總兵統轄鎮標三營，兼轄開州協、大名城守等營。鎮標中營、左營、右營，開州協，杜勝營，東明營，長垣營，大名城守營，廣平營，順德營，磁州營。

通永鎮總兵統轄鎮標二營，兼轄通州、山永二協，北塘等四營。鎮標左營、右營，通州協左營、右營，張家灣營，采育營，三河營，山永協左營、右營，山海路營，石門路營，蒲河營，樂亭營，北塘營，豐順營，玉田營，寶坻營。

山東巡撫兼提督，駐濟南府，節制三鎮，統轄撫標二營，兼轄登榮水師一協。

撫標　左營、右營，登榮水師練軍營。

兗州鎮總兵統轄鎮標二營，兼轄沂州一協、泰安等六營。鎮標左營、右營，沂州協，泰安營，臺莊營，濟南城守營，武定營，安東營，沙溝營。

登州鎮總兵統轄鎮標二營，兼轄文登等七營。鎮標左營、右營，文登營，膠州協，萊州營，卽墨營，青州營，寧福營，壽樂營。

曹州鎮總兵統轄鎮標二營，兼轄臨清協、德州等營。鎮標中營、右營，臨清協，德州營，東昌營，單縣營，壽張營，濮州營，高唐營，梁山營，鉅野營，桃源營。

河東河道總督統轄河標三營，兼轄濟寧城守及運河、懷河、豫河等營。

河標　中營、左營、右營，濟寧城守營，運河營，懷河營黃河北岸祥河、下北河、黃沁河、陽封，豫河營上南河、中河、下南河。

山西巡撫兼提督，節制二鎮，統轄撫標二營，兼轄精兵兩哨、口外七廳捕盜營。

撫標　左營、右營，精兵兩哨，歸化廳標，薩拉齊廳標，豐鎮廳標，寧遠廳標，和林格爾廳標，托克托城廳標，清水河廳標。

太原鎮總兵統轄鎮標二營，兼轄蒲州、潞安二協，太原等營。　鎮標左營、右營，蒲州協，運城營，吉州營，潞安協，澤州營，東陽營，粟城營，太原營，平陽營，隰州營，汾州營，平垣營，盂壽營，東灘營，平定營。

大同鎮總兵統轄鎮標三營、殺虎口一協、新平路等營。　鎮標中營、左營、右營，殺虎協左營、右營，寧武營，偏關營，鎮西城，河保營，保德營，水泉營，平魯營，靖遠營，歸化城，新平路，天城營，陽和營，渾源營，得勝路，豐川營，助馬路，懷仁城，北樓營，東路，忻州營，靈丘路，山陰路。

河南巡撫兼提督，節制三鎮，統轄撫標二營，兼轄開封營。

撫標　左營、右營，開封城守營。

河北鎮總兵統轄鎮標二營，兼轄河南城守等營。　鎮標左營、右營，河南城守營左營、右營，衞輝營，彰德營，陝州營，內黃營，嵩陽營，王祿店營，滑縣營。

南陽鎮總兵統轄鎮標二營，兼轄荆子關、信陽二協，汝寧等營。鎮標左營、右營，荆子關協，盧氏營，信陽協左營、右營，汝寧營，鄧新營，襄城城守營，新野營，光州營，固始縣營。

歸德鎮總兵統轄鎮標二營，兼轄永城等營。鎮標左營、右營，永城營，考城營，陳州營。

兩江總督統轄督標二營，節制三巡撫、一提督、九總兵，兼轄江寧城守一協，揚州、鹽捕二營。

督標　中營、左營，江寧城守協左、右兩營，奇兵營，青山營，浦口營，溧陽營，瓜州營，揚州營，鹽捕營。

漕運總督統轄各衞所外，復統轄旗、綠、漕標三營，兼轄淮安城守等營。

漕標　中營、左營、右營，淮安城守營，海州營，鹽城水師營，東海水師營。

江蘇巡撫節制三鎮，統轄撫標二營，兼轄蘇州城守營。

撫標　左營、右營，蘇州城守營。

江南水陸提督節制五鎮，統轄提標五營，兼轄太湖、松北二協，松江城守等營。提標中營、左營、右營、前營、後營，太湖協左營、右營，松北協，松江城守營，金山營，柘林營，青村營，平望營，江陰營，靖江營，孟河營，常州營，鎮江營，松南水師營，南匯水師營。

狼山鎮總兵統轄鎮標二營，兼轄通州等營。鎮標中營、右營，通州水師營，掘港水師營，泰州營，泰興營，三江水師營。

蘇松鎮水師總兵統轄鎮標三營，兼轄海門一協。鎮標中營、左營、右營，海門協。

徐州鎮總兵統轄鎮標中營，兼轄徐州城守等營。鎮標中營，徐州城守營，蕭營，宿州營。

淮揚鎮總兵統轄鎮標三營，兼轄清江城守等營。鎮標中營、左營、右營，清江城守營，宿遷營，廟灣水師營，佃湖營，洪湖水師營，葦蕩左營，葦蕩右營。

福山鎮總兵統轄鎮標二營，吳淞、川沙二營。鎮標左營、右營，吳淞水師營，川沙水師營。

安徽巡撫兼提督，節制二鎮，統轄撫標二營，兼轄安慶一協，游兵、潛山二營。

撫標 左營、右營，安慶協左營、右營，游兵營，潛山營。

壽春鎮總兵統轄鎮標二營，兼轄六安等營。鎮標中營、右營，六安營，潁州營，泗州營，廬州營，亳州營，龍山營。

皖南鎮總兵統轄鎮標二營，兼轄徽州等營。鎮標中營、右營，徽州營，池州營，蕪采營，廣德營。

江西巡撫兼提督，節制二鎮，統轄撫標二營，兼轄南昌城守一協。

撫標 左營、右營，南昌城守協。

九江鎮總兵統轄鎮標二營，兼轄九江城守等營。鎮標前營、後營，九江城守營，廣信營，鉛山營，饒州營，浮梁營，建昌營，廣昌營，武寧營，瑞州營，撫州營，銅鼓營，南康營。

南贛鎮總兵統轄鎮標三營，兼轄袁州一協、贛州城守等營。鎮標中營、左營、後營，袁州協，臨江營，贛州城守營，寧都營，南安營，吉安營，龍泉營，萬安營，永豐營，蓮花營，興國營，文英營，永鎮營，橫岡營，羊角營。

長江水師提督節制四鎮，統轄提標五營，兼受兩江總督、湖廣總督節制。提標中營，金陵營，裕溪營，大通營，蕪湖營。

長江水師岳州鎮總兵統轄鎮標四營。鎮標中營，荆州營，沅江營，陸溪營。

長江水師漢陽鎮總兵統轄鎮標四營。鎮標中營，田鎮營，蘄州營，巴河營。

長江水師湖口鎮總兵統轄鎮標五營。鎮標中營，安慶營，吳城營，饒州營，華陽營。

長江水師瓜洲鎮總兵統轄鎮標四營。鎮標中營，江陰營，三江營，孟河營。

閩浙總督節制二巡撫、三提督、十二鎮，統轄督標三營，兼轄撫標二營、南臺水師營。

督標三營。中營、左營、右營，撫標左營、右營，南臺水師營。

福州將軍除統轄八旗駐防官兵外，兼轄福州城守營，節制福寧鎮標、福州城守及同安等營。

福建陸路提督節制四鎮，統轄提標五營，兼轄福州城守、興化城守二協、泉州城守等營。提標中營、左營、右營、前營、後營，福州城守協左營、右營，興化城守協左營、右營，泉州城守營，長福營。

福寧鎮總兵統轄鎮標三營，其左營係水師提督節制，兼轄海壇、閩安二協，烽火門四營。鎮標中營、左營、右營，海壇協左營、右營，閩安水師協左、右兩營，烽火門水師營，桐山營，連江營，羅源營。

汀州鎮總兵統轄鎮標三營，兼轄邵武城守營。鎮標中營、左營、右營，邵武城守營左營、右營。

建寧鎮總兵統轄鎮標三營，兼轄延平城守協、楓嶺營。鎮標中營、左營、右營，延平城守協左營、右營，楓嶺營。

漳州鎮總兵統轄鎮標三營，兼轄順昌協、同安等營。鎮標中營，順昌協，同安營，詔安營，平和營，雲霄營，龍巖營，漳州城守營。

福建水師提督節制三鎮，及福寧鎮左營、廣東南澳鎮左營，統轄提標五營，兼轄金門協，銅山、湄州等營。　鎮標中營、左、右、前、後四營，金門協，銅山水師營，湄州水師營。

閩粵南澳鎮外海水師總兵。左營。

福建臺灣巡撫節制二鎮。

臺灣鎮總兵統轄鎮標中營，兼轄臺灣北路、臺灣水師二協、臺灣城守及臺灣南路等營。鎮標中營，臺灣北路協中營、右營，臺灣水師協中營、左營、右營，臺灣城守營左營、右營，臺灣南路營，臺灣嘉義營，臺灣艋舺水師營，滬尾水師營，噶嗎蘭營，臺灣恆春營，臺灣道標，臺灣南路下淡水營。

澎湖鎮外海水師總兵統轄鎮標二營。鎮標左營，右營。

浙江巡撫統轄撫標二營，兼轄海防營。

撫標　左營、右營。巡鹽營，海防營。

浙江水陸提督節制五鎮，統轄提標五營，兼轄杭州等協、太湖等營。提標中營、左營、右營、前營、後營，杭州城守協，錢塘水師營，嘉興協左、右兩營，湖州協左、右兩營，安吉營，紹興協左營、右營，乍浦水師協左營、右營，太湖水師營，寧波城守營，澉浦水師營，海寧水師營。

定海鎮總兵統轄鎮標三營，兼轄象山協，鎮海、定海城守營。鎮標中營、左營、右營，象山協左營、右營，石浦水師營，鎮海水師營，定海城守營。

海門鎮總兵統轄鎮標三營，兼轄台州協、海門城守等營。鎮標中營、左營、右營，台州協中營、左營、右營，海門城守水師營，寧海營，太平營。

溫州鎮總兵統轄鎮標三營，兼轄樂清、瑞安、平陽三協，玉環、溫州城守等營。鎮標中營、左營、右營，樂清協，大荊營，磐石營，瑞安協左營、右營，平陽協左營、右營，玉環營左營、右營，溫州城守營。

處州鎮總兵統轄鎮標三營，兼轄金華協、麗水營。鎮標中營、左營、右營，金華協左營、右營，麗水營。

衢州鎮總兵統轄鎮標三營，兼轄嚴州協，楓嶺、衢州城守等營。鎮標中營、左營、右營。嚴州協左、右兩營，楓嶺營，衢州城守營。

湖廣總督節制二巡撫、二提督、五鎮，統轄督標三營。

督標 中營、左營、右營。

湖北巡撫統轄撫標二營。

撫標 左營、右營。

湖北提督節制二鎮，統轄提標五營，兼轄黃州、漢陽二協，荊州城守等營。 提標中營、左營、右營、前營、後營，黃州協，蘄州營，漢陽協，荊州城守營，武昌城守營，德安營，興國營，均光營，襄陽城守營，荊門營，安陸營。

鄖陽鎮總兵統轄鎮標四營，兼轄竹山協、鄖陽城守營。 鎮標中營、左營、右營、前營，竹山協，鄖陽城守營。

宜昌鎮總兵統轄鎮標四營，兼轄施南協、遠安等營。 鎮標中營、左營、前營、後營，施南協左營、右營，遠安營，衛昌營，宜都營，荊州隄防營。

湖南巡撫節制三鎮，統轄撫標二營，兼轄鳳凰等屯軍營。

撫標 左營、右營，鳳凰廳屯，永綏廳屯，乾州廳屯，古丈坪廳屯，保靖廳屯。

湖南提督節制三鎮，統轄提標五營，兼轄長沙等協、澧州等營。 提標中營、左營、右營、前營、後營，長沙協左營、右營，乾州協左營、右營，鎮溪營，河溪營，永順協，常德協，龍陽城守營，澧州營，岳州營，九溪營，永定營，辰州城守營，古丈坪營。

鎮筸鎮總兵統轄鎮標四營，兼轄沅州、靖州二協，綏寧、長安等營。鎮標中營、左營、右營、前營，沅州協，晃州營，靖州協，綏寧營，長安營。

永州鎮總兵統轄鎮標三營，兼轄寶慶、衡州二協，臨武等營。鎮標中營、左營、右營，寶慶協，衡州協，臨武營，宜章營，桂陽營，武岡營，嶺東營。

綏靖鎮總兵統轄鎮標二營，兼轄永綏協、保靖營。鎮標左營、右營，永綏協中營、左營，芭茅坪營，保靖營左營、右營。

陝甘總督節制二巡撫、三提督、十一鎮，統轄督標五營。

督標　中營、左營、右營、前營、後營。

陝西巡撫統轄撫標三營。

撫標　中營、左右兩營。

陝西固原提督節制四鎮，統轄提標五營，兼轄靖遠等協、靜寧等營。提標中營、左、右、前、後四營，靖遠協，蘆塘營，鹽茶營，下馬關營，八營，潼關協，金鎖關，三要司，商州協中營、左營、右營，西安城守協左營、右營，盩厔營，靜寧營，馬營監營，安定營，隆德營，西鳳營，邠州營，長武營，慶陽營，涇州營，紅德城守營，固原城守營，硝河城汛，平凉城守營，秦州營，利橋營，宜君營，化平營。

延綏鎮總兵統轄鎮標三營，兼轄定邊協、神木等營。鎮標中營、左營、右營，定邊協，靖邊營，鎮靖營，安邊營，神木營，黃甫營，麻池潢營，高家營，鎮羌營，波羅營，綏德城守營，延安營，鄜州營，延綏城守營。

陝安鎮總兵統轄鎮標三營，兼轄鎮安城守等營。鎮標中營、左營、右營，鎮安城守營，甎坪營，興安城守營，鎮坪營，孝義城守營，紫陽營，白河營，洵陽營。

漢中鎮總兵統轄鎮標三營，兼轄寧陝等營。鎮標中營、左營、右營，寧陝營，陽平關營，寧羌營，略陽營，留壩營，定遠營，西鄉營，華陽營，東江口營，漢中城守營，漢鳳營，鐵鑪川營，佛坪營。

河州鎮總兵統轄鎮標二營，兼轄洮岷協、循化等營。鎮標左營、右營，洮岷協，階州營，文縣營，西固營，岷州營，舊洮營，循化營，保安營，起臺營，蘭州城守營，鞏昌營，臨洮營，河州城守營。

甘肅提督統轄提標五營，兼轄永固城守協，節制西寧等四鎮。提標中營、左營、右營、前營、後營，永固城守協，甘州城守營，梨園營，洪水營，南古城營，山丹營，硤口營，大馬營，察漢俄博營。

西寧鎮總兵統轄鎮標五營，兼轄鎮海協、西寧城守等營。鎮標中營、左營、右營、前營、後營，鎮海協，哈拉庫圖爾營，西寧城守營，巴燕戎格營，巴暖三川營，貴德營，南川營，大通營，永安營，白塔營，碾伯營，威遠營。

寧夏鎮總兵統轄鎮標五營，兼轄中衞協、花馬池等營。鎮標左營、右營、前營、後營兼管城守營、城守營，中衞協，石空寺堡，古水井堡，花馬池營，安定堡，靈武營，靈州營，同心營，平羅營，洪廣營，玉泉營，廣武營，興武營，橫城營。

涼州鎮總兵統轄鎮標五營，兼轄永昌、莊浪二協。鎮標中營、左營、右營、前營、後營，西把截堡，永昌協，寧遠營，水泉營，新城營，張義營，鎭番營，安城營，大靖營，土門營，莊浪協，俄博嶺營，松山營，鎭羌營，岔口營，紅城堡，紅水營，三眼井營。

肅州鎭總兵統轄鎭標三營，兼轄金塔、安西二協，肅州城守等營。鎭標中營、左營、右營，金塔協，鎭彝營，清水營，高台營，撫彝營，紅厓堡，安西協，布隆吉爾營，橋灣營，肅州城守營，嘉峪關營，沙州營，靖逆營，赤金營。

甘肅新疆巡撫節制三鎭，統轄撫標四營、瑪納斯協、濟木薩等營。撫標中營、左營、右營，城守協中營，喀喇巴爾噶遜營，瑪納斯協，濟木薩營，庫爾喀喇烏蘇營，精河營，吐魯番營。

新疆喀什噶爾提督節制三鎭，統轄提標五營，兼轄回城、莎車二協，英吉沙爾等營。提標中營、左右兩營、前營、城守營，回城協中營、左右兩旗，莎車協中營、中左右三旗，英吉沙爾營，和闐營，瑪喇巴什營。

新疆阿克蘇鎭總兵統轄鎭標四營，兼轄烏什協、哈喇沙爾等營。鎭標中左右三營、城守營，烏什協，哈喇沙爾營，庫車營。

新疆巴里坤鎭總兵統轄鎭標四營，兼轄哈密協、古城等營。鎭標中營、左右兩營、城守營，哈密協，古城營，塔爾納沁營，大壘營。

伊犂將軍節制一鎭，統轄軍標二營。軍標中營、左營。

伊犁鎮總兵統轄鎮標四營，兼轄塔爾巴哈台協、霍爾果斯等營。鎮標中營、左營、右營、綏定城守營，塔爾巴哈台協，霍爾果斯營，寧遠城營。

四川總督節制一提督、四鎮，統轄督標三營。

督標中營、左營、右營。

成都將軍除統轄八旗駐防官兵外，統轄軍標綠營二營，節制建昌、松潘二鎮。軍標左營、右營。

四川提督節制四鎮，統轄提標三營，兼轄阜和、懋功、馬邊三協，成都城守等營。提標中營、左營、右營，阜和協左營、右營，黎雅營，泰寧營，懋功協，崇化營，綏靖營，慶寧營，撫邊營，馬邊協左營、右營，存城營，萬全營，平安營，成都城守營、右營，永寧營，瀘州營，敍馬營，建武營，普安營、右營，安阜營，峨邊營、右營，鎮遠營，綿州營。

川北鎮總兵統轄鎮標三營，兼轄綏定等營。鎮標中營、左營、右營，綏定營，順慶營，太平營，巴州營，廣元營，潼川營，城口營，通江營。

重慶鎮總兵統轄鎮標三營，兼轄夔州、綏寧二協，忠州營。鎮標中營、左營、右營，夔州協左營、右營，巫山營，梁萬營，鹽廠營，綏寧協左營、右營，酉陽營，黔彭營，邑梅營，忠州營。

建昌鎮總兵統轄鎮標二營，兼轄會川等營。鎮標中營、左營，會川營，永定營，越嶲營，寧越營，保安營，靖遠營，瀘寧營，會鹽營，懷遠營，冕山營。

松潘鎮總兵統轄鎮標三營，兼轄維州協、漳臘等營。鎮標中營、左營、右營，維州協左營、右營，茂州營，漳臘營，疊溪營，龍安營，平番營。

兩廣總督節制二巡撫、三提督、九鎮，統轄督標五營，兼轄本標水師、綏瑤等營。

督標　中營、左營、右營、前營、後營，督標水師營，綏瑤營。

廣州將軍除統轄八旗駐防官兵外，節制南韶連鎮標、潮州鎮標、高州鎮標、瓊州鎮標、惠州協標、肇慶協標、廣州城守協、三江口協、黃岡協、羅定協、增城各二營，南雄協、欽州各一營，雷州左營、前山、永靖、連陽、惠來、饒平、潮陽、廉州、儋州、萬州、和平、四會、那扶、永安、興寧、平鎮、潮州城守、石城、陽春、三水、徐聞、綏瑤等營。

廣東巡撫統轄撫標二營。

撫標　左營、右營。

廣東陸路提督節制五鎮，統轄提標五營，廣州城守等協、增城等營。提標中營、左營、右營、前營、後營，廣州城守協左營、右營，三水營，惠州協左營、右營，和平營，肇慶城守協左營、右營，四會營，那扶營，增城營左營、右營，永靖營，永安營。

南韶連鎮總兵統轄鎮標三營，兼轄三江口、南雄二協，清遠、佛岡等營。鎮標中營、左營、右營，三江口協左營、右營，連陽營，南雄協，清遠營左軍、右軍，佛岡營。

潮州鎮總兵統轄鎮標三營，兼轄黃岡協、惠來等營。鎮標中營、左營、右營，黃岡協左營、右營，惠來營，饒平營，潮陽營，興寧營，平鎮營，潮州城守營。

高州鎮水師兼陸路總兵統轄鎮標二營，兼轄羅定協、陽江等營。鎮標左營、右營，羅定協左營、右營，陽江營，硇州營，吳川營，電白營，東山營，陽春營。

廣東水師提督節制五鎮，統轄提標五營，香山等四協，新會、前山等營。提標中營、左營、右營、前營、後營，香山協左營、右營，順德協左營、右營，大鵬協左營、右營，赤溪協左營、右營，新會營左營、右營，前山營。

碣石鎮總兵統轄鎮標三營，兼轄平海營。鎮標中營、左營、右營，平海營。

瓊州鎮水師兼陸路總兵統轄鎮標二營，兼轄崖州協、海口等營。鎮標左營、右營，崖州協，海口營，萬州營，儋州營，海安營。

南澳鎮總兵分管閩、粵二省，統轄鎮標二營，兼轄澄海等營。鎮標左營隸福建水師提督節制，右營，澄海營左營、右營，海門營，達濠營。

北海鎮水陸總兵統轄鎮標二營，兼轄龍門協、雷州等營。鎮標左營、右營，龍門協左營、右營，雷州營，欽州營，白龍營，徐聞營，石城營，靈山營。

廣西巡撫統轄撫標二營。

撫標　左營、右營。

廣西提督節制三鎭，統轄提標中軍一營，兼轄平樂、新太二協，全州等營。提標中軍，平樂協左營、右營，富賀營，麥嶺營，新太協，馗纛營，全州營，賓州營，三里營，上思營，東蘭營，桂林城守營，龍州城守營。

左江鎭總兵統轄鎭標三營，兼轄梧州、潯州二協，南寧城守等營。鎭標中營、左營、右營，梧州協左營、右營，懷集營，潯州協左營、右營，南寧城守營，鬱林營。

右江鎭總兵統轄鎭標三營，兼轄鎭安協、思恩等營。鎭標中營、左營、右營，鎭安協左營、右營，思恩營，隆林營，上林營，恩隆營。

柳慶鎭總兵統轄鎭標二營，兼轄慶遠、義寧二協，融懷等營。鎭標左營、右營，慶遠協左營、右營，義寧協左營、右營，融懷營，永寧營，柳州城守營。

雲貴總督節制二巡撫、二提督、十鎭，統轄本標三營，兼轄曲尋協、雲南城守、尋霑等營。

督標　中營、左營、右營，曲尋協左營、右營，雲南城守營，尋霑營。

雲南巡撫統轄撫標二營。

撫標　左營、右營。

雲南提督節制六鎭，統轄提標三營，兼轄楚雄協，武定、大理城守等營。提標中營、左營、右營，楚雄協，武定營，大理城守營。

臨元鎮總兵統轄鎮標四營，兼轄元新、澂江等營。鎮標中營、左營、右營、前營，元新營，澂江營。

開化鎮總兵統轄鎮標四營，兼轄廣南、廣西等營。鎮標中營、左營、右營、後營，廣南營，廣西營。

騰越鎮總兵統轄鎮標三營，兼轄永昌等二協、龍陵營。鎮標中營、左營、右營，永昌協左營、右營，順雲協中營、左營、右營，龍陵營。

鶴麗鎮總兵統轄鎮標三營，兼轄維西協、永北、劍川等營。鎮標中營、左營、右營，維西協左營、右營，永北營，劍川營。

昭通鎮總兵統轄鎮標四營，兼轄東川、鎮雄等營。鎮標中營、左營、右營，東川營，鎮雄營。

普洱鎮總兵統轄鎮標三營，兼轄威遠、景蒙等營。鎮標中營、左營、右營，威遠營，景蒙營。

貴州巡撫統轄撫標二營，兼轄古州等十衞、都江、下江等營。

撫標　左營、右營，古州左衞、右衞，八寨衞，台拱衞，黃施衞，丹江衞，凱里衞，清江左衞、右衞，石峴衞，都江廳廳標，下江廳廳標。

貴州提督節制四鎮，統轄提標三營，兼轄大定等協、羅斛等營。提標左營、右營、前營，大定協左營、右營，平遠協左營、右營，遵義協左營、右營，定廣協左營、右營，羅斛營左營，右營，貴陽營，平越營，歸化營，黔西營，安順城守營，仁懷營，新添營。

安義鎮總兵統轄鎮標三營，兼轄永安協、長壩等營。鎮標中營、左營、右營，永安協左營、右營，長壩營，普安營，安南營，册亨營。

古州鎮總兵統轄鎮標三營，兼轄上江、都匀二協，朗洞等營。鎮標中營、左營、右營，上江協左營、右營，都匀協左營、右營，朗洞營左營、右營，黎平營左營、右營，荔波營，下江營。

鎮遠鎮總兵統轄鎮標三營，兼轄清江等三協、台拱等營。鎮標中營、左營、右營，清江協左營、右營，松桃協左營、右營，銅仁協左營、右營，台拱營左營、右營，丹江營左營、右營，思南營，凱里營，黃平營，天柱營，石阡營。

威寧鎮總兵統轄鎮標二營，兼轄畢赤、水城等營。鎮標左營、右營，畢赤營，水城營。

綠營兵額，清初未定。考明代京軍二十萬餘，外軍九十九萬餘。順治間不可考，大約視舊額約裁減十三四。康熙兵制，京巡捕三營經制馬步兵三千三百，直隸各標兵三萬七百，山西二萬五千，川陝總督，陝、甘兩巡撫及提鎮各標兵八萬五千九百七十八，四川四萬，雲南四萬二千，貴州二萬，廣西二萬，湖廣四萬，廣東七萬三千一百十八人，江南總督，總漕，江寧、安徽兩巡撫，京口將軍四萬九千八百五十，浙江四萬三千四百五十，江西萬五千，福建六萬九千七百二十六，山東總河及撫、鎮標兵二萬，河南一萬，都各省經制馬步兵五十九萬四千四百十四。逮乾隆二十九年，次第增加，各省多者一千至六千餘，惟貴州加至萬八千二百餘，減者江西七百餘，廣東四百餘，浙江二千餘，福建三千餘，都六十三萬七千三百二十三。

至五十年，各省綠營兵額，京巡捕五營一萬，直隸三萬九千四百二，山東萬七千五百四，山西二萬五千七百五十二，河南萬一千八百七十四，江南四萬八千七百四十七，江西萬三千九百二十九，福建六萬三千一百十九，浙江四萬三十七，湖北萬七千七百九十四，湖南二萬三千六百四，四川三萬千一百十二，陝、甘八萬四千四百九十六，廣東六萬八千九十四，廣西二萬三千五百八十八，雲南四萬千三百五十三，貴州三萬七千七百六十九，都五十九萬九千八百十四，綜計數減於舊者凡四萬餘。各省減者，自數百至數千不等，惟陝、甘減至萬二千，則以四十六年新增者不在此數，而山東、河南、江南視舊額轉多，蓋河、漕標兵本定分額，此實併入各省中也。

嘉慶十七年，綠營都數爲六十六萬千六百七十一，視乾隆中葉增額六萬餘，各省均所有益，惟浙江減額千餘。其江南總額，此分江寧七千三十九，南河萬五千六百六十六，漕運三千六百八十一，江蘇二萬三千七百四十八，安徽八千七百三十八，總爲五萬六千八百七十二，增舊額八千餘。又舊額但舉山東，此分山東萬五千九百三十三，東河四千二百四十一，增額三千餘，略可考見。十九年，山西等省共裁兵萬五千四百餘，內改馬戰兵爲步守兵共千二百餘。

道光初元，諭行裁汰，減額萬餘，復議裁改。二十九年兵額，直隸四萬千三百三十五，山東二萬五十七，河南萬五千三百八十一，東河併入河南、山東。山西二萬二千八百五，江蘇三萬八千一百八，安徽九千四百四十二，南河、漕運併入江南。江西萬二千四百七十二，福建六萬千六百七十五，浙江三萬七千五百六十五，陝西二萬四千七百二十，甘肅六萬八千八百六十二，湖北二萬五百五，湖南二萬七千百十五，四川三萬三千八百十一，廣東六萬八千三百二十二，廣西二萬二千四百七十二，雲南三萬九千七百六十二，貴州三萬六千四百七十七，都五十八萬五千四百十二，京營萬名在外。減於乾隆舊額且逾萬矣。

咸豐軍興以來，綠營議裁。迄同治、光緒間，兵制一變，直省厲行簡汰，顧不能悉廢，存額尚不爲少。再綜近時綠營兵額，京巡捕營一萬外，十六門門甲三百十，門軍六百四十，凡萬九百五十，直隸四萬二千八百十，山東萬七千八百七十五，山西萬六千四十五，河南萬四百六十八，江蘇二萬五千七百七十，安徽九千三百六十四，江西萬一千七百四十，長江水師萬一千六十四，福建二萬三千六百七十八，臺灣八千二百六十八，浙江二萬三千四百九，湖北萬五千三百四十三，湖南三萬零二十四，陝西萬八千六百八十七，甘肅萬二千七百二十五，新疆二萬六千五百十五，四川三萬千二百八十一，廣東四萬六千七百七十四，廣西萬四千一百十五，雲南萬二千五百七十二，貴州四萬二千九百五，都四十六萬二千三百八十二。取道光末年額較之，減於舊者幾十二萬，但舊額不及長江水師與臺灣云。

清史稿卷一百三十二

志一百七

兵三

防軍 陸軍

防軍初皆召募，於八旗、綠營以外，別自成營，兵數多寡不定，分布郡縣，遇寇警則隸於專征將帥，二百年間，調發徵戍，咸出於此。若乾隆年臺灣之役，乾、嘉間黔、楚征苗之役，嘉慶間川、陝教匪之役，道光年洋艘征撫之役，皆暫募勇營，事平旋撤。故嘉慶七年，楚北初設提督，卽以勇丁充補標兵，道光十七年，以練勇隸於鎭筸鎭標，二十三年，以防守海疆之水陸義勇三萬六千人仍遣回本籍，無防、練軍之名也。道、咸間，粵匪事起，各省多募勇自衞，張國樑募潮州勇丁最多。咸豐二年，命曾國藩治湖南練勇，定湘軍營哨之制，爲防軍營制所防。迨國藩奉命東征，湘勇外益以淮勇，多至二百營。左宗棠平西陲，所部楚軍亦百數十營。軍事甫定，各省險要，悉以勇營留防，舊日綠營，遂同虛設。綠營兵月餉不及防勇四分之一，升擢擁滯，咸辭兵就勇。粵、捻既平，左宗棠諸臣建議，防營誠爲勁旅，有事則兵不如勇，無事則分汛巡守，宜以制兵爲練兵，而於直隸、江、淮南北扼要之處，留勇營屯駐，遂有防軍之稱。

練軍始自咸豐間，以勇營日多，屢令統兵大臣以勇補兵額，而以餘勇備緩急，尚無別練之師。至同治元年，始令各疆吏以練勇人數口糧，悉數報部稽核。是年於天津創練洋槍隊。二年，以直隸額兵酌改練軍。四年，兵部、戶部諸臣會議選練直隸六軍，始定練軍之名。各省練軍乃踵行之。練軍雖在額設制兵內選擇，而營哨餉章，悉準湘、淮軍制，與防軍同。其綠營制兵，分布列郡汛地，練軍則屯聚於通都重鎮，簡器械，勤訓練，以散爲整，重在屯防要地，其用亦與防軍同，故練軍亦防軍也。

同治、光緒間，各省所增編防、練軍，兵部、戶部於光緒二十四年核其總數，直隸練軍一萬一千人，留防淮軍三萬一千人，新軍一萬一千四百人，毅軍一萬人，奉天練軍一萬一千四百人，吉林防軍八千五百九十八人，練軍四千四百三十八人，黑龍江練軍七千九百七十一人，山西練軍四千九百人，河南防軍九千一百九十人，陝西防、練軍一萬四千四百五十人，甘肅防軍一萬二千五百人，新疆防軍二萬七千八百四十五人，塔爾巴哈臺勇營二千四百三十二人，四川勇營一萬五千六百九十八人，雲南防軍一萬五千三十三人，貴州練軍九千四百八十六人，廣東勇營一萬一千八百人，廣西勇營一萬六千九百四十人，湖南練軍一萬二千九百七十人，湖北勇營一萬二千六百九十人，新軍一千九十三人，江西防軍九千三百六十三人，安徽防、練軍一萬一千二百九十人，江蘇防軍二萬三千七百九十人，自强軍三千一百七十人，得勝軍三千人，浙江防軍二萬一千三百人，山東防軍一萬三千九百五十人，福建防軍一萬五百四十人，各省防軍、練勇凡三十六萬餘人，歲需餉銀二千餘萬兩。其後綠營兵屢加裁汰，各省衞戍之責，遂專屬於防、練軍。光緒中葉後，防、練軍改爲巡防隊。光、宣之間，又改爲陸軍。至宣統三年，各省巡防隊猶未裁盡也。茲列同、光、宣三朝改設防、練軍規畫於篇，而以陸軍新制附焉。

防軍，同治元年，直隸省於大沽協標六營內選練五百人，復增至二千五百人，分爲五營，營分十隊，設總統一人，翼長二人，各營管帶一人，副管帶二人，正副令官二人，帶隊官十人，分隊官二十人。沈葆楨於江西省額兵一萬二千人內，嚴汰老弱，增補精銳，分爲二班，一班調至省城操練，一班留防汛地，半年換班。其赴操者，酌加練費，較募勇之費不及其半，練成卽調赴前敵助戰。

二年，劉長佑以直隸省營務積年廢弛，各營兵數多寡懸殊，號令不一，乃改仿湘軍成規，以五百人爲一營，設營官、哨隊官及親兵，分別隊伍旂幟，申明號令，改設六軍，凡築營結陣諸法，一律講求。其步隊營制，設營官一人，哨官四人，哨長五人，什長四十人，正兵三百六十人，營官親兵五十人，哨官護兵四十人，營官自率中哨，凡五百人。其馬隊營制，設營官一人，幫辦二人，督隊官五人，每哨五棚，每棚什長一人，正兵九人，營官自率中哨，合伙兵、馬夫凡三百十六人。保定練軍，馬、步、守兵一千九百五十人爲一軍，宣化練軍，一千四百八十人爲一軍，古北口練軍，二千四百十人爲一軍，大名練軍，一千二百三十四人爲一軍，正定練軍，一千四百八十人爲一軍，通永練軍，一千七百五十四人爲一軍，共編爲六軍。

五年，令遵化等處各駐防軍，每軍定爲步隊二千人，馬隊五百人，在督標、提標內選取，凡一萬五千人，分爲六軍，頒練兵章程十七條，隸總督節制，以防畿輔。又於六軍外續練防勇二軍。以奉天留防隊伍調補直隸練軍缺額。其訓練京營，由神機營量增兵額。是年，左宗棠以福建省綠營額冗餉薄，乃裁兵十成之四，卽以裁餉加留營之兵，幷營操練。

六年，丁寶楨於山東省增練馬隊三千人。

七年，以各省綠營日益孱弱，令各省以壯健練勇易之。令曾國藩經理直隸省練兵事宜，就全省綠營內抽練六千人，仿勇營規制，分地巡防。海防議起，調駐天津，分中、左、右、前、後五營，與勇營相犄角。

八年，曾國藩以軍事既竣，宜練兵不宜練勇，而勇營良法爲練軍所當參用者，一、文法宜簡，一、事權宜專，一、情意宜洽。減兵增餉，汰弱留强，嚴杜頂替之弊。於原有練軍四千人外，古北口、正定、保定各練千人，統以東南戰將。練成之後，分爲四軍。以二軍駐京北，二軍駐京南，俟功效既著，增練五千人。全省防營於未撤之九營外，以劉銘傳全部淮軍駐防張秋，以督標親軍炮隊營及前營副營駐天津，以親軍炮隊營駐大沽炮臺，以盛字中軍六營、左軍三營，仁軍二營，馬隊五營駐馬廠、青縣，於運河西岸築炮臺五座，駐盛字前軍三營、右軍三營、老左軍一營，於滄洲駐樂字中、左各一營，其盛字營兼辦屯田，以衞畿輔。是年，丁日昌以江蘇省自淮軍全部撤防以後，江蘇撫標兵僅有一千六百餘人，乃裁汰老弱，補以勇丁，分左右二營，練習洋槍及開花炮諸技。馬新貽以江南全省額兵一萬二千七百餘人，分防各處，徒有其名，必須化散爲整，始能轉弱爲强，乃於督標內選千人爲左右營，浦口、瓜洲營內選五百人爲中營，揚州、泰州營內選五百人爲前營，駐省城訓練，於徐州鎮標內選千人爲徐防新兵左右營，以地方之輕重，定練兵之多寡。劉錦棠以新疆全境自回民亂後，旗營零落殆盡，乃於烏魯木齊創設標兵，於天山南北路各置額兵，新疆所有駐防旗兵，歸幷伊犂整頓，別以精騎重兵居中屯駐，爲南北各路策應之師。崇實以四川省軍事漸定，酌裁防軍，選練旗、綠各營。

九年，曾國藩於直隸省增募馬勇千人，分爲四營，原有額兵，增足萬人，分練馬隊、步隊，奏定各營哨之制，及底餉、練餉、出征加餉之制，爲北方重鎭。

十年，鮑源深以山西省撫標兵仿曾國藩直隸練兵之法，選練馬隊一營，步隊二營，以次推行各鎭。吳棠以四川全省額兵類多疲弱，乃歸幷訓練，得精壯萬人。王文韶以苗疆戡定，所有湖南省留防軍三十營，分布於湖南、貴州接壤之區，又於撫標、提標內各選練精壯一營。

十二年，令陝甘督臣左宗棠、雲貴督臣岑毓英各選所部勇丁，以補營兵之額。是時中外臣工皆注意練兵。李宗羲謂勇與兵有主客聚散勤惰之異，未可易勇爲兵。王凱泰謂各省練兵，宜令更番換防，雲、貴蕩平以後，兩省制兵亦宜換防調操，以杜久駐疲惰之漸。兵部諸臣會議，以同治初年創議練兵，京師神機營及直隸省六軍，別籌練餉，特立營制。福建、浙江、廣東、江蘇等省，皆就所減之餉加於練軍。河南、山西、山東、湖南等省，則按直隸之法，於額兵內抽練，於正餉外略加練費。甘肅省則因軍事初定，先練千五百人。但各省所抽撥之兵，不過原額十之二三。若其餘之兵，置之不問，終成疲弱。應令各省統兵大臣，已練之兵，以時休息，其未練者，次第調操，期通省額兵咸成勁旅。

十三年，都興阿於奉天各城額兵內選練馬隊二千人，於各城八旗內選蘇拉千人爲餘兵，俟客兵裁撤，再行增練。

光緒二年，崇實因奉天換防旗兵日久弊生，乃於岫巖、熊岳、大孤山、青堆子等處改設練軍。

三年，允李慶翺之議，於河南省增設練軍步隊。

六年，令各疆臣酌量裁兵。各省防軍自裁撤後，爲數尚多。直隸、陝、甘須辦邊防，雲南、貴州則防軍較少，此外各省，均應大加裁汰。水師自設兵輪船後，舊式戰船水師，亦分別去留。旋廣西撫臣慶裕以廣西省兵單餉薄，乃酌裁防軍，以所節之餉，仿直隸練兵章程，在省標、提標內各選練二營，左右江兩鎮各選練一營。岐元以奉天省自同治間馬賊四出肆擾，先後商調客軍，增練旗、綠各營，而營制餉章未能畫一。光緒五年，乃以直隸客軍歸幷奉天省，合槍炮馬步各隊，釐定營制，編爲奉字中、左、右、前、後馬步隊五營，中軍增步隊一營。丁寶楨因四川省自軍興以後，川勇而外，益以湖南、貴州各軍，多至六萬餘人，事定次第裁幷，至光緒三年，實存防軍一萬餘人，須分守要隘，未可再裁。貴州防軍，較他省爲少，李明墀於光緒五年後，陸續裁汰四千餘人。李瀚章以湖北省防軍，若升字三營、忠義八營、武毅七營、水師七營，皆扼要駐守，不宜裁汰，就湖北通省額兵酌量裁去三千餘人。裕祿以安徽省自捻寇平後，駐防皖南、皖北各軍，凡一萬八千餘人，次第歸并訓練，實存水陸防軍萬人。

七年，岑毓英因苗亂已平，貴州之屯軍、防勇，量爲裁并，屯軍裁去九千人，以裁軍補額兵，酌改練軍。旋移撫福建，乃率貴州練軍二千人赴閩，教練閩省制兵。譚鍾麟以浙江省防軍於光緒六年募足三十營，旋裁去四營，以練軍十營駐溫州，海門、省垣各一營，餘皆歸守汛地。是年，以各省防軍歲餉甚鉅，令統兵大臣一律嚴核，不得有吞蝕空額諸弊。

八年，崇綺裁并奉天各軍，於八旗捷勝營及東邊道標兵、蒙古練勇外，所有馬步營中之南方防勇，遷地勿良，乃裁并爲一營，餘悉遣歸原省。任道鎔於山東省撫標及兗、曹鎮標內抽調步兵千二百人，分爲三營，加餉訓練。張曜、劉錦棠以伊犂收復，就關外營勇選練制兵，改行餉爲坐糧，略更舊制，增馬隊重火器，設遊擊之師，復參用屯田法，以足軍食。

九年，張之洞練山西省軍隊，由省標先練，掃除積習，爲全省軍營模範。李鴻章裁撤直隸省防軍，除裁撤外，實存直字、榮字、義勝各營數千人，與淮軍之親兵及仁軍、盛軍、銘軍、楚軍等馬、步、水師三十九營，分防各地。岑毓英以貴州苗疆多事，原設重兵數逾三萬，積久廢弛，專恃防軍定亂，事定後，以防軍歸入制兵。雲南省制兵，凡戰兵九千餘人，守兵七千餘人，塘汛堆卡，零星散布，而巡防緝捕，專任練軍，乃以戰兵屯聚於統將駐所，隨時整飭。

潘霨裁并江西省防軍，實存七千八百餘人，每哨續裁十餘人，量爲省并。曾國荃綜核廣東省募兵之數，於光緒六年，張之洞曾募沙民千人守虎門，楊玉科增募千人及惠清營五百人，鄭紹忠募安勇二千人，八年，募勁勇千人駐欽州，鄧安邦續募千人，散布廣州各屬，其廣東額兵實存九千餘人。

十年，奎斌裁汰山西省兩鎮兵三千餘人，挑練大同鎮馬步隊各一營，太原鎮步隊一營。

十一年，卞寶第裁湖南省綠營，選精壯爲練軍，給以雙餉，其未足之額，以營勇補之。希元等抽撥吉林防軍左右路馬步營千五百人，又於未練之兵及八旗臺站西丹內選三千人，編爲吉字營，分左右二翼，修築壁壘，歸營訓練。岑毓英以雲南省沿邊之防軍一萬六千人分編三十營，於每年瘴消之際，親歷邊疆，巡視防務。卞寶第分湖南全額兵之半，加以訓練，編爲巡防營。

十二年，劉秉璋以四川省防營漸染習氣，所有壽字、武字等十營，巡鹽五營，一律選練整飭。

十三年，穆圖善整理東三省練兵事宜，每省挑練馬隊二起，步隊八營，奉天、吉林、黑龍江各足成四千五百人，以克魯伯炮六十尊，分配三省防營。剛毅裁并山西省額兵六千人，就餉練兵，撫標馬隊一旗，步隊三營，太原鎮馬隊二旗，步隊四營，大同鎮馬隊七旗，步隊二營，編列成軍，其北路則以樹字各營分地巡防。

十四年，岑毓英就雲南省內地防軍及邊關勇營內共選練九千六百餘人，以符通省戰兵五成之數。而邊境遼闊，分防尙屬不敷，乃增練三十營，凡一萬五千四百餘人，分防騰越、蒙自各邊及大理、普洱各府。

十五年，譚鈞培更定雲南省營制。雲南防軍，於光緒二年，劉長佑挑練戰兵，以三百七十人編爲一營。十年，岑毓英以督師出關，改編二百二十人爲一小營，營分五哨，哨各四隊，隊各十人。十一年，合練軍各營，以半防內地，半防邊境，仍以二百人上下爲一小營。凡調防八成戰兵七十七營，留防粵勇十二營，倮黑防勇六營，西南土防二十五營。乃裁汰三成，歸幷整齊，以三營爲一營，每營分編五哨，中哨六隊，餘各三隊，以散合整。凡戰兵二十六營，粵勇五營，倮黑勇二營，土勇十三營。

十六年，張曜練山東省步隊一營。

十七年，福潤增練步隊左營。鹿傳霖以陝西省自經亂後，兵制未復，乃酌留馬步防軍並練軍各營，居中策應，各路馬隊，利於巡緝，乃改步隊爲馬隊以節餉糈，凡防、練軍馬隊千五百人，在平原及北山扼要駐守。張煦以湖南省自湘勇回籍後，專恃防軍彈壓各路，凡防軍萬人，水勇二千四百餘人，乃歸幷損益，互爲聲援。

二十一年，依克唐阿編定奉天省炮兵三哨，合原有之防軍爲五營，又以效力獵戶二千人編爲四營。是年張之洞創練自强軍十三營於江南，器械訓練，悉仿歐洲。

二十二年，張之洞練洋操隊二營於湖北。聶士成於直隸駐防淮軍內選練馬步隊三十營，仿德國營制操法，編爲武毅軍。

二十三年，張之洞以練軍重在操演，令分防各營，以十之一更番來省，教以新操，俟練成後，轉授各營。

二十四年，王毓藻練貴州軍隊，先就省防三營改習洋操，次第推及各營。王文韶挑留直隸全省淮、練各軍二萬餘人，編爲二十營，分左右翼，駐守大沽口及山海關，以練軍三十三營分防內地及熱河等處。色楞額以熱河兼轄蒙古兩盟十七旗，而馬步防兵僅有千人，乃增練壯丁五百人爲一營，馬隊五百人爲二營，佐以炮隊百人。增祺以福建省多山，新練防軍，宜重步隊，參以炮隊，增製過山快炮十二尊。胡聘之以東、直、秦、豫各省皆有防軍，支餉自數十萬至百萬不等，而山西省屏蔽畿疆，僅有練軍五千人，乃增練新軍，固西路之防。榮祿因北洋四大軍訓練已成，分路駐防，以武毅軍駐蘆臺爲前軍，甘軍駐薊州爲後軍，毅軍駐山海關爲左軍，新建軍駐小站爲右軍，別練萬人駐南苑爲中軍，軍械不足，令江南機器局撥解新式快槍三千枝，快炮七尊，原有之淮軍一萬二千人，防、練軍一萬九千人，歸幷訓練。

劉坤一以江南省之江寧、鎭江、吳淞、江陰、徐州五路防軍悉改習洋操，所用軍械，統歸一律。是年，令王大臣選京師神機營馬步萬人爲選鋒營。令北方各省營伍，由新建軍遣員敎習，南方各省營伍，由自强軍遣員敎習。東三省防練各營伍，由北洋武備學堂遣人敎習。

二十五年，李秉衡上言奉天仁、育二軍，訓練已成，應擇地修築營壘，俾成重鎭。裕祿以直隸防、練各軍爲數太多，乃挑留馬步精兵一萬八百餘人，編爲練軍步隊十二營，馬隊二十營，更定營制，步隊以三百人爲一營，馬隊以二百餘人爲一營，凡三十二營，分爲直隸練軍左右翼，以通永鎭總兵統左翼，天津鎭總兵統右翼，其新建等軍，仍與宋慶之二十五營各守原防。劉樹堂以浙江防軍雲字、吉字、勝字、旅字各營凡十一營二十三旗，并爲五軍，名爲兩浙新軍，用北洋武毅軍操法訓練。松壽以江西省防軍有忠新等營二千餘人，內江及贛防水師二千四百餘人，武威等營旗三千餘人，分布各路，乃在省城設全省營務處，爲訓練各軍之總匯。劉坤一以江南各軍歸并爲三十七營，加以新法敎練，漸有成效。文興以盛京八旗制兵，汰弱留强，仿北洋練軍新法敎練。裕祥就四川駐防旗兵內選精銳爲一營，陣法營制，與防軍一式。松壽以江西省新練防軍三千人，撥解南北洋新式槍炮，以資操練。黃槐森選廣西省各軍，先就省標、提標及左右江各營挑練一千四百人，爲各軍模範。廖壽豐以浙江省寧波、鎭海各營次第改習洋操，省防各軍先練步隊三哨，炮隊一哨，凡標營及防、練軍，俟四哨教成，更番改練，推及全省。

二十六年，端方以陝西新練洋操之馬步十三旗，分防南北山隘。是年，令各省疆臣嚴定將弁貪墨之刑，並整理浙江省防營積弊。

二十七年，李興銳以江西防軍人數不一，乃分爲五路，釐定人數，以中軍爲常備軍，前、後、左、右軍爲續備軍，軍各五營，營各五哨。劉坤一以江南武衞先鋒軍、江勝軍各二千人爲常備左右軍，其餘防軍四十餘營悉編爲續備軍。岑春煊以山西省兵制紛歧，有練軍、防軍、晉威軍之判，乃仿北洋武衞軍制，以省標三千人分左右翼爲常備軍，以太原、大同二鎭兵共練三千人爲續備軍。魏光燾以雲南省防軍二十四營，營各二百五十人，改編爲常備軍十二營，營各三百人，舊有練軍改爲續備軍，均練習洋操。丁振鐸於廣西省防軍三營內選千人爲常備軍，各屬防軍，就人數多寡，練一、二隊不等。鄧華熙以貴州防軍及威遠營幷練五營，凡千五百人，爲常備軍，東西路練軍及緝捕營共二十九營，選練五千七百人，爲續備軍，分防各隘。是年，設軍政司於天津，總司直隸省淮、練各防軍操防事宜。

二十八年，升允以陝西省新舊各軍均已改習洋操，乃選精銳六旗爲常備新軍，其忠靖八旗兩翼步隊，武威兩翼馬隊，改爲步隊十二旗，以六旗爲續備防軍，六旗爲續備長軍，防軍有地方之責，長軍爲開荒之需，以馬隊炮隊佐之。

二十九年，夏時以江西省新軍僅有千二百人，江防重要，殊苦不足，九江爲全省門戶，乃別募一軍，亦爲常備軍，合中、前常備兩軍共十營，專防省城及九江二處，以左、右、後續備三軍分防各地。

三十年，曹鴻勛以貴州各軍於光緒二十六年改編爲常備軍、續備軍，共二十四營，嗣因沿邊戒嚴，增募防勇十九營，而籌餉艱難，遂每營酌減人數，凡防、練軍及親兵減存一萬五百餘人，次第改習洋操。潘效蘇於新疆標、防、巡、練各軍三萬二千餘人內，選存正勇一萬三千餘人，於南北各路勻配分防。

三十一年，練兵處王大臣以山東省武衞先鋒隊二十營分防散漫，令擇地屯駐，增募成鎮。是年，命鐵良校閱江蘇、安徽、江西、湖北各省防軍、練軍、陸軍、旗兵、巡警兵。鐵良遍閱各軍，大都軍械不一，操法亦未盡嫻，舊營改練，進步甚遲。惟安徽練軍二隊，九江常備五營，湖北二鎮，較爲生色。

三十三年，張之洞以沿江督捕營、下游緝匪營改編爲水陸巡緝隊。王士珍以江北巡防隊改爲步隊六營，馬隊二營，其餘淮海水師、練軍衞隊，悉仍其舊。錫良以雲南防軍二十七營，鐵路巡防十一營，土勇一營，凡三十九營，次第改編新軍，以全省防軍每營二百五十人爲定額，分南防、西防、普防、江防、鐵路巡防爲五路，凡四十七營。

宣統元年，以熱河巡防强勝營改編常備軍，以察哈爾原有之精壯、精健等營改編爲巡防馬隊一營，步隊二營。徐世昌以奉天巡防隊分駐五路勦匪，旋合編爲步隊一標，其河防營亦一律改編。王士珍因江南防軍步隊六營、炮隊二營改隸江北，乃合原有之巡防隊及留防各營編爲巡防第七營，共巡防步隊八營，以備練成一鎭，原有衞隊，增募一哨，編爲一營，尙有練軍三百人，水師十棚，均改爲巡防隊。沈秉堃以雲南防軍內有各屬之保衞隊，係舊日團營，名爲營隊，實卽鄉團，未能遽改爲巡防隊。廣福以伊犂軍標漢隊，係金順西征營勇之舊，其營制餉章，均仿湘軍，乃遵新章，以步隊一營、馬隊二旗爲左路巡防隊，馬隊二旗爲右路巡防隊，分駐惠遠、惠寧各城。袁樹勛以山東省原駐淮軍，於光緒二十四年移防長江，新增防兵二營駐兗、沂二府及德州，均當南北要道，未能遽裁。聯魁以新疆籌餉維艱，就原有防營改編爲步隊三營、馬隊二營，又增編工程兵一隊，馬隊一營，勉成一協。寶棻以山西省軍隊，向分太原、大同、口外三大支巡防隊，乃歸併分編爲中、前、後三路，各以統領節制之，凡馬步二十二隊。吳重熹以河南省巡防營不合部章，就通省巡防步隊二十八營、馬隊十二營分爲五路，豫正左軍爲中路，南陽鎭爲前路，歸德鎭爲左路，河州鎭爲右路，豫正右軍爲後路。趙爾巽以四川省防軍二十九營，編爲六軍，每軍六營，分中、前、後、左、右、副中爲六路，分駐防境。其防守寧遠之靖字二營、遊擊步隊二營，增募寧遠之靖字後營，改爲巡防副左路、副右路兩軍，每三營爲一軍。成都駐防滿營亦改編巡防隊三營，俾臻一律。瑞澂以江蘇省各營練成一協外，尚有太湖水師巡防隊、陸師左右巡防隊，係陸路三旗及蘇捕營衞隊等先後改編者，乃次第換防調操，以免弛懈。

二年，岑春蓂改編湖南省巡防隊，酌定餉章，卽日成軍，其餘緝私三旗，改爲南路巡防隊。孫寶琦改編山東省巡防隊，所有中、前、後、左、右五路，各就坐營之中哨改編，其炮隊以快炮六尊爲一隊，各府州縣巡勇悉改爲巡防隊，兗、沂、曹三府原有之巡防營，亦遵新章編練。恩壽以陝西省巡警軍悉改爲巡防隊。楊文鼎以湖南省巡防隊分爲中、東、西、南四路，駐防各府。崑源以察哈爾八旗壯丁編練巡防馬隊。松壽以裁撤福建全省之綠營兵改爲巡防隊十六營，分五路駐防各府。張人駿以兩江巡緝隊及師船十艘改爲探訪隊，其沿江巡防隊深資得力，以協解北洋之淮軍餉爲巡防軍餉，並以江防軍分駐江寧省城。錫良以奉天原有之協巡隊、備補隊、炮隊、衞隊各防營，遵章改編爲陸軍步隊一標、炮隊一營。是年，山東、山西撫臣咸擬緩裁巡防軍，以靖地方。

三年，張人駿以兩江巡防軍關係重要，其屬於江寧者，馬步三十二營，屬於江蘇者，步隊六營，屬於江北者，步隊八營一哨、馬隊一營，江南北地勢扼要，未可議裁，並擬以新兵中副二營留防三隊改爲第一、二、三巡防隊，以一哨爲提督衞隊。丁寶銓以山西太原滿營，於光緒二十八年已改練新操，乃遵章改編爲巡防隊。恩壽以陝西省巡警軍已改編巡防隊，並設馬步巡防營務處。慶恕以青海墾荒，已開墾六萬餘畝，原有巡防隊不敷分布，增練防軍一旗。誠勳以熱河雖有直隸練軍八營，僅防朝、建一帶，其先後所練巡防隊十三營，分防各屬，未能遽改陸軍。張勳以長江巡防馬、步、炮隊十三營，分駐浦口、六合、江寧、蘇州、懷遠各府縣，並在沿江一帶廣布偵探，以靖盜源。瑞澂以湖南六營已裁，所有撫標之兵，選精壯編巡防一營。此改設防練軍之大略也。

自咸豐軍興，由綠營改爲勇營，爲留防營，爲練軍，爲巡防隊，爲陸軍，兵制變而益新。至宣統年，非特綠營盡汰，卽湘、淮營勇駐防南北洋者，所存亦無幾矣。

陸軍新制，始於甲午戰後，步軍統領榮祿疏保溫處道袁世凱練新軍，是曰新建陸軍。復練兵小站，名曰定武軍。兩江總督張之洞聘德人敎練新軍，名曰江南自强軍。其後榮祿以兵部尙書協辦大學士節制北洋海陸各軍，益練新軍，是爲武衞軍。

庚子亂後，各省皆起練新軍，或就防軍改編，或用新式招練。至光緒三十年，畫定軍制，京師設練兵處，各省設督練公所，改定新軍區爲三十六鎭，新軍制始畫一。

三十三年，京、外新練陸軍，除禁衞軍外，統計近畿第一鎭駐京北仰山窪，官七百四十八員，兵一萬一千七百六十四名。第六鎮駐南苑，官七百四十七員，兵一萬一千八百四十六名。直隸第二鎮駐保定、永平等府，官七百三十七員，兵一萬一千七百三十一名。第四鎮駐馬廠，官七百四十八員，兵一萬一千七百五十六名。山東第五鎮駐省城、濰縣、昌邑等處，官七百四十八員，兵一萬一千七百六十四名。江蘇第二十三混成協駐蘇州等處，官二百七十四員，兵四千三百四十五名。江北第十三混成協駐清江浦，官三百七十六員，兵二千四百八十一名。安徽步隊二標、馬隊一營、礮隊一隊駐省城，官二百五十三員，兵四千一百五十五名。江南第九鎮步隊一營、馬隊二隊駐省城，官七百八十九員，兵八千二百五十五名。江西步隊一協、馬隊二隊駐省城，官二百三十一員，兵四千二百八十七名。河南第二十九混成協駐省城，官三百三十八員，兵五千六百十八名，步隊一協、馬礮隊各一營調駐京城，官一百六十二員，兵三千八十五名。湖南步隊一協、礮隊一營駐省城，官二百四十八員，兵四千五十六名。湖北第八鎮駐省城，官七百二員，兵一萬五百二名，第二十一混成協駐武昌、漢陽及京漢鐵路，官二百八十八員，兵四千六百十二名。浙江步隊一協駐省城，官一百五十九員，兵二千三百八十四名。福建第十鎮駐省城及福寧、延平等處，官四百五十五員，兵六千七百八十八名。雲南步隊一協、礮隊一營駐省城及臨安，官二百三十八員，兵四千二百四十八名。貴州步隊一標、礮隊一隊駐省城，官一百七員，兵一千八百四十六名。四川步隊駐省城，官十二員，兵六十一名。山西步隊二標、馬礮隊各一營駐省城，官二百六十二員，兵四千五百五十七名。陝西步隊一協、礮隊一隊駐省城，官二百二十員，兵三千九百三十六名。甘肅步隊二標、礮隊一營駐省城、河州、固原、西寧，官二百二十一員，兵四千一百二十八名。新疆步隊一協、馬隊一標、礮隊一營駐省城，官一百六十七員，兵二千三百二十二名。東三省第三鎮駐吉林省城、長春、寧安、延吉及奉天錦州等處，官七百五十三員，兵一萬一千八百八十三名，第一混成協駐奉天省城，官三百三員，兵三千五十九名，第二混成協駐奉天新民等處，官三百四員，兵五千五十三名，步隊一協一標、礮隊一營駐吉林，官三百六十一員，兵七千八百七十名。宣統三年統計，除前列外，浙江成第二十一鎮，雲南成第十九鎮，四川成第十七鎮，奉天成第二十鎮，吉林成第二十三鎮，廣東成第二十六鎮駐省城，廣西成第二十五鎮駐省城及桂林等處，先後共成二十六鎮。未幾，武昌陸軍先變，各省應之，而三十六鎮卒未全立云。

清史稿卷一百三十三

志一百八

兵四

鄉兵

鄉兵始自雍、乾，旋募旋散，初非經制之師。嘉慶間，平川、楚教匪，鄉兵之功始著。道光之季，粵西寇起，各省舉辦團練，有駐守地方者，有隨營征勦者。侍郎曾國藩以衡、湘團練討寇，練鄉兵爲勇營，以兵制部勒之，卒平巨憝，其始皆鄉兵也。而邊徼之地，則有鄉兵。其在東三省者，則寧古塔以東之赫哲部、克雅克部，混同江東北之鄂倫春部，不設佐領，惟設鄉兵姓長。其在黑龍江者，有打牲人，在江以南之錫伯、卦勒察，江以北之索倫、達瑚爾，則附屬於滿營。在蒙古者，蒙兵而外，有奇古民勇。在山、陝邊外者，有番兵，有僧俗兵。在四川、雲南、貴州邊境者，有夷兵，有土司兵，有黑倮勇丁。在西藏者，有藏番兵。皆與內地鄉兵不同，故不詳。其各直省之鄉兵，曰屯練，曰民壯，曰鄉團，曰獵戶，曰漁團，曰沙民。額數之多寡不齊，器械之良窳不一，餉章之增減不定，良以聚散無恆，故與額兵迥異，無編制之可紀。茲特志其始末於後焉。

雍正八年，鄂爾泰平西南夷烏蒙之亂，調官兵萬餘人，鄉兵半之，遂定東川，是爲鄉兵之始。

乾隆三十八年，用兵小金川，定邊將軍溫福、定西將軍阿桂疏言，調滿洲兵道遠費重，不如多用鄉兵，人地相宜。四川鄉兵，以金川屯練爲强，自平定金川以後，設屯練鄉兵，其糧餉倍於額兵，分屯大小金川兩路，春夏訓練，秋冬蒐獵，有戰事則搜剿山路，退兵則爲殿後之用。

嘉慶初，苗疆事起，傅鼐以鄉兵平苗，功冠諸將。詔以鼐總理邊務，令各省督撫以鼐練鄉兵之法練官兵。川、楚教匪之役，官兵征討，而鄉兵之功爲多。其勛績最著者，文臣則四川按察使劉清，武臣則四川提督桂涵，湖北提督羅思舉，各統鄉兵，分路勦寇，大小數百戰，遂奏膚功。嘉慶十七年，以雲南邊外野夷倮匪肆擾，而緬寧、騰越各隘皆瘴癘之地，難駐官兵，乃練鄉兵一千六百人，以八百人駐守緬寧之丙野山梁等處，以八百人駐守騰越蠻章山等處，省官兵征調之勞。其時苗疆底定，亦增設鄉兵，凡屯丁七千人，訓練之暇，開墾屯防田數十萬頃。

道光二年，令直隸疆臣招集團練，修築土堡，互爲策應。十五年，令各州縣額設民壯，一律充補訓練，復令各省民壯每月隨營操演，範以紀律。是年，調大小金川鄉兵千名，給以千人之糧，隨營征戰，歸屯則仍食五百人之糧。二十一年，令山東巡撫於蓬萊、黃縣、榮成、寧海、掖縣、膠州、卽墨所屬之十三臯，編練鄉兵，互相防衞。又令沿海疆臣仿浙江定海縣土堡之法，凡近海村落，招募鄉兵，與築土堡，以聯聲勢。二十三年，令廣東省以團練助防海口。旋疆吏疏言廣東民風宜於鄉團，招集已得十萬人，以升平學社爲團練總匯之區，推及韶州、廉州等處，一律舉行。二十六年，令各州縣民壯隨營考察技藝。是年，甘肅沿邊番賊肆擾，令疆臣召募獵戶千人，編爲一軍，供遠探近防之用。及道光季年，張國樑募廣東潮州鄉兵追逐粵寇，轉戰東下，卒以獷悍不馴，遂至潰散。

咸豐二年，令在籍侍郎曾國藩辦理湖南鄉團。旋國藩疏言先行練勇一千人，所辦者乃官勇非團丁，是爲鄉團改勇營之始。三年，令山東登、萊、青三府舉辦聯莊團練，給以兵械。四年，令甘肅沿邊增募獵戶三千人以防番騎。八年，安徽巡撫翁同書疏言皖省定遠、壽州、合肥等縣舉辦團練，旬日之間，遠近響應，和州踞賊屢出焚掠，多被鄉團擊回，以其深明大義，踴躍同仇，凡董事團總人等，傳諭嘉勉。九年，河南巡撫恆福疏言，皖寇進偪豫境，令道府大員於接近皖寇之地，舉辦鄉團，睢州等州縣興築堡寨已數十處。旋諭河南官紳訓練鄉勇，聯村築寨，迅速舉行。

十年，諭勝保等督辦鄉團，以資統率，酌定章程，凡辦團州縣一律遵行，惟鄉團更番調營，所領糧餉，易滋流弊，毋得冒濫。又諭：「江蘇等省在籍紳士，除已經辦理團練外，其明曉大義律身公正者，自不乏人，所有在京直隸、江蘇、安徽、浙江、河南等省之大小官員，將如何舉行鄉團，隨同官兵勦賊，及防守等一切事宜，各陳所見，各舉所知，迅卽上聞。」

尋侍郎沈兆霖疏陳：「自咸豐三年以後，迭奉朝旨舉行鄉團，已至再至三，各省官紳士民，未嘗不遵旨辦理，而賊勢披猖，卒無成效。良由苟且塗飾，未經實力講求，或募勇以充數，徒取外觀，或藉端以營私，轉成欲壑，無事則恃爲威脅，擾害鄉閭，有警則首先遁逃，流爲盜賊。議者幾謂鄉團之無益而有損矣。不知名爲民團，卽當以民爲團，而不可以募勇塞責也。民統於紳，則紳之邪正宜愼擇也。紳倚於官，則官之賢否宜嚴辨也。不歸幷於一路，則督察無人，必不能一律堅固。不專力於四鄉，則城守雖嚴，已難免四面受敵。官與紳宜兩相孚，不宜兩相阨。兵與民宜兩相顧，不宜兩相仇。任封疆者，當知民本吾民，用兵數少，何如用民數多。任將帥者，當知兵本衞民，我能救民，自然民能救我。現在賊氛猖獗，非實辦民團，更無安全之法。」乃擬上事宜十二條：「一、民團須招本地有業之民，不可招市井無賴也。一、宜分別地段，以近賊一、二百里爲最要，距賊稍遠，中隔一、二縣者爲次要，其遠在三、四百里外者，則從緩辦團也。一、各州縣要地，宜一律辦團，無使一處疏漏，俾寇得乘隙而入也。一、辦團宜四鄉加密，有警則互相應援，無事則嚴詰奸宄，庶城守完固也。一、牧令宜擇賢能，與辦團之紳，不得各存意見，亦不得任用劣紳也。一、宜簡道府大員分路辦團，俾各縣聯爲一氣也。一、民團有急，官兵速往救援，不得觀望也。一、宜擇要設卡盤查也。一、民團祇可就地助戰，不宜調遣，變爲練勇，失其恆業也。一、立功宜即奬勵，視官兵稍優也。一、團費宜自捐自辦，不得藉端漁利也。一、民團辦成，則分防之兵可省，集合成軍，攻勦更爲得力也。」

同時應詔陳言者，有載垣等所議團練章程十條，賈楨等所擬辦理章程八條。旋命順天府府丞毛昶熙爲督辦河南團練大臣，南汝光道鄭元善幫辦團練事宜，按照怡親王載垣等所擬章程辦理。命戶部右侍郎杜翻爲督辦山東團練大臣，登萊青道貢璜、登州府知府盧朝安幫辦團練事宜，按照大學士賈楨等所擬條欵，並參酌河南章程，體察情形辦理。又以皖南地方緊要，應一律辦團，令兩江總督曾國藩察看情形，擇其諳練軍務素有人望者，酌保一人，即令督辦皖南團練事宜。

旋曾國藩覆陳：「鄉團本是良法，然奉行不善，縣官徒借以斂費，局紳亦從而分肥，賊至則先行潰逃，賊退則重加苛派，轉爲地方之弊。所經過各省，從未見有鄉團能專打一股、專克一城者，不過隨官兵之後，勝則貪財，敗則先奔，常藉口於工食之太少。而辦理歧異者，每多給錢文，團丁所領之餉，與官勇例價相同，且有過之。其取之民間，無非勸捐抽釐之類。是於團練已失其本義，於軍餉又大有妨礙。今奉諭舉行皖南團練，皖南嶺隘紛歧，若築碉設卡，有險可憑，徽、寧各要隘，宜擇地築碉，以資防守。有在籍翰林院編修宋夢蘭當賊由太平縣竄擾徽州，宋夢蘭督帶練丁協力嚴守，衆論翕然。請卽以該員辦理皖南團練事宜，會同委員，董勸各屬紳民，興築碉塞。其未經克復者，官兵攻勦，概不令團丁隨往。其已經克復者，紳耆修碉，團丁守之。庶幾軍民兩利，名實相符矣。」

又以四川地屬巖疆，毗連雲、貴，滇匪滋擾，未能肅清。嘉慶間，四川舉辦鄉團，行堅壁清野之法，著有成效，自應仿辦。所有應行事宜，諭四川在京各員，就地方情形，各抒所見。官紳中有練達時務者，各舉所知，以俟後命。同時尚書陳孚恩等以江西毗連安徽、浙江、廣東等省，疏請辦理團練，酌保辦事人員，並擬團練事宜八條。疏入，允行。命在籍翰林院修撰劉繹爲江西督辦團練大臣，吉南贛寧道沈葆楨、甘肅安肅道劉于潯幫辦團練事宜，按照陳孚恩等所擬章程，妥爲辦理。

同時督辦河南團練大臣、順天府府丞毛昶熙疏陳團練辦法，並酌擬規條：一、添築堡寨以扼要隘，一、講求險要以便堵禦，一、愼擇首事以資統率，一、分選團丁以備訓練，一、攤派練費以備公用，一、互爲聲援以資聯絡，一、申明號令以壹衆志，一、嚴定約束以禁頑暴，一、秉公賞罰以示勸懲，一、嚴察奸宄以防內應，一、旌表忠義以作民氣，一、事貴實力以冀成功。疏入，允行。

毛昶熙又疏陳河南團練，以歸、陳二府爲先。前統兵大臣勝保，因調團不齊，勒派百姓出資雇丁，統計勇糧運費，較正供多至倍蓰，百姓苦累，紛紛稟請，以抽丁一項，民力已竭，鄉團勢難再辦。其開封等府百姓聞歸、陳雇勇之苦，亦復觀望，不肯實辦。團練之事，仍恐有名無實。尋奉諭：「用民之法，總宜深得民心。勝保等所辦章程旣與民心不洽，自應改絃更張，以期得力。慶廉卽體察情形，將此項雇勇酌量裁撤。毛昶熙按照載垣等會議章程，速卽集團練勇，以輔兵力。」又以甘肅控制西陲，地方遼闊，且與陝西、四川毗連，匪患未靖，自應一律舉辦團練，以靖邊陲。所有甘肅省團練事宜，卽命陝甘總督樂斌督辦，並命甘涼道蕭浚蘭、刑部員外郎吳可讀、江西候補道楊昇幫辦團練。

十一年，以歸化之番衆僧俗兵四千餘人，馬四千餘匹，防禦抱罕羌人。是年，奉諭：「鄉團之設，原以濟兵力所不逮。必須官紳一體，兵勇同心協力，內靖土匪，外禦賊氛，於地方庶有裨益。若如清盛疏劾山東章丘縣之水賽街、新城之南婁里等莊，以及博山、萊蕪等縣鄉團，遇有經過客商，往來差役，輒敢擅行殺戮，害及無辜。撫署之差弁馬匹，亦被劫奪。是團練禦賊尚無成效，而抗官滋事竟有滋蔓之勢。巡撫譚廷襄速將清盛所奏各情，嚴密查訪。如有藉團爲名，肆行不法，及私立黑團，聚衆抗官，立卽嚴懲。」又諭浙江巡撫：「前以浙省軍務未平，籌辦團練，勸諭捐輸，原以保衞民生。若如王履謙疏劾辦團情形，雜亂無章，勸捐委員，令捐戶加捐至數十倍之多，並於捐戶加以威逼。今賊氛逼近浙東，若因勸捐辦理不善，致失人心，必致激成內訌。巡撫王有齡速卽會同王履謙妥爲勸辦，議定章程，不得徇私委派貪劣之員。」

是年，左副都御史潘祖蔭疏言：「各省設立團練大臣，辦理年餘，曾無一效，請獎請敍，紛紛效尤，並未克復一城，其爲無益，已可概見。應將團練大臣分別裁撤，以一事機而節糜費。」翰林院侍講學士顏宗儀疏言：「鄉團之設，原以百姓之財力，衞百姓之身家，果能衆志成城，同仇敵愾，卽一舉、貢、生、監，足以統領之，無俟大員爲之督率。若必以大僚綜任之，幫辦司員分理之，是督撫之外又設督撫，僚屬之外又增僚屬，徒滋紛擾。上年豫省辦團，各省團練大臣亦紛紛四出。旋因浙江、四川、陝西、甘肅等省情形不同，旋卽裁撤。而直隸、山東、江南、江北等處，則仍歸由團練大臣辦理。於是幫辦人員假公濟私，百端紛擾。或偪勒州縣供應，或苛派民間銀錢，或於官設捐局之外，團練再設捐局，或於官抽釐金之外，團練再抽釐金，或查閱各處團防，支應紛煩，地方告乏，或任令家人奴僕勒索規費，約束不嚴。幫辦人員或十餘人，或數十人，薪水所出，皆刻剝民間。刁生劣監，因以把持地方；狡吏貪夫，藉以希圖名利，流弊實多。各省團練大臣，直隸桑春榮操守尙嚴，山東杜翻已嘖有煩言，至於江北、江南所辦鄉團，自上年至今，未聞有團練大臣收復一州一縣者，徒以騷動天下，無益有損。今山東杜翻已經撤回，河南毛昶熙較有成效，其直隸、江南、江北等處團練大臣，宜一并撤回。其各省州縣距賊較遠者，停止辦團，以安民業。其距賊較近之處，仍責地方官切實辦團，而以本省督撫總其成，庶事權不至紛歧，商民可免滋擾。」

旋奉諭：「直隸團練大臣桑春榮回京供職，直隸團練事宜，責成文煜辦理。江西團練大臣劉繹來京任用，江西團練事宜，責成毓科督同官紳辦理。其二省京官如有回籍辦團者，各部院查取職名，飭令來京供職。江北團練大臣晏端書，江西團練大臣龐鍾璐，其辦理團練，是否仍須該員經理，抑或卽可裁撤，令曾國藩、薛煥速議以聞。王履謙幫辦浙江團練，兼辦浙東捐務，今浙江軍務方殷，自難遽撤。令王有齡會同王履謙切實籌辦，以固疆圉。毛昶熙在河南歸德著有成效，應否仍令毛昶熙督辦團練，及有無把握之處，令嚴樹森速議以聞。」

旋兩江總督曾國藩覆陳：「團練之設，只能防小支千餘之游匪，不能勦大股數萬之悍賊。其練丁口糧，若太多，則與募勇之價相等，不必僅以團名；若太少，則與官勇之餉迥殊，不能得其死力。其團防經費，若取諸丁、漕、釐、捐四者之中，則有礙督撫籌欵之途；若設法四者之外，則更無措手之處。事權既無專屬，剛柔實覺兩難。晏端書在江北不設餉局，但勸各邑築圩自保，龐鍾璐在江南激勸鄉民，俾知同仇敵愾之義，辦理極有斟酌。今之賊勢，決非鄉團所能奏功。應俟賊氛稍衰，大功將成，然後辦團練以善其後。晏端書、龐鍾璐二員，清操雅望，內任最宜。應請裁去團練差使，回京供職。」疏入，允之。

同治元年，諭：「鄉團之設，原以使民自衞身家，藉可保全地方，以輔官兵。前因各路辦理團練大臣隨帶多員，任意騷擾，有害無利，是以陸續裁撤，仍責令地方官切實經理。乃邇來統兵大員，守土牧令，或恐其分餉而輕為裁撤，或疑其無益而視為具文，於是民心不固，盜賊橫行，所過州縣村莊，動遭劫掠，是又地方官不能因地制宜舉行團練之所致，因噎廢食，貽誤殊多。嗣後各省團練，仍由督撫臣通飭各州縣，選公正紳士，實力興辦。務使官不掣肘，民悉同心，城市鄉村，聲勢聯絡。其有認眞辦理保全地方者，將其實在勞績，聲明保奬。」

二年，以都察院代遞山東貢生朱德秀條陳團練事宜，語多可采，命朱德秀回籍，隨同英桂、趙德轍辦理團練，並命英桂督飭官紳，就地方情形，認眞辦團，毋得有名無實。

是年，統兵大臣僧格林沁疏言：「各省練團築寨，本以助守望而禦寇盜，爲權宜補救之法。乃各團每以有寨可據，輒藐視官長，擅理詞訟，或聚衆抗糧，或挾仇械鬭，甚至謀爲不軌，踞城戕官，如山東之劉德培，河南之李瞻，先後倡亂，而安徽之苗沛霖，尤爲梟桀反復，勞師糜餉，始得次第翦除。辦團之舉，始則合一鄉爲一團，繼則聯衆團爲一練，地廣人多，良莠不齊，不肖團長有跋扈情形，承辦團練紳士又不能杜漸防微，隨時舉發，致有尾大不掉之勢。況捻匪屢經竄擾之區，亦未見各團堵禦得力。其河南團練，均由侍郎毛昶熙管理。毛昶熙於通省地方，勢難周歷兼顧，而各練既有專管大員，地方官轉至呼應不靈。今賊氛漸平，請命毛昶熙回京供職，所有團練，視直隸、山東之例，歸地方官經理，以一事權。並請飭河南巡撫嚴查各團，如有增置軍械等事，均責令稟請地方官允准置備。如不肖團長借修團製械，種種斂錢，以致苦累鄉民，卽從嚴懲辦，庶幾權歸於上，免滋流弊。」御史裘德俊疏言：「團練之舉，本屬有治人無治法。今直隸善後章程，有抽撥鄉團訓練之議。但抽撥鄉兵，必得賢明牧令，駕馭有方，乃能權不下移，民無擾累。若遇不肖州縣，借端苛斂，抽丁派費，吏胥因緣爲奸，上下咸思中飽，小民已不聊生；加以每縣聚衆數百人，游手無著，以强凌弱，甚或恃衆把持，一有亂萌，尤易響應，不可不遠慮及之。」

旋奉諭：「山東鄉團已由官爲經理，所有河南省團練事宜，亦統歸官辦，以一事權。其直隸抽練團丁，督臣劉長佑權其利害，是否可行，如有窒礙之處，卽據實以聞。」

六年，李雲麟招募奇古民勇駐八里岡，與科布多、塔爾巴哈台蒙兵爲犄角。

七年，諭各疆臣：「捻寇蕩平，勇丁亦各還鄉里，誠恐江南、安徽、河南、山東從前被兵處所，不免伏莽潛匿，乘隙爲害。江、皖等省督撫，於徐、海、潁、亳、歸、汝、曹、沂等處，飭各地方官勸諭民間照舊修理圩寨，整頓鄉團，互相保衞。此外各處民團，亦應一律整飭，愼選牧令，安良除暴，以靖地方。」

十二年，因四川峨邊廳蠻族投誠，擇充千百戶等職，編制夷兵，建修碉堡。

光緒六年，兩廣總督張之洞募沙民千人助守虎門，楊玉科增募千人及惠清營五百人，鄭紹忠募安勇二千人，所募鄉兵，以防勇規制編之。是年，命黑龍江將軍於增練馬隊外，秋冬之季，招集打牲人等，加以訓練。

八年，兩江總督左宗棠以江蘇沿江海州縣捕魚爲業者甚多，於內江外海風濤沙線無不熟諳，而崇明尤爲各海口漁戶爭趨之所。其中有技勇而悉洋務者，所在不乏。外洋船駛入內江者，每用漁戶爲導。江蘇自川沙迄贛楡二十二州縣，濱臨江海，漁戶約數萬人。乃令蘇松太道員爲沿海漁團督辦，於漁戶每百人中，選壯健三十人，練漁團五千名，設總局於吳淞口，設分局於濱海各縣，每月操練二次，習水勇技藝，用以捕盜緝私，兼備水師之選。

十一年，雲貴總督岑毓英釐定雲南通省營制，倮黑勇丁，編爲六營，西南土防，編爲二十五營。又因雲南沿邊，由西而東南，皆野人山寨，布列於九隘之外，乃調兵二千人，與原有防軍及鄉團土司，協力警備。督辦廣東軍務大臣彭玉麟以欽州、廉州地廣兵單，招募鄉團協守。是年，吉林將軍增練防軍，佐以烏拉牲丁，凡萬五千人。

二十四年，都察院代陳湖南舉人何鎮圭條陳團練事宜，命兵部議奏。又諭：「侍郎張蔭桓疏請實行團練，同時臣工屢有仿西法練民兵之請。若各省實行團練，卽以鄉團爲民兵，用更番替換之法，較諸遽練民兵爲有把握。廣西會匪滋事，尤宜速辦，以收捍禦之功。各省督撫一律切實籌辦。各省於三月內，廣東、廣西於一月內，將辦理情形，具疏以聞。」

三十年，廣西巡撫柯逢時令廣西各州縣增募鄉勇八千人，給以毛瑟後膛槍，並令民間多築碉堡，共禦外侮。

三十一年，兩廣總督李經羲增練防營，並募土著鄉兵，備廣西邊境。新疆巡撫潘效蘇以新疆兵費太重，改募土著，仿勇營訓練，次第遣散客軍。

三十四年，雲南防軍裁幷，於騰越、臨安兩路創設團練，藉資捍衞。

宣統元年，各省改防營爲巡防隊。雲貴總督沈秉堃以雲南防軍內有各屬之保衞團，係昔日之鄉團，名爲營隊，實卽鄉兵，未能遽改爲巡防隊，乃仍其舊。此鄉兵擧廢之概略也。

清史稿卷一百三十四

志一百九

兵五

土兵

土兵惟川、甘、湖廣、雲、貴有之，調征西南，常得其用。康熙間，莽依圖戰馬寶於韶嶺，瑤兵爲後援。傅弘烈平廣西，亦藉土兵義勇之力。乾隆征廓爾喀，調金川土兵五千，討安南，以土兵隨征。傅恆征金川，疏言：「奮勇摧敵，固仗八旗。嚮導必用土兵，小金川土兵尤驍勇善戰。」岳鍾琪平西藏，咸、同間討黔、蜀髮匪，其明效也。

古西南夷多槃瓠遺種，曰僚、曰伶、曰僮、曰瑤、曰苗。其後蕃衍，有西番、㚇人、擺夷、麽些、倮儸、咱哩、倮儸、㑲、瑤等目。苗蠻種類尤多，如花苗、紅苗、花仡佬、紅仡佬、白倮儸、黑倮儸皆是。土兵多出其中，故驍强可用。土兵之制，甘肅、四川、兩廣、湖南、雲、貴或隸土司，或屬土弁，或歸營汛。甘肅土兵附番部。四川土兵附屯弁、屯蕃。湖南土兵附練兵、屯兵。別有番民七十九族，分隸西寧、西藏。茲並述于篇。

甘肅土兵：

狄道州臨洮衞指揮僉事轄十五族。河州指揮僉事轄四十八戶。韓家集指揮使轄二族。

岷州宕昌城指揮使轄十六族。攢都溝外委百戶轄四十一莊。麻竜里外委土官轄二族。

閻井外委百戶轄十一莊。歸安里副千戶轄土民四十八族，番民四十三族。

洮州廳卓泥堡指揮使兼護國禪師轄五百二十族，馬兵五百，步兵千五百，土守備一，千總、把總四，外委七。資卜指揮使轄七十六族，土守備一，千總、把總、外委各二，馬兵五十，步兵百。著遜百戶轄七族，兵十人。西寧縣寄彥才溝指揮使轄八族，土千總一，把總二，馬兵五十，步兵百。陳家臺指揮使轄一百十二戶，土千總、把總各一，馬兵五，步兵二十。乞塔城指揮使轄四十八族，土千總、把總各一，馬步兵各五十。納家莊指揮僉事轄百二十戶，土千總、把總各一，兵二十五人。西川海子溝指揮僉事轄番民十八戶，土民三十戶，土千總、把總，兵額同上。　乩迭溝指揮僉事轄九十戶，土千總、把總，兵額同上。　循化廳土千戶轄西鄉上四工韓姓撒拉。　保安堡土千戶轄東鄉下四工馬姓撒拉。撒拉不同番回，似羌而奉回教，舊十三工，今隸循化八工，餘隸巴燕戎格。　乩藏土百戶轄五族。

大通縣大通川土千戶轄五族。

碾伯縣勝番溝指揮同知轄七百戶，土千總二，把總四，馬步兵百。　上川口指揮同知轄四千戶，土千戶一，百戶二，土千總四，把總六，馬步兵三百。　趙家灣指揮同知轄百二十戶，土千總、把總各一，馬兵五，步兵二。　白崖子指揮同知轄百五十戶，兵二十五。美都川指揮僉事轄三百戶，土千總、把總各一，兵二十五。　朱家堡指揮僉事轄六十二戶，兵二十五。　米拉溝指揮僉事轄七十戶，土千總、把總各一，馬步兵二十五。　九家巷百戶轄百餘戶，兵二十五。　王家堡百戶轄百餘戶，兵二十。　喇守莊指揮僉事轄七十二戶。

莊浪掌印土司指揮使轄指揮僉事、指揮使、指揮同知、正副千戶各一，百戶二，土民十旗，番民八旗，文職隸甘涼道，武職隸西寧鎮。　紅山堡掌土司印指揮僉事兵五十。　古城及大營灣指揮使、大通峽口指揮同知、古城正千戶、馬軍堡副千戶、西坪正千戶、西六渠百戶均率親丁効力，不轄土民。

永昌縣流水溝寺千戶轄番民五旗。

甘肅番部：

狄道州三族，河州十八族，皆康熙時舊族，雜處二十四關內。洮州廳八族，大小九十餘處，亦曰南番。土司楊積慶屬番民五百二十族。昝天錫屬番民七十六族。楊永隆屬番民七族。著洛寺僧綱楊溯洛旺秀轄番民二十三族。麻爾寺僧綱馬昂旺丹主轄番民二十一族。圓成寺僧正侯洛扎旦主轄番民四族。岷州熟番四十三族，舊屬土司，後爲歸安里，惟白水江以南、南山內外，皆黑番所在，亦稱若瓦。南山以東馬土司轄，以西楊土司轄，凡番寺三十五所，轄番民竜古喇哈等二十四族。

文縣番族五百族，番地二十二處。馬百戶番地二十八處，雍正八年，改番歸流曰新民。

西寧縣番民十三族，番寺三十八族。

貴德廳熟番舊五十四族，存五族，生番舊十九族，存五族，野番十九族，俱插帳河濱，番寺大者六所。

循化廳口內熟番十二族，口外西番四十九寨，口外南番二十一寨。丹噶爾廳南鄉熟番一族，河南西番八族。武威縣峽溝番民三族，沙溝一族，上下大水寺五族，南山八族。鎮番縣八力曼插漢番民一族。永昌縣番民五族。古浪縣東山圍場溝番民四族。　黃羊川五族。　柏林溝二族。平番縣熟番三十六族，舊十餘萬丁，同治間存千餘人，番寺十四所。　洛洛城十三堡番民八族，二千三百餘丁。張掖縣唐烏忒黑番三族，康熙間給首領劄銜。　撫彝通判轄西喇古兒黃番五族，唐烏忒黑番三族，八族設正副頭目，給守備、千總職銜，番民俱充兵伍。高臺縣唐烏忒黑番一族，每壯丁一，納馬一匹入營。　西喇古兒黃番二族，隸紅崖　。

四川土兵：

松潘廳中營所屬土司七寨，土百戶二，千戶五。　左營所屬土司二寨，土千戶、百戶各一。　右營所屬土司一寨，土百戶一。　漳臘營所屬土司五十二寨，土千戶十四，百戶二十五，土目十三。平番營所屬土司二寨、一寺，土千戶三。南坪營所屬土司二寨，寨首二人。

茂州疊溪營所屬土司六寨，土千戶、百戶各一。

龍安府龍安營所屬土司隘口一，堡一，長官司一，土通判、知事各一。

雜谷廳維州協左營所屬土司宣慰司一，轄大小二十八寨。右營所屬土司宣慰司一，轄十九寨，長官司三，轄四十五寨。

茂州營所屬土司長官司一，副長官司一，安撫司、土巡檢各一。

懋功廳懋功協所屬土司，安撫司、宣撫司各一，轄大小四十六寨。

建昌鎮中營所屬土司，河東長官司一，土百戶三，土目十一，民戶皆倮玀部落。阿都正長官司一，轄土目四人，阿都副長官司一，轄土目十一，民戶皆苗夷。沙罵宣撫司所轄土目五十，民戶皆蠻夷。右所屬河西土千總一，土目四，民戶皆平夷。

越巂廳越巂營所屬土司，邛部宣撫司一，土目十一。寧越營所屬煖帶密土千戶一，轄鄉總七，土目一。煖帶田壩土千戶一。松林地土千戶一，轄土百戶五。以上民戶皆番夷。

鹽源縣會鹽營所屬土司，木里安撫司一。瓜別安撫司一。馬喇副長官司一。

古柏樹土戶一，轄土目二。　中所、左所轄土目一，右所土千戶各一。　前所、後所土百戶各一。以上民戶皆番夷。

冕寧縣冕山營所屬土千戶、土百戶十三，土目四，村戶皆夷也。

會理州會川所屬營司土千戶三，土百戶四，民戶皆番也。　永定營所屬土千戶一，村戶皆夷也。

打箭爐泰寧營所屬沈邊長官司一，　冷邊長官司一，民戶皆番也。

天全州黎雅營所屬穆坪宣慰司一。

清溪縣黎雅營所屬土千戶一，土百戶二。

打箭爐阜和協所屬明正宣慰司一，土千戶一，土百戶四十八。　革什咱布安撫司一。巴底宣慰司一。　喇袞安撫司一。　霍耳竹窩安撫司一，轄土千戶、百戶各一。　章谷安撫司一，轄土百戶四。　納林沖長官司一。　瓦述色他長官司一。　瓦述更平長官司一。瓦述保科安撫司一。以上戶皆土民，多少不等。

德耳格忒宣慰司一，轄土百戶六，民戶皆番。　霍耳白利長官司一。　霍耳咱安撫司一，轄土百戶二。　霍耳東科長官司一。　春科安撫司一，副土司一。　上瞻對茹長官司一。　峪納土千戶一。　蒙葛結長官司一。　林蔥安撫司一。　上納奪安撫司一，轄土千戶一，百戶三。下瞻對安撫司一，轄土百戶二。上瞻對撤墩土千戶一。中瞻對茹色長官司一。以上戶皆土民。

上述土司，其中如春科等，有已納印者，清季設專官治之。三瞻曾畀西藏，爲其轄境。其後邊衅屢生，宣統初收復。

裏塘糧務所屬裏塘宣撫司一，副土司一，轄長官司三，土百戶二，戶皆番民。

巴塘糧務所屬巴塘宣撫司一，副土司一，轄土百戶七，戶皆土民。

石砫廳夔州協所屬宣慰司一。乾隆間改土通判。

瀘州瀘州營所屬長官司一。

雷波廳普安營所屬土千總一，土舍二。安阜營所屬土舍一。屏山縣所屬長官司四。以上民戶皆番夷。

馬邊廳馬邊營所屬土千戶一，百戶九，土外委一。

峨邊廳歸化汛、冷磧汛所屬嶺夷十二地，夷人頭目十二。赤夷十三枝。瞻巴家土千總、把總各一，轄頭目四。哈納家土千總、把總各一，轄頭目三。蜚瓜家千總一，把總二，轄頭目二。魁西家土千總、把總各一。以上民戶娃子爲多。娃子者，漢人被掠入夷巢之名。

四川屯弁：

雜谷廳維州協所屬雜谷腦屯守備一，轄屯千總二，屯把總四，屯外委八。乾堡寨上孟董、下孟董、九子寨均屯守備一，轄千總、把總、外委十四。以上民戶皆番。懋功廳懋功協所屬攢拉八角碉屯守備一，千總、把總、外委六。撫邊屯所屬屯把總一。攢拉漢牛屯守備一，千總、把總、外委六。撫邊屯所屬攢拉別思滿屯守備一，千總、把總、外委七，馬爾富屯外委一，曾頭溝千總一。章谷屯屬攢拉屯守備一，千總、把總、外委八，分轄宅壟屯把總一，外委四。崇化屯屬促浸河東屯守備一，千總、把總、外委十五。綏靖屯屬促浸河西屯守備一，千總、把總、外委二十四。以上戶皆屯番。

四川已廢土司：

建昌道所屬天全六番招討司、副招討司各一。大涼山阿都宣撫司一。建昌壩南路安撫司一。河西宣慰司一、土百戶四。審札等處土百戶三。北路甸沙關土千戶一。

冕山營所屬寧番安撫司一、土百戶二。皮羅木羅等處土百戶四，頭人三枝。靖遠營土百戶四，頭人四枝。涼山等處番夷頭人六枝。如昆等處頭人九枝。冕山營徵收土千戶及頭人二枝。

雅州府屬司徒一、大國師一。

打箭爐屬中瞻對長官司一。

川東道屬宣慰司、長官司各一。

松茂道屬雜谷土司一。

兩廣土兵：

廣東高州府茂名縣猺兵六百六十四，狼兵六百六十六，轄猺山四十四。電白縣僮兵百六十五，轄猺山二十一。信宜縣猺兵百七十七，狼兵五百九十五，轄猺山四十一。化州猺兵五百二十四，狼兵百九十四，轄猺山五十一。石城縣猺兵四百九十七，轄猺山二。廉州府牛籐閘俍總一，兵四十六。馬頭閘俍目一，兵十五。水鳴閘俍目一，兵三十四。冷水閘俍目一，兵二十三。九叉閘俍目一，兵十四。沙尾閘俍目一，兵二十。籐柯閘俍目一，兵二十。丹竹閘俍目一，兵十九。樟木閘俍目一，兵三十。

廣西桂林府龍勝廳二堡，堡目各一。臨桂十三堡，堡目十三。靈川五堡一隘，堡目五，隘長一。永寧州二鎮，俍長二。永福十一堡，堡目十一。義寧五堡，堡目五。全州隘長六。以上各土兵，自二十四至二百九十二。灌陽俍兵最少，臨桂最多。柳州府雒容土舍一，堡目三。羅城十五堡，堡目十五。柳城二十一堡，堡目二十一。融縣二堡，堡目二。以上土兵自十四至二百六十五。融縣最少，雒容最多。慶遠府宜山堡目一。天河堡目一。河池州堡目一。思恩堡目一。東蘭土州目一。永定土司一。永順正副土司各一。土兵自三十二人至百十人，惟那地土州兵二百八十，南丹土州兵五百十二。土州又各分兵五十屬德勝鎮。又忻城土縣兵三百，數爲最多。思恩府上林土舍、頭目、總練三十八，兵五百七十五爲多。土田州兵四百，陽萬土州判兵三百次之。土上林縣兵三十，武緣堡兵五十爲少。平樂府恭城鳳皇堡隊長六。賀縣田總一，哨長三，隊長十四。荔浦堡目二。修仁堡目五。永安土舍二。以上土兵自六十五至三百十。荔浦最少，永安最多。梧州府岑溪俍總俍目。懷集耕總、哨長、耕兵、撫兵。二縣兵皆逾三百。潯州府桂平、平南、貴縣皆俍兵，武宣爲土勇、土兵，自三、四十至三百十四不等。南寧府宣化土勇，隆安隘兵。橫州俍兵，永淳俍兵、耕守兵。遷隆土峒兵。自三十至三百不等。

太平府龍州廳屬下龍土司、兩關、三卡、十四隘。明江廳屬上石西州兵。崇善兵，安平土州兵。萬承土州九甲兵，應調運糧，及六坊土兵。茗盈、全茗、龍英、佶倫、鎮遠、思陵等土州兵。土江州兵。土思州兵。下石西土州兵。上下凍土州兵。羅陽土縣兵。上龍土巡檢隘兵。以上兵四、五十至五百不等。餘如都結土州頭目三，兵十六爲極少，土思州兵七百餘，太平土州兵千餘爲最多。

鎮安府府額土兵。小鎮安廳土勇。天保兵。歸順州隘兵。湖潤寨隘目兵。都康、上映兩土州兵。下雷土州土勇。自三十至二百五十不等，惟向武土州土目二百二十，土兵額千二百，其最多者也。

鬱林州北流俍兵。陸川俍目、俍兵。興業俍兵。皆不過三、五十。

綜廣西土兵，蓋萬三千八百有奇。

湖南土兵：

湖南苗疆，鳳凰廳設中營、右營守備各官，苗兵二千，練兵千，屯兵四千。乾州廳設守備各官，苗兵八百，屯兵六百。永綏廳設守備各官，苗兵千八百，屯兵二千。永順縣設守備各官，苗兵、屯兵各百。保靖縣設守備各官，苗兵、屯兵各三百。嘉慶十年，設屯弁統屯丁，原有備戰練兵千人，準營制操習，著爲例。

雲南土兵：

鎮遠廳，大雅口土都司各一。

麗江府，大山茨竹寨土守備各一。　中甸迭巴土守備二。

鎮邊廳黃草嶺，杉木籠隘，六庫，阿敦子，猛遮，普寧縣普籐，維西廳奔子欄，元江州，雲龍州老窩，威遠廳猛戞，永北廳羊坪，保山縣登梗，魯掌，麗江府，新平縣斗門磨沙，大中甸神翁，小中甸神翁，中甸江邊神翁，中甸格沙神翁，中甸泥西神翁，鎮邊廳猛角猛董，圈糯千總各一。　臨安府稿吾卡，漕澗，奔子欄，阿敦子，瀾滄江，臨城，其宗喇普，思茅廳倚邦，易武，猛獵，六順，猛籠，橄欖壩，猛旺，整董，他郎廳儒林里，定南里，威遠廳猛戞，猛班，騰越廳大塘隘，明光隘，古勇隘，卯照，下猛引，賢官寨，募乃寨，東河，元江州永豐里，茄萆里，喇博，他旦，老是達，岩旺，烏猛，烏得土把總各一。　迭賓土把總五。　中甸江邊，小中甸迭賓，中甸格咱，中甸泥西土把總各三。

鎮邊廳大山分防，猛弄掌寨，猛喇掌寨，水塘掌寨，五畝掌寨，五邦掌寨，者米掌寨，茨桶壩掌寨，馬龍掌寨，瓦遮、宗哈正掌寨，瓦遮副掌寨，宗哈副掌寨，斗岩掌寨，阿土掌寨、土外委各一。　賓川州赤谷里，保山縣練地，武定州勒品甸土巡捕各一。

止那隘、猛豹隘、壩竹隘、黃草嶺隘撫夷各一。八關撫夷。銅壁關、萬仞關、神護關、巨石關、鐵壁關正副撫夷，各有務練土兵，自二十五、六戶至百五十餘戶。虎踞關、天馬關、漢龍關正副撫夷。

貴州土兵。

貴陽府屬中曹長官司，養龍長官司，白納長官司、副長官司，虎墜長官司。

定番州屬程番長官司，上馬橋長官司，小程番長官司，盧番長官司，方番長官司，韋番長官司，臥龍番長官司，小龍番長官司，金石番長官司，羅番長官司，大龍番長官司，木瓜長官司、副長官司，麻向長官司。

開州屬乖西長官司、副長官司。

龍里縣屬大谷龍長官司，小谷龍長官司，羊場長官司。

貴定縣屬平伐長官司，大平伐長官司，小平伐長官司，新添長官司。

郎岱廳屬西堡副長官司。

歸化廳屬康莊副長官司。

永寧州屬頂營長官司，沙營長官司。

鎮遠府屬偏橋長官司，邛水長官司。

黃平州屬巖門宣化長官司。

思南府屬蠻夷長官司，朗溪長官司、副長官司，沿河祐溪長官司、副長官司。

平越州屬楊義長官司。

思州府屬都坪長官司、副長官司，都素長官司、副長官司，黃道溪長官司、副長官司，施溪長官司。

黎平府屬潭溪長官司、副長官司，歐陽長官司、副長官司，龍里長官司，亮寨長官司，中林驗洞長官司，古州長官司，湖耳長官司、副長官司，八舟長官司，新化長官司，洪洲泊里長官司、副長官司。

都勻府屬都勻長官司、副長官司，邦水長官司。

麻哈州屬平定長官司，樂平長官司。

獨山州屬爛土長官司，豐寧上長官司、下長官司。

銅仁府屬省溪長官司、副長官司，提溪長官司、副長官司。

松桃廳屬烏羅長官司、副長官司，平頭著可長官司、副長官司。

西藏土兵：

雍正九年，新撫南稱、巴彥等處番民七十九族，地居四川、西藏、西寧間。十年夏，川、藏暨西寧分遣專官會同勘定，近西寧者歸西寧管轄，近西藏者暫隸西藏云。

西寧管轄四十族：阿哩克族，蒙古爾津族，雍希葉布族，玉樹族，噶爾布族，蘇魯克族，尼雅木錯族，固察族，稱多族，洞巴族，多倫尼托克安圖族，阿薩克族，克列玉族，克阿永族，克葉爾濟族，克拉爾濟族，克典巴族，隆布族，上隆布族，札武族，上札武族，下札武族，札武班右族，上阿拉克碩族，上隆壩族，下隆壩族，蘇爾莽族，白利族，哈爾受族，登坡格爾吉族，下格爾吉族，格爾吉族，巴彥南稱族，南稱桑巴爾族，南稱隆冬族，南稱卓達爾族，吹冷多拉族，巴彥南稱界住牧喇嘛，拉布庫克住牧喇嘛。

西藏管轄三十九族：納書克貢巴族，畢魯族，琫岔族，達格魯族，拉克族，色爾札族，札嘛爾族，阿札克族，上阿札克族，下阿札克族，夥爾川木桑族，夥爾札嘛蘇他爾族，夥爾札嘛蘇他爾，只多族，瓦拉族，夥爾族，嘛魯族，寧塔，尼札爾，參嘛布瑪，尼牙木札族，利松嘛巴族，勒達克族，多嘛巴族，羊巴族，依戎夥爾族，夥爾族，彭他嘛族，夥爾拉賽族，上剛噶魯族，下剛噶魯族，瓊布拉克魯族，噶魯族，色爾札族，上多爾樹族，下多爾樹族，三札族，三納拉巴族，樸族。

以上四十族，共八千四百四十三戶。三十九族，共四千八百八十九戶。雍正間，定族內人戶千戶以上設千戶一，百戶以上設百戶一，不及百戶者設百長一，每千、百戶下設散百長數人。至乾隆末，別定三十九族總百戶一，百戶十三，百長五十三，後增爲百戶十六，百長六十一。

清史稿卷一百三十五

志一百十

兵六

水師

水師有內河、外海之分。初，沿海各省水師，僅爲防守海口、緝捕海盜之用，轄境雖在海疆，官制同於內地。至光緒間，南北洋鐵艦製成，始別設專官以統率之。

其內河水師，天聰十年，自寧古塔征瓦爾喀，以地多島嶼，初造戰船。天命元年，以水師循烏勒簡河征東海薩哈連部落。順治初，以京口、杭州水師分防海口。八年，始於沿江沿海各省，循明代舊制，設提督、總兵、副將、遊擊以下各武員，如陸營之制。各省設造船廠，定師船修造年限，三年小修，五年大修，十年拆造。十年，以水師克舟山，增造戰艦，擴充兵額。十四年，增設崇明水師總兵官，調撥江寧、江蘇、安徽各省標兵萬人，分防吳淞江及崇明諸口。十六年，增設京口左右兩路綠旗水師總兵官。十八年，設吉林水師營造斛船及划子船。

康熙八年，增設福建水師總兵官。十四年，改崇明總兵官爲水師提督。十七年，設福建水師提督及參將以下各官。二十四年，裁京口右路水師，改左路水師爲京口總兵官。二十六年，增設南臺水師營，置參將以下各官。二十九年，更定修造戰船之制，外海戰船哨船，自新造之年爲始，三年後，以次小修大修，更閱三年，或大修，或改造。內江戰船哨船，則小修大修後，更閱三年，仍修治用之。三十四年，令督、撫、提、鎭，凡修理戰船銀兩，不得浮冒核減，致船料薄弱。五十二年，令趕繒等船，於船之首尾，刊捕盜各營鎭船名，以次編列。五十三年，增設金州水師營於海島內，選諳習水性者充之。五十六年，設松江水師營。

雍正二年，令沿海各督、撫出洋巡視。其戰船向由地方官修造者，改歸營員修造。是年，設乍浦水師營。三年，以滿洲兵丁未習水戰，增設天津水師營，以滿洲、蒙古兵二千人隸之。四年，以福建水師常駐內地，不耐風浪，浙江水師尤甚，乃更改舊制，於本省洋面巡哨外，每年選派船弁，在閩、浙外洋更番巡歷會哨，以靖海氛。五年，以杭州駐防旗兵抽練水師。江寧駐防旗兵，卽以鎭江原有戰船，隸江寧將軍，督率旗兵習水戰。尋令旗兵四千人悉習水營事務。令江南、江西各水師營，於弓矢、鳥槍外，增練籐牌、大刀、鈎鐮槍、過船槍、鉞、斧、標彈等武器。戰船分大中小三等。增練排槍。湖廣水師，每兵千人，增鳥槍四百桿。六年，令水師船廠附近省城者，凡戰船造成，在城之督、撫、提、鎮會同驗看。是年，因浙江水師技藝生疏，乃於福建水師中，擇精練之兵，赴浙江教練。尋定浙江戰船用木之丈尺，及船身深廣之制。奉天水師亦如之。七年，以旅順水師不諳戰務，撥福建水師營精卒赴奉天教練。是年，增浙江乍浦水師營。八年，撥江寧駐防兵八百人隸乍浦營。旋因各省水師營承修造船之員，逐層需索，迨交收後，復盜賣損毀，各營皆然，京口標兵尤甚，令督、撫嚴懲之。九年，以文武各員承修戰船，每多貽誤，弊竇叢生，乃嚴治各員，限期修竣，以除巧脫中飽之弊。

十年，令天津水師大小趕繒船所用梗木舵牙及籐篾等具，收存備用。各省戰船設承修官，以董造船之役。由督、撫、提、鎮委副將、參將，會同文職道、府，領價督修，委都司會同文職府佐，辦料修造。隸將軍標者，委參領等官辦理。大修小修之年，各營呈報有司，題咨承修官，具册領價。江南、江西、湖廣、福建、浙江、廣東等省，於屆修兩月前，領銀備料。臺灣、瓊州於四月前備料。天津、山東於八月前備料。各營駕船赴廠，承修官卽於次月興工，如期修竣，違則懲之。其船名號各殊，大小異式，皆因地制宜。山東登州、膠州南北二汛海口趕繒船、雙篷艍船，福建大號趕繒船及二三號船、雙篷艍船，江西南湖營沙唬船，天津大小趕繒船，京口水師船，蘇州、狼山、川沙、吳淞水師船，湖北、湖南、廣東各水師船之船身大小，木板厚薄，咸遵定制，令道員會同副將等監視督造。廣東外海內河戰船亦如之。

十一年，定修造戰船限期，直隸限四月，福建、臺灣限十月，山東限六月，江西大修拆造限三月，小修限兩月，江南限四月，湖廣大修拆造限六月，小修限四月，浙江限四月，廣東瓊州限六月，其餘各廠均限四月。十二年，裁江蘇太湖營參將，改設太湖協副將，兼轄浙江太湖營遊擊各官，定爲內河水師營。十三年，議定天津、福建、浙江、廣東各戰船所需物料，或按年更新，或越年更新。

乾隆元年，議准江南各廠拆造及修理沙唬船、艍繒船，兩淮廠拆造沙唬船、修造趕繒船，於部價外，加津貼銀兩有差。各廠同之。二年，令山東登、膠南北二汛額設雙篷船、趕繒船，屆修之年，亦增津貼銀。三年，撥湖北武昌水師駐漢口，爲漢陽水師營中軍。議准廣東各標營外海戰船拆造，視修工大小，加津貼有差。四年，因沿海各省戰船報部，有缺少至十之二三者，或侵蝕修船帑銀，或賃與商人謀利。令督撫嚴懲。又諭浙江艍繒船拆修視江蘇省之例，艍艄船視江蘇省沙唬船之例，量加津貼。五年，復申禁沿海戰船缺少賃用之弊。六年，以臺灣遠隔重洋，修造戰船，仍循舊制。其福建各船廠，興泉道之泉廠，與興、泉、永三府協辦，汀漳龍道之漳廠，與汀、漳、龍三府協辦，鹽法道承修之福建廠，與延、邵、建三府協辦。七年，裁江蘇黃浦營弁兵，改爲提標水師右營。八年，加福建三船廠津貼銀。十二年，加臺灣船廠運費。十四年，令外海、內河水師戰船、哨船修竣後，承修官以船身丈尺及器具報有司冊損。

十五年，以閩、浙海洋緜亙數千里，遠達異域，所有外海商船，內洋賈舶，藉水師爲巡護，尤恃兩省總巡大員，督飭弁兵，保商靖盜。而舊法未盡周詳，自二月出巡，至九月撤巡，爲時太久。乃令各鎭總兵官每閱兩月會哨一次。其會哨之月，上汛則先巡北洋，後巡南洋。下汛則先巡南洋，後巡北洋。定海、崇明、黃巖、溫州、海壇、金門、南澳各水師總兵官，南北會巡，指定地方，蟬遞相聯，後先上下，由督撫派員稽察。至臺澎水師，仍循曩例。

十六年，令福建三江口營大小戰船，按季整洗。十七年，令各省水師，除江南省沙唬船、巡快船，福建省艍船，輕便易使，廣東虎門協營沙礁迂曲外，其沿海各省戰船，一律製備頭巾插花，借助風力，以資巡哨。巡船則仿民船，隨時修整。五十四年，以外海、內河戰船，舊例酌留一半爲捕盜之用，其餘各船，次第屆期改造，咸令展期三月，福建、浙江、江南、山東各省，咸展期半年。五十五年，以搜捕海盜，戰船拙滯，允水師將弁之請，仿民船改製戰船，以期迅捷。五十八年，因廣東海盜充斥，自南澳至瓊、崖，千有餘里，水師戰船，雖有大小百數十號，僅能分防本營洋面，不敷追捕，致商船報劫頻聞。歷年捕盜，俱賃用東莞米艇，而船隻不多，民間苦累。乃籌欵十五萬兩，製造二千五百石大米艇四十七艘，二千石中米艇二十六艘，一千五百石小米艇二十艘，限三月造竣，按通省水師營，視海道遠近，分布上下洋面，配兵巡緝，以佐舊船所不及。五十九年，以浙江定海縣之舟山外有五奎山，外洋船隻，皆於此寄泊，實爲海濱要區，於定海鎭標內，酌撥弁兵，更番戍守。六十年，以沿海戰船過於累重，不便捕盜，每屆修造，需費尤多，通飭各督撫，屆修造之年，俱仿商船之式改造，以所節浮費，爲外洋緝捕之用。

嘉慶二年，浙江戰船俱仿民船改造。山東戰船亦仿浙省行之。其餘沿海戰船，於應行拆造之年，一律改小，仿民船改造，以利操防。五年，諭各省水師，向設統巡、總巡、分巡及專汛各員，出洋巡哨。奉行日久，有以千總等代巡之弊。嗣後令總兵官爲統巡，副將、參將、遊擊爲總巡，都司、守備爲分巡，遇有事故，以次代巡，不得以微員擅代。山東水師，向未有統巡等職名，亦一律行之。九年，因各省師船向遵部頒定式，僅能就近海巡查，不能放洋遠出，多改雇商船，出洋捕盜。廷臣建議，戰船改商船制度，以收實用。旋諭江蘇省濱海之區，屢有盜劫，所有舊式戰船，令疆臣仿廣東、福建、浙江之例，卽行改製。十一年，諭沿海疆吏，當乾隆五十五年，曾嚴飭統兵官實力訓練舟師，乃日久玩生，弁兵於操駕事宜，全不練習，遇放洋之時，雇用舵工，名爲舟師，不諳水務。嗣後通飭所轄各營，勤期訓練，一切帆舵各技，務皆嫻習。其最優者，不次擢用，惰者懲之。二十一年，規復天津水師營汛，以閩、浙、兩廣、兩江各省所裁水師，遵舊制募足額數，改隸天津水師，分營管轄。二十二年，增設天津水師總兵官，以專責成。

道光四年，諭福建疆臣，前以閩省戰船遲重，駕駛不便，曾裁汰十五船，其餘俟拆修之年，令承修官仿同安梭船式，一律改造。嗣後閩洋米艇，緝捕仍不得力，其已改造之勝字六號米艇八艘無須裁汰外，所有屆修之捷字六號十二艘，存營之勝字一號十號兩艘，修竣之勝字三號一艘，悉行裁撤。十年，令直隸、浙江、福建統兵官，增撥哨船，梭巡南北洋面。是年，定水師人員一年試驗之制，各統兵官隨帶出洋，親加考驗。又嚴定改用外海水師人員之制，其外省世職，及陸路呈改人員，有才具可用，或曾立功績者，由督撫保題。十三年，整頓浙江省水師，增造闊船、舢板船。十五年，以各省水師廢弛，憚於出巡，致盜案疊出，嚴飭水師提、鎮實力訓練緝捕。十八年，以各省戰船每屆修造之年，承辦各員，冒領中飽，不能如式製造，或以舊代新，或操駕不勤，馴至朽腐，令統兵大臣核實辦理。十九年，令督、撫、提、鎮禁將弁扣索之弊，並甄汰劣員，如有呈改召募，不得瞻徇。

二十年，以各省戰船修造草率，並有遲延積壓各弊。福建船廠所修成字四號大船，甫經拆造，卽致破壞。自道光六年至二十年，積壓各船至三十艘之多。承修各員，悉予懲處。各廠應修之船，一律嚴催。其水師各船巡洋之餘，各提、鎭大員，飭將弁操練燀洗，毋任久泊海壖。又因廣東虎門海口爲海防中路要區，以西境之香山，東境之大鵬，爲左右兩翼，嘉慶十五年，設水師提督，節制各路。香山副將所轄水師，兵力稍厚。大鵬參將所轄弁兵，僅九百餘人。道光十年，又分爲二營，其所轄大嶼山及尖沙嘴洋面，爲夷船聚泊之所，乃擇要建砲臺二座，與水師相依護，以澄海副將改爲大鵬協副將，移駐九龍山，增額設水師，兼守砲臺，增造大號中號米艇四艘，快船二艘，在水師各協營，抽配弁兵，巡緝洋面。

二十一年，以外夷船堅炮利，舊設外海水師，强弱不敵，等於虛設，擬改水師爲陸師，專防內地。尋以海盜滋擾，全恃水師緝捕，廣東之虎門，爲外海藩籬，尤藉舟師之力，乃定議緩裁。

二十二年，以海上用兵，專恃炮火，令各疆臣訓練弁兵，一律以施放炮位有準，爲弁兵去取。又以海上用兵二載，閩、粵、江、浙水師，迭致挫敗，令四川、湖廣等省，采購巨木，速製堅船，駛往閩、浙等省，防守海疆。尋因各省戰船，如快蟹、拖風、撈繒、八槳等船，僅能用於江湖港汊，新造之船，亦止備內河巡緝，難於海上衝鋒。惟潘仕成捐資新製之船，堅固適用，炮亦得力，並仿美利堅國兵船製造船樣一艘，又仿英吉利國中等兵船之式，調取各省工匠，改造大船。其例修師船，一律停造，以資挹注。並以船炮圖說，飭江蘇、福建、浙江三省督撫詳勘，何者利用，由廣東省製成，分運各省。又因湖北省所轄長江千餘里，舊設宜昌鎭標，荆州、漢陽各水師營，戰船不能載炮。廣東匠役何禮貴曾爲外洋造船，能造火輪及各式戰船，飭赴湖北，擇何項戰船利於長江駕駛，卽就海船之式，量爲變通。裕泰擬造之開浪船，於海戰未宜，罷之。

二十三年，飭沿海各提、鎭，於每歲出洋及巡洋事畢，所經歷情形，悉以上聞。三十年，因浙江省水師廢弛，飭有司整治船炮，嚴禁奸民接濟海盜，並令沿海將領，按時出洋會哨。又令山東疆臣，以三汛師船，四縣水勇，合而爲一，統以專員，往來策應，並於扼要島嶼，設置大炮。

咸豐元年，以長江轄境緜長，令張亮基等購置船炮，擇要駐守。三年，調廣東外海水師拖罟戰船，及快蟹、大扒等船百艘，統以大員，由海道駛赴江寧，助勦粤寇。是年，江忠源疏請廣製戰船，以靖江面。旋令兩廣督臣，以廣東拖罟船式咨行四川、湖廣各督撫，或在本省，或在湖北宜昌一帶，迅簡工匠，造水師船百餘艘，每船載兵五十人，於三月內竣事。兼飭湖南、湖北二省，購船募兵，與長江下游艇船，協力防江。旋以所購民船不合用，乃收買江船之巨者，仿廣東船式，安置炮位，與廣東所募紅單船，及賃用拖罟船，駛赴江南勦寇。

又以廣東內河及濱海各廳縣，均有捐造緝捕快蟹船，道光間，江海捕盜，悉藉其力。船頭藏巨炮，旁列子母炮，勇丁咸技藝精練，泅水戰最長。令各船由海道至長江會師。是年，曾國藩試造師船於湖南，以規模過小，乃就廣東之拖罟船、快蟹船二種，參酌其製，先造十艘，續增二、三十艘，以能載千斤之炮爲度。至拖罟船，則由兩湖督撫如式製造。

四年，令廣東賃用之紅單船二十三艘，並修治十九艘，凡四十二艘，統一武員，駛入長江。是年，以粵寇竄擾東南，水師不敷勦堵，下游惟廣東紅單、拖罟等船漸集瓜洲，上游惟曾國藩新造戰船，自湖南順流而下，已達武昌。其九江、安慶等處，尚無戰艦，令張亮基、駱秉章購置江船及釣鈎等船，裕瑞、夏廷樾在四川采購材料，與駱秉章商辦。旋駱秉章以四川造船，江險而途遠，水程不便，仍在湖南購料製造。兩湖紳士丁善慶，遵曾國藩所定之式，已成大板艇五十號，長龍等船亦次第告成。長江勦寇，在江南取勝者，以紅單船、拖罟船二種爲最，體勢雄壯，置炮最多，而能順風不能逆風，宜江面寬闊，不宜港汊。在湖南取勝者，以舢板船、長龍船、快蟹船三種爲最，往來輕便，搜捕尤宜，而風急水溜，一下難於遽上，勢散而力單。令湖南水師沿江攻勦，與江南水師會合，各用其所長，以期制勝。

六年，以曾國藩在江西所造戰船，最爲得力，令福濟選擇將弁，率工匠赴廬州仿造，所需洋炮，在上海撥欵辦解。六年，胡林翼以長江水師，自五年春間回駐武、漢以後，戰艦無多，乃與駱秉章協商，督率船炮局各員，盡力籌謀，水師復振。湖南紳局所製船械，交至營中者，大小戰船凡三百餘艘，火藥四十餘萬斤，炮子一百四十萬斤，其餘各械咸備，請優詔獎之。水師重在炮位，廣東運到洋炮二百尊，續運六百尊，配置各師船，自武、漢至九江，所向克捷。惟長江水戰，上下游形勢不同，武、漢以上，利用輕便戰船，潯、皖以下，江面漸廣，利用巨艦，秋冬風勁宜巨艦，春夏宜小艇，船炮之大小，宜因時因地而損益之。請令兩廣督臣，續購大小洋炮，自四百斤至一千五百斤，凡八百尊，盡易舊式炮位，以利東征。八年，以天津原設水師，道光間，先後裁撤，乃籌復設，以重海防。令福建、廣東疆吏，各抽調大號戰艦，備齊炮械，由海道駛赴天津，設水師三千人。十年，令清淮籌防局籌欵，爲防湖水師常年經費，增設淮揚水師營，以保兩淮鹽場，兼佐陸軍。蕪湖孤懸水中，令曾國藩籌設寧國水師，以攻蕪湖，爲克金陵之本。增設太湖水師，爲克蘇州之本。

同治二年，諭沿海督臣舉水師將才。又令曾國藩所部內江水師，都興阿所部揚防水師，有勝外海水師之任者，各舉以聞。四年，在山東省仿長江戰船之式，造長龍、舢板船，於黃河水性駕駛合宜。以水師泊黃、運二河，防堵逸寇，必須分段扼守，而地勢緜長，不敷調遣。復由山東增造長龍船，並增舢板船十艘，以武職大員督領巡防。五年，改造江南海口之紅單廣艇三十艘，合原有廣艇凡四十艘，分防海口。六年，整頓福建臺灣海防，增置龍艚等船。

七年，曾國藩議改水師之制，以江南水師，向分外海、內河二支，外海水師六千七百七十六名，武員一百十八人，內河水師八千二十一名，武員一百三十三人。船數則近稽道光二十四年江南舊例，水師船二百七十五艘，朽壞居多，別造舢板船一百三十五艘，大舢船十二艘，約計各船不過載兵二千數百人，而額定之兵數，尚有萬餘人。徒費餉項，有水師之名，無舟楫之實，宜大爲變通，講求實際。江蘇水師，其營制餉章，悉仿長江水師之例，外海之紅單廣艇，亦略增其餉，與李鴻章、丁日昌諸臣協力籌辦，期於外防與內盜並謀，舊制與新章兼顧。俟章程既定，沿海福建、廣東各省水師，均可酌改行之。

八年，部臣定議，從曾國藩所陳，改江蘇水師爲內洋、外海、裏河三大支，以資控禦。裏河水師，以原設提標右營，太湖左營、右營及增設淞北、淞南二營爲五營，隸提督統轄。舢板船每營船數不等，一律興修，不得缺額。所有太湖七營，改爲裏河五營，其裁員歸幷提標序補。馬新貽等續議，九江水師營改城守營，設陸汛四處。鄱陽營改陸汛二處。洞庭水師營改龍陽城守營。岳州水師營酌留水兵，隸陸路管轄。荆州水師營酌留弁兵有差。九年，諭定安等以寧靈各軍，運餉艱難，增造炮船，由黃河運送。所有大小戰船三十二艘，編爲一營，設統帶等官。

十年，沈葆楨以外海兵船製成，應簡知兵大員督率操練。尋以福建水師提督李成謀爲兵船統領。是年，曾國藩以江南水師章程初議十四條，嗣由馬新貽等增爲二十五條，乃删減歸幷定爲二十一條。外海六營，以次巡哨。內洋五營，分定汛界。裏河五營，分定汛界。淞南營、淞北營、太湖左營、太湖右營酌增戰船。水師營所遺陸汛，移幷留防。京口三營陸汛炮隄，分別管轄。改定轄營，及留設守備，要汛多留陸兵。定將弁處分則例。規定各營船數。酌定外委員數。酌定裁缺薪糧。營官建衙署地方，各營座船之數，官兵額定數目，書吏名數，雨蓬旗幟等費，官兵糧額，各船酌用槍炮數目，各船酌用火藥鉛炮彈，綜計餉項之數，下所司核議行之。十一年，丁寶楨調撥福建省所製安瀾兵輪赴山東洋面巡緝。瑞麟調撥福建省小號兵輪赴奉天海口巡緝。

光緒四年，裁去廣東輪拖巡船水勇二千三百餘人。五年，以各省舉辦水師，奉天、直隸、山東、江蘇、浙江、福建、廣東次第駐泊兵輪，編制水師，而沿海各省形勢不同，操法未能一律，吳淞口爲南北海疆適中之地，乃命江南提督李朝斌爲外海兵輪統領，督率各省大小兵輪，定期在吳淞口會操。六年，以新置蚊炮船便利合用，續向外洋購置數十艘，募福建、廣東沿海精壯之民爲水師，分屯北洋各海口。七年，以奉天旅順口原有旗營，艇船朽壞，弁兵疲弱，悉行裁汰，歸陸師巡防，別以快炮防海。時丁汝昌由英國率戰艦回國，爲中國水軍航外海之始，乃擢丁汝昌爲水師提督。

八年，以江南形勢，先海後江，朝議擬以長江水師提督駐吳淞口，狼山、福山、崇明三鎭標隸之，以江南提督移駐淮、徐，改福建水師提督爲閩浙水師提督。尋左宗棠、彭玉麟議覆，以海防不外戰守二端，戰宜厚集兵力，守宜因勢設險，仍循舊制爲宜。福建水師自裁兵加餉後，實存水師六千九百餘人，旗營水師三百餘人，各營拖罾、龍艚、快艇等大小戰船實存四十艘，臺灣、澎湖戰船六艘，大小兵輪十艘，宜聯合浙江省水師會操，官制則仍循其舊。九年，以廣東內河之肇慶河面縣長六百餘里，僅有小巡船二十餘艘，不敷分布，九龍洋面水淺，大船難於行駛，乃於二處各增設淺水兵輪船。十年，試造尖底舢板船，分布海口。旋以船質弱小，罷之。十一年，彭玉麟以海防日亟，議設水師總統於吳淞，分設二鎭：一駐直隸大沽，凡盛京、直隸、山東、江南各海口戰船隸之；一駐福建廈門，凡浙江、福建、臺灣、廣東各海口戰船隸之。兩鎭每年周巡海口，會哨於吳淞。是爲南北洋水師建議之始。十二年，議裁減浙江沿海水師。旋浙撫劉秉璋以舊額戰船二百五十餘艘，粵寇亂後，購造不及半數。光緒八年，裁水師船十三艘，停修舊船三艘，已符裁兵三成之數。惟巡洋之紅單船十一艘，不在額設裁減之例。十四年，因臺灣疆土日闢，改安平水師副將爲臺東陸路副將，改鹿港遊擊爲安平水師遊擊，任新設地方鎭守之職。十五年，以福建內河水師炮船舊額共九十八艘，頻年裁撤，實存三十艘。每船配置水師六人，專任巡緝內洋。十六年，調撥福建海壇水師駐防福清縣屬，以靖海盜。十七年，於湖南選鋒水師中、前、後、左、右營內，撥一千六百餘人，分防省城及岳州等處，撥長勝、毅安水師四百餘人，分防辰州、沅州、常德等處，撥澄湘水師三百餘人，分防衡州等處，以專責成。是年，因奉天遼河下游舊有巡船，上游則僅有陸隊兼巡，未有水師。乃增置長龍炮船一艘，舢板船八艘，於練軍內選撥弁勇，梭巡遼河上下及省南之洋河。

十九年，令提督黃翼升校閱長江提標五營，上江十三營，下江四營，定訓誡之規，禁陸居，戒嗜好，勤練藝，屏虛文，不得蹈綠營之習，日久玩生。閩、浙疆臣會議，以浙江省有元凱、超武二兵輪，福建省有伏波、琛航、靖遠三兵輪，與沿海水師協力緝捕。而浙省水師船自裁減後，僅存五十餘艘，閩省自馬江戰後，僅存艇船二十九艘，乃在寧波海口賃用紅單等船八艘，酌撥弁兵，以靖海盜。二十四年，令江蘇省之外海、內洋、裏河、太湖四支水師，一律酌裁水勇。二十五年，以安徽省江防在下游者為東西梁山，建有炮隄炮臺，在上游者為闌江磯前江口及省城之江心洲，咸有炮臺，而缺乏水師，乃撥澄清營炮船二十五艘，及長江水師之蕪湖、裕溪、大通、安慶、華陽各營，聯絡防守。又令長江五省督撫，各派將領，不分畛域，嚴密設防。二十六年，以奉天鳳凰廳沿海一帶，素稱盜藪，曾由北洋撥兵輪巡洋，其支港各處，宜屯泊水師，乃於大孤山、太平溝、沙河三口岸，各造兵船三艘，酌配水師巡緝。三十四年，因浙江杭、嘉、湖三府捕匪兵單，於原有水師中，抽練遊擊一隊，駐嘉興府，增練遊擊三隊，分布嘉興、湖州各河港，以遊擊小隊駐杭州省城，賃用上海商人之小輪船十艘，曳帶兵梭船巡水道，以期迅捷。在南洋船塢造淺水兵輪船四艘，配快炮八尊，江蘇亦製淺水兵輪船四艘，協同內河水師，仿歐西各國章程，編爲聯隊，以資防勦。此整治水師之概略也。

其兵額之增減，船械之配置，各省隨時編定。外海水師，北自盛京，南訖閩、廣，凡拖繒、紅單等船隸焉。內河水師，各省巡哨舢板等船隸焉。奉天、直隸、山東、福建水師船均屬外海。江西、湖廣水師船均屬內河。江南、浙江、廣東水師船分屬外海、內河。其別練之師，有巡湖水師、巡鹽水師、親兵營、練軍營。同治以後，增定長江水師、太湖水師之制，視舊制加詳矣。

其巡防之規，外海水師巡防盛京，以協領爲總巡，佐領、防禦、驍騎校爲分巡。直隸等沿海各省，以總兵官爲總巡，副將以下爲分巡。各於所治界內，率水師沿海上下，更番往來，詰姦禁暴，兩界相交之處，戒期會哨，以巡緝情形，申報所屬將軍、總督、提督，委員稽察。若因風阻滯，各廠到界之日具報。其每歲定期，以二月、四月、五月爲始，至九月事竣回營。有引避不巡，或巡而不周遍者，論如軍律。其內河水師巡防之制，長江自四川巫山而東，出三江口，至湖廣界，經岳州、武昌、興國至江西界，經九江、江寧、京口等處，東至於海，各省將軍、總督、提、鎮分委旗標弁兵，沿江游巡，及界而還。

自康熙以後，以外海利用巨艦，內河利用輕舟，故船制屢改，而轄境遼闊，水師兵額，時有增加，遇有戰事，增艦尤多。征吳三桂之役，命尚善率舟師入洞庭湖取岳州。及鄂鼐統水師，增造鳥船百艘，沙船四百三十八艘，置水師三萬人。征臺灣之役，命萬正色督率湖南、浙江戰船二百艘，由海道赴福建。姚啓聖亦修戰船三百艘，水師二萬人。施琅之克澎湖，用戰船三百艘，水師二萬人。施世驃之平朱一貴，用大小戰船六百餘艘。乾隆間，征緬甸之役，命湖廣船匠造船於蠻暮，取道金沙江以攻緬甸，兼調福建、廣東水師助之。李長庚之勦海寇，在福建造大船三十艘，名曰霆船，配置大炮四百尊，合閩、浙水師全力，轉戰重洋，遂平蔡牽。

道光以後，海警猝至，木質舊船不敵外洋鐵艦之堅利。同治五年，始仿歐洲兵輪船式，於福建省開廠製造輪船。江蘇初設輪船四艘。十一年，廣東、山東各設輪船一艘，奉天設小輪船一艘，咸配置水師。

其後沿海各省購置兵輪，歲有增益，舊式水師戰船分別裁汰。至光緒中葉，綜各省外海、內河實存師船之數，奉天外海繒船十艘。直隸外海長龍船二艘，先鋒舢板船四十八艘。山東外海拖罾船十四艘，內河哨船六艘。江蘇外海輪船二艘，艇船八艘，內洋輪船二艘，舢板船六十艘，內河舢板船、艇船三百八十五艘，長江舢板船七十六艘，督陣舢板船七艘，長龍船十艘，巡哨舢板船一百二十八艘。安徽舢板船二百八十二艘，長龍船十五艘，八團船一艘，槍划十艘，護卡巡船十五艘，督陣舢板船七艘，輪船二艘。江西長龍船十五艘，舢板船二百六十三艘，督陣舢板船六艘，輪船一艘。福建外海長龍船一艘，舢板船十九艘，小艇十四艘，哨船十四艘，龍艚船二艘，拕艚船一艘，內河炮船三十艘。浙江外海釣船二十七艘，艇船十二艘，龍艚船十七艘，哨船二艘，快船一艘，內河大舢板船五十八艘，中舢板船八十四艘，飛划船四十九艘，長龍船座船二百十三艘，槍船八艘，炮船五艘。湖北督陣大舢板船八艘，長龍船十二艘，舢板船一百八十艘。湖南督陣大舢板船四艘，長龍船四艘，舢板船六十艘。廣東外海大小輪船二十二艘，巡船十四艘，拕船十艘，長龍船一艘，扒船一艘，內河兩艕槳船一艘，艕船一艘，槳船四十艘，巡船一百九十六艘，急跳船十五艘，平底槳船二艘，快哨船二艘，快船十四艘，快槳船七艘，舦艚船四艘，艕船二艘。

各省戰船，咸分隸標營，擇地屯泊，以時會哨。外海師船，以海軍規制漸立，僅任沿海捕盜之責。各省內河師船，均仿長江水師舢板船之式。惟巡緝等船，分巡支河汊港，利用輕捷，船制少殊耳。

其漕、河水師營制，始於明代隆慶間。清代略更其制。以衞卒專司輓運漕糧，以營兵專任護漕，別設城守營守護城池。分漕院與巡撫爲二，漕運總督標下，統轄左、右、中三營及城守四營，駐山陽境及漕運要地，分別置兵。淮郡舊爲黃、淮二河交注之區，特建兩大閘，設河兵及堡夫守之。河營遂與漕營並重，各有副將、參將、遊擊、守備等官。河營升遷之例，與軍功等，專司塡築隄防之事，而緝捕之責不與焉。

清代水師武功之盛，守洞庭而平吳逆，戰重洋而殲蔡牽，下長江而制粤寇，東南數千里，威行桴鼓，勞臣健將，蹈厲功名，超踰曩代。及海禁宏開，鐵船横駛，舟師舊制，弱不敵堅，遂盡失所恃。時會迫迮，非規畫之疏也。

凡直省舊額船數分防之制，分列於篇：曰東三省，曰直隸，曰山東，曰江南，附太湖湖標、漕標各水師，曰浙江，曰福建，曰廣東，曰廣西，曰湖南，曰湖北，曰安徽，曰長江水師。

東三省沿海各口岸，以金州、旅順口爲尤要。淸初卽有水師之制。松花江、嫩江貫注吉林、黑龍江二省腹地。所設水師營汛，由吉林而北抵墨爾根、黑龍江一帶。至光緒間，旅順築海軍港，屯駐鐵艦，迥殊曩制。其東部之圖們、混同江上，時有俄羅斯戰艦侵軼，非舊制師船，械弱兵單，所能控制矣。列經制水師於後：

奉天旅順口，於順治初年設水師營，以山東趕繒船十艘隸之，始編營汛。康熙十五年，設水師協領二人，佐領二人，防禦四人，驍騎校八人，水兵五百人。五十三年，由浙江、福建二省船廠造大戰船六艘，由海道至奉省，駐防海口。

金州水師營隸城守尉，水兵百人。

吉林水師營，順治間，設四、五、六品官。光緒十四年，增設總管一人，六品官二人。

齊齊哈爾水師營，康熙二十三年，設總管一人，四品官二人，六品官二人，造船四、五、六品官各一人，領催八人，水兵二百六十八人，後增至五百六十八人，大戰船二艘，二號戰船十五艘。康熙四十年，撥歸黑龍江十艘。雍正間，撥歸墨爾根六艘，存大小戰船二十五艘，江船五艘，划子船十艘。

墨爾根水師營，康熙二十三年，設四品官一人，領催一人，由本城協領兼轄，凡戰船六艘，水兵四十三人，雍正間增戰船六艘。

黑龍江水師營，康熙二十三年，設總管一人，五品官二人，六品官二人，領催八人，戰船三十艘，水兵四百十九人。四十年，自齊齊哈爾撥船增之，凡大戰船十艘，二號戰船四十艘，江船十艘，划子船十艘。

直隸省水師，始於雍正四年，設天津水師營，都統一人，駐天津，專防海口，水師凡二千人，省內各河，咸歸陸汛，無內河水師。乾隆八年，增設副都統一人，水師千人，大小趕繒船二十四艘，艍仔船八艘。三十二年，以海口無事，徒費餉糈，全行裁汰。嘉慶二十一年，復設水師千人。旋設大名鎮，以水師總兵歸幷大名，實存守備一人，參將一人，千總二人，把總三人，水師四百九十一人。嘉慶十九年，直隸督臣那彥成以官兵虛設，兵船多朽，疏請裁撤，仍幷入大名鎮。咸豐八年，以海疆多警，增設海口六營，於大沽南北兩岸，修築炮臺，凡大炮臺五座，平炮臺十座，大炮九十九尊，水師三千人，以五百人爲一營，分編左右六營。九年，改爲一千八百人。同治八年，督臣李鴻章疏請酌定營制，設大沽協副將，駐新城海口，防守炮臺。光緒元年，李鴻章於大沽、北塘等處，增建炮臺，購置歐洲鐵甲快船、碰船、水雷船，以海軍將領統之，不隸舊制協標之內。

其內河水師船，始於同治間，仿長江水師之制，設督標水師中營，管帶官一人，哨官三十二人，水師四百七十六人，舢板戰船三十二艘，駐三岔河口，親兵總哨官一人，哨官十四人，水師二百二人，舢板戰船十四艘，駐西沽河口。

山東，順治元年，始於登州府設水師營，領以守備、千總等官，凡沙唬船、邊江船十三艘，水兵三百八十六人，駐紮水城，分防東西海口。十五年，移沂州鎭於膠州，改膠州水師爲陸營。十八年，移臨清鎭於登州，以隸屬城守營之水師，改爲前營水師。康熙四十三年，增設遊擊二員及守備以下各官，增水師爲千二百人，改沙唬船爲趕繒船二十艘，分巡東西海口，東至寧海州，西至萊州府，分爲前後二營，各專其職。四十五年，以前營水師移駐膠州，巡哨南海，後營水師駐水城，巡哨北海。五十三年，裁後營經制員弁，裁水師七百人，撥趕繒船十艘赴旅順口，僅存前營水師遊擊等官，趕繒船十艘，分南北二汛，以遊擊、守備分轄兵船之半。雍正七年，每船增兵十人，兩汛共增兵百人，增雙篷艍船七艘，每艘配兵三十人，南汛艍船三艘，北汛艍船四艘，北汛增將弁一人。九年，又增設艍船三艘，增兵一百九十人，每艍船共配兵四十人，南北汛各五艘。十二年，增將弁六人，又於成山頭增設東汛水師，抽撥南北汛趕繒船各一艘，雙篷艍船各一艘，分配戰守兵，撥南北汛將弁四人，配船巡哨成山、馬頭嘴一帶，與各汛會旗，總歸水師前營管轄，以本鎭統之。列定制於後：

前營水師，遊擊、守備各一人，千總二人，把總四人，外委千總二人，外委把總四人，水戰兵八百人，守兵二百人，趕繒船十艘，雙篷艍船十艘，每船各帶脚船一艘。南汛駐膠州之頭營子，遊擊一人，把總二人，外委千總、把總各一人，趕繒船四艘，雙篷船四艘，共配戰守兵四百人，南境巡哨至江南交界之鶯游山，東至榮成縣馬頭嘴，與東汛會旗。東汛駐養魚池，千總、把總各一人，外委千總、把總各一人，趕繒船四艘，雙篷船船四艘，共配戰守兵四百人，南境巡哨至馬頭嘴，與南汛會旗，北境巡哨至成山頭，與北汛會旗。北汛駐登州府水城，中軍守備、千總、把總各一人，外委把總二人，趕繒船四艘，雙篷船船四艘，共配戰守兵四百人，南境巡哨至成山頭，與東汛會旗，北境巡哨至隍城島，與直隸水師、盛京水師分界。

江南水師，順治初年，江蘇松江等營，各有捕盜小快船四十艘，常州、鎭江等營，各有一、二十艘不等。自康熙七年，查毀沿江海各營出海之船，其內河快船，亦從裁汰。嗣巡撫馬祜、提督楊捷疏請蘇、松、常、鎭四府，各塘汛設水師巡船三百二十五艘，以靖水盜。雍正元年，江蘇、浙江督撫會商，以太湖連跨二省，夙爲盜藪，乃於湖濱各口，增設水師營汛巡船，分界巡防。其湖內各地，係二省交會者，令參將各率水師會同巡緝。五年，令京口八旗營仿天津水師之制，設京口水師營，分撥京口大小戰船二十艘至江寧練習。其駐寧水師，凡滿洲、蒙古兵千人，設協領四人，佐領、防禦、驍騎校各十二人。是爲江南水師之始。

鎭守京口左右兩路水師，設統兵官二人，分統左右營，各置沙船二十八艘，水艍船八艘，犂繒船八艘，舵椗手二百二十人，水手、匠役四百九十二人。康熙二十一年，改隸江南提督標下，分爲中、左、右三營。三十六年，裁總兵官，設副將以下各官，每營設沙船二十三艘，唬船七艘，小巴船四艘，水手四百六十八人。自雍正二年後，迭有改撥，每營存唬船二艘，小巴唬船七艘，渡馬淺船六艘。

江南提督水師標兵，順治四年，始設參將以下各官，分爲中、左、右、前、後五營及城守六營。中營唬船一艘，巡船十五艘，中號四艕哨船二艘，槳艕快哨船二艘。左營唬船三艘，巡船十五艘，中號四艕哨船二艘，槳艕快哨船二艘。右營浦江游巡哨船四艘，改設哨船一艘，槳船一艘，二艕哨船一艘，巡船七艘。前營中號四艕哨船二艘，槳艕快哨船二艘，巡船二十二艘。後營唬船一艘，中號四艕哨船二艘，槳艕快哨船二艘，巡船八艘。

松江城守營唬船一艘，中號四艕哨船二艘，槳艕快哨船二艘，巡船一艘。

金山營巡船十三艘。

柘林營巡船四艘。

青村營巡船二艘，小哨船一艘。

南匯營大罟船二艘，小哨船四艘。

川沙營捕匪大罟船三艘，放大罟船三艘，大罟船二艘，小哨船二艘，小號二艕哨船二艘。

劉河營巡船八艘。

吳淞營沙船三艘，艍䑌船四艘。

福山營沙船四艘，官渡船四艘，巡船十六艘，後改爲福山鎮標，設總兵以下各官。

太湖營沙船、快船、巴唬船共三十二艘，後改爲太湖協標，設副將以下各官。

常州營巡船二十九艘。

江陰營唬船二艘，巡船七艘。

靖江營唬船二艘。

楊舍營巡船二艘。

鎮江城守營，順治十五年，設鎮守蘇、松水師總兵官，分中、左、右水師三營，各設沙船九艘，趕繒船五艘，尋改爲參將等官，設巡船二十三艘。

江南督標游兵營，順治初年，隸操江巡撫標下，設遊擊以下各官，大唬船一艘，小唬船二十七艘。康熙元年，裁幷入督標。

奇兵營，順治初年，隨操江巡撫赴安徽省駐防，改爲太平右營，設遊擊以下各官。康熙元年，裁幷入安慶營。

瓜洲營，順治二年，設守備以下各官，專防江北水汛，唬船八艘。康熙元年，改爲參將，並入江南督標。十一年，改爲瓜洲城守備，唬船八艘。其各縣分防水師，寶應汛船十五艘，氾水汛船十四艘，永安汛船二十三艘，高郵汛船十六艘，江都汛船十四艘。

淮安廟灣營，順治初年，設遊擊以下各官，沙船五艘，唬船四艘。佃湖營，雍正九年，由廟灣營分防，設都司以下各官，沙船三艘，巡船四艘，唬船一艘，內河巡哨船一艘。

營城營，順治三年，設守備以下各官，唬船四艘，小巡船四艘。乾隆十一年，改爲唬船一艘，巡海哨船二艘，三號四號沙船二艘，小巡船四艘。

小關營，雍正十一年，由鹽城營分防，設都司以下各官，沙船二艘，唬船一艘，快船一艘。

海州營，順治四年，設遊擊以下各官，小巡船五艘。康熙三年，幷入東海營，增設沙唬船十艘。

東海營，順治初年，設守備以下各官。十八年裁撤。康熙十八年復設。其分防汛地，鷹游內外洋汛䑦船二艘，大浦汛商船二艘，海頭汛唬船一艘，臨洪口汛哨船二艘，高公島汛沙船一艘。

江蘇撫標左右營，順治四年，設參將以下各官，左營巡船十艘，右營巡船十艘。

蘇州城守營，順治四年，設參將以下各官，巡船五十八艘。

平望營，順治三年，設遊擊以下各官，巡船十七艘。初隸提督標，乾隆以後，改隸巡撫標，巡船二十艘。

福山營，自提督標分防，設遊擊以下各官，其沙船四艘，巡船六艘，官渡船四艘，船數仍如舊制。道光間，以海疆要地，改爲鎮標，設總兵以下各官，分爲中、左、右三營。

淞北營，原隸督標內河水師，同治十一年，改隸江南提標水師，增設副將以下各官，仿長江水師之制，設舢板船十六艘。

淞南營，同治十一年，改隸裏河淞北協標，增設遊擊以下各官，仿長江水師之制，設舢板船、座船凡三十七艘。

江北狼山鎮標，順治十八年，設總兵以下各官，分中、左、右三營。中營趕繒船一艘，沙船一艘，唬船三艘，渡船五艘。左營趕繒船一艘，沙船二艘，唬船三艘，渡船六艘。右營趕繒船六艘，沙船一艘，唬船四艘，渡船三艘。

泰州營，順治二年，設遊擊以下各官，趕繒船二艘，沙船二艘。

掘港營，順治三年，設守備以下各官，唬船三艘。

康熙二十三年，以京口將軍標下沙船二十二艘，唬船十八艘，隸狼山鎮標，爲海口巡防水師。二十八年，以戰船四艘，仍撥歸京口。四十八年，改爲中、左、右三營。中營趕繒船三艘，沙船二艘。左營趕繒船三艘，沙船三艘。右營趕繒船四艘，沙船二艘，唬船四艘。雍正十年，實存大小水師船二十二艘。十三年，右營增小哨沙船一艘。同治五年，增設綏通、綏海二營，隸長江水師提督。

江南福山鎭標，道光二十三年，設總兵以下各官，分中、左、右三營，以舊有之福山營水師爲福中營，蘇松奇兵營水師爲福左營，楊庫水師爲福右營。中營舊設巡船十五艘，日久朽壞無存，以沙船四艘增換闊頭舢板船五艘，左營設大小舢板船八艘，右營設大小舢板船五艘。同治九年，改定營制，以中營幷入左右營，以左營原轄之海門廳屬西半洋沙等汛，隸通州營，以左營分中左右三哨，分駕巡船十二艘，出巡洋面，以右營駐防陸路各汛。

太湖水師，始於雍正間。太湖連跨蘇州、常州、湖州之境，爲全吳巨浸。湖中風浪與江海異，故巡湖水師，船制亦殊。其衞所巡司則以巡船，水師則以哨船。雍正二年，設太湖營遊擊、千總、把總各一人。五年，以大錢汛口爲浙江省瀕湖要道，增守備、千總各一人，把總三人，戰守水兵原額千人，歷年裁併，實存水戰兵一百八十六人，守兵四百七十二人，分防各處：角頭汛兵一百八十五人，沙快船五艘；西山汛兵六十九人，沙快船二艘；浙江烏程汛兵一百九十七人，沙快船九艘；伍浦汛兵六十九人，快巡船九艘；南浦汛兵一百七人，快巡船九艘。七年，以沙船六艘爲湖中大汛巡防，其餘改小號巡船二十艘，巡緝支河小港。九年，分水師爲左右二營，左營守備駐簡村，列汛凡六，當震澤縣界。千總一人，駐鮎魚口，列汛十有二，當吳縣、吳江、震澤界。把總二人：一駐吳江，列汛凡八，當吳江、震澤界。右營守備駐周鐵橋，列汛凡六，當宜興、陽湖界。千總一人，駐馬山，列汛十有四，當常州、無錫、陽湖界。把總二人：一駐黿山，列汛凡七，當吳縣界；一駐鳳川，列汛凡七，當宜興、荆溪界。乾隆間，設副將以下各官，水師戰船，凡巴唬船十六艘，沙船三艘，大快船七艘，小快船三十二艘。至道光間，存巴唬船十六艘，沙船二艘，大快船六艘，小快船二十艘，槳船十艘。迨咸豐年粵匪亂後，營伍船械全失。同治間，重整水師，盡易舊制，仿長江營制，設太湖協標二營，舢板戰船三十六艘。此江南水師之制也。

其長江水師之在江南省者，爲瓜洲鎭標，轄瓜洲營、孟湖營、三江營、江陰營，戰船兵額，與各省長江水師同。

河道總督標營凡二十營，雍正七年，以漕標右營改隸河標設，巡船九艘。山清裏河上營，康熙十七年設，船六十八艘。裏河下營，雍正六年，由裏河營分設，船十三艘。外河上營，船一百十四艘。山安海防河營，雍正七年，由外河營分設，船五十四艘。高堰上營，康熙三十八年，由盱眙營分設，船三十四艘。山盱下營，雍正七年，由高堰營分設，船十七艘。

桃源安清營，康熙三十八年設，船二十三艘。揚河上營，康熙十七年設，船八十二艘。揚河下營，雍正七年設，船十四艘。徐河南北營，雍正六年設，船三十艘。邳睢河營，順治初年設，船七十五艘。宿虹南北營，順治初年設，船百艘。桃源南北營，順治初年設，船六十八艘。宿遷運河營，雍正六年設，船十九艘。凡河防各營，設守備以下各官，大小各船，分浚船、柳船二類，修防河工，以營制部勒之。

漕運總督水師標營，分中營、左營、右營、城守四營，以中、左、右三營任護漕之責，以城守四營任地方之責，駐山陽境及漕運所經之地。其運輓漕糧，則以衞卒任之。

浙江水師，杭州協錢塘水師營，順治初年，設守備各官，兵一百十五人，鼈子門汛兵七十九人，新城汛兵三十一人，塘棲汛兵九十三人，錢江汛兵七十七人，富陽汛兵一百五十人，防守河莊山唬船四艘，運河內河快唬船十一艘，錢塘江渡馬船六艘。

乍浦水師營，雍正二年，以定海鎭右營改歸乍浦，設參將各官，水戰兵二百四十人，守兵二百七十六人，戰船十艘，內洋岑港轄洋面汛三十三，內洋瀝港轄洋面汛十五，內洋岱山轄洋面汛十九。

嘉興協營，設副將各官，駐防府城，兵四百三十二人，快唬船五艘。海鹽汛兵一百七十五人，快唬船三艘。乍浦汛兵二百十三人，快唬船二艘。澉浦汛兵百人，快唬船一艘。石門汛兵二百十人，快唬船四艘。桐鄉汛兵七十六人，快唬船二艘。濮院汛兵六十一人，快唬船三艘。新城汛兵四十人，快唬船一艘。平湖汛兵九十九人，快唬船三艘。嘉善汛兵七十人，快唬船二艘。嘉興汛兵六十九人，快唬船二艘。王江涇汛兵五十六人，快唬船二艘。雍正十年，裁撤快唬船二十艘，改造大號巡船二十艘，小號巡船二十艘，分配各汛。

湖州協營，設副將各官，駐防府城，兵四百七十六人，快巡船十三艘。左營分防雙林汛兵五十人，快巡船三艘，德清汛兵三十四人，快巡船四艘，新市汛兵四十二人，快巡船四艘，含山汛兵四十二人，快巡船四艘，菱湖汛兵三十九人，快巡船五艘。右營分防泗安汛兵五十人，快巡船三艘。長興汛兵四十四人，快巡船二艘。武康汛兵二十人，快巡船一艘。馬要汛兵二十人，快巡船一艘。烏鎮汛兵二十四人，快巡船一艘。南潯汛兵五十八人，快巡船六艘。菁山汛兵十六人，快巡船一艘。梅溪汛兵八十人，快巡船二艘。

紹興協營，設副將各官，水師一千八百七十二人，用衞所之制，設臨海、觀海二衞，瀝海、三江二所。雍正十年，設周家路水師汛，置紹字一、二號巡船二艘。

寧波府，順治三年，設水師營參將二人，分左右二營，水戰兵四百人，守兵四百人。十四年，設寧台溫水師總兵官及以下各官。康熙九年，設水師提督及左右二路總兵官，七年罷之。設總兵官一人，轄中左右水師三營，兵三千人。春秋二汛，率戰船出洋巡緝。其戰船之數，隨時增改。順治三年，水師左右二營，大小戰船五十二艘。九年，定海鎮左右二營，戰船四十九艘。十四年，水師左右前後四營，戰船二百二艘。康熙元年，水師前左右三營，戰船一百七十三艘。九年，定海鎮中左右三營，戰船八十艘，增設哨船二十艘。歷年裁汰，定爲水艍船十二艘，犂繒船七號水艘中艍船一艘，中號犂繒船五艘，沙船七艘，雙篷艍船十三艘，唬船二艘，哨船二十艘。象山城守營，設副將各官，哨船四艘，海口汛兵一百五十人，哨船十艘。雍正四年，裁存四艘。昌石營，設都司等官，汛兵五百六十五人，戰船六艘。鎮海營，原設定海水師左右二營。雍正二年，改設鎮海營參將各官，汛兵二百三十五人，哨船八艘。

台州府，順治十四年，設寧台總鎮。十五年，改水師提督。尋改總兵。設黃巖鎮標三營，水師二千七百七十五人，戰哨船二十五艘。海門駐遊擊等官。前所駐都司等官。右營分防海洋七汛：玉環山、干江、雞齊山、標桃嶼、石塘、龍王堂、沙護。中營分防海洋六汛：郎幾山、黃礁門、深門、三山、老鼠嶼、川礁。左營分防海洋八汛：聖堂門、米篩門、白岱門、牛頭門、靖寇門、狗頭門山、茶盤山、迷江山。

溫州府，順治三年，設副將各官。十三年，改總兵官，設鎮標中左右水師三營，戰哨船二十二艘。中營水戰兵六十五人，守兵一百五十二人，戰船九艘，快哨船二艘，釣船三艘。分巡二處：一專防三盤口，水師百六十二人，戰船二艘；一專防長沙海洋，水師一百二十八人，沙戰船二艘。分防汛地凡七：曰霓嶴、黄大嶴、三盤、大門、長沙、鹿西、雙排。左營水戰兵六十八人，守兵一百七十三人，戰船九艘，快哨船二艘。分巡二處：一專防鳳山汛，一專防南龍海洋。分防汛地凡五：曰鳳皇山、銅盤山、南龍山、大瞿山、白腦門。右營轄陸地汛兵。瑞安水師營，設副將各官，水戰兵九十八人，守兵一百四十三人，內洋巡哨戰船四艘，外洋巡哨戰船五艘，快哨船四艘，釣船二艘。分巡二處：一專防北關洋，水師七十人，戰船一艘；一專防官山洋，水師五十人，戰船一艘。分防汛地凡六：曰北關、官山、金鄉嶴、琵山、南鹿山、四大嶼。玉環水師營，設參將等官，水戰兵一百四十五人，守兵二百五十四人，八槳船四艘，戰船四艘，快哨船四艘。左營轄陸地汛兵。右營水師一百八十四人，戰船四艘。分巡二處：一專防坎門，水師六十五人，戰船一艘；一專防長嶼，水師三十四人，戰船一艘。內洋凡三汛：曰烏洋、梁灣、黄門。外洋一汛，曰沙頭。左右營率水師一百八十四人，戰船一艘，輪巡洋面。又江口水師一百八十四人，戰船四艘。

雍正二年，額定四種戰船：曰水艍船，曰趕繒船，曰雙篷船，曰快哨船。其六槳船、八槳船，雍正七年後所增設也。

福建水師，順治十三年，始設福建水師三千人，唬船、哨船、趕繒船、雙篷船百餘艘。康熙二十四年，裁撤雙篷船八十艘，以二十艘分防臺灣及澎湖島。七年，設泉州船廠，修造各提、鎮、協標水師戰船。雍正三年，於福州、漳州、臺灣三處各設船廠，製造外海內河大小戰船。七年，設泉州船廠，修造各提、鎮、協標水師戰船。福州船廠承修四十六艘。泉州船廠承修四十八艘。漳州船廠承修五十二艘。臺灣船廠承修九十六艘。乾隆十六年，令三江口戰船按季燂洗。三十三年，裁撤哨船五十艘。嘉慶四年，令戰船悉改同安船式。五年，裁撤內地額設戰船三十艘，增造米艇船三十艘，編爲勝字號。七年，以福寧府陸路鎮標左營改爲水師左營，駐三沙海口，編新字號戰船十二艘。十年，增臺灣水師同安梭船三十艘，編爲善字號，分設臺灣協標中左右三營。十一年，增米艇八艘，編爲捷字號，又增大橫洋梭船二十艘，分編爲集字號十艘，成字號十艘，分防內地。十三年，裁撤中號、小號梭船十七艘。十四年，增集字號、成字號大同安梭船二十艘，捷字號米艇八艘。十五年，裁撤臺灣港口善字號船二十一艘，於鹿耳門增守港師船十六艘，編爲知字號，增八槳快船十六艘，編爲方字號。十六年，裁撤各營中號、小號梭船三十七艘。道光二年，裁撤捷字號米艇、勝字號米艇共十五艘，餘改爲一、二、三號同安梭船之式。七年，裁撤臺灣水師營知字號、方字號船共三十二艘，善字號船九艘，別造白底艍船三十二艘，編爲順字號十六艘，濟字號十六艘，分撥臺灣協標中左右三營，澎湖協標艋舺營。

其外海戰船名號凡十類：曰趕繒船，曰雙篷艍船，曰雙篷船，曰平底哨船，曰圓底雙篷舶船，曰白艕舶船，曰哨船，曰平底船，曰雙篷哨船，曰平底艍船。內河戰船名號凡九類：曰八槳船，曰六槳平底小巡船，曰花駕座船，曰八槳哨船，曰小八槳船，曰中八槳船，曰大八槳船，曰花官座船，曰哨艍船。各船水師多寡之數，以船之大小爲衡。

提督標分中、左、右、前、後五營，中營戰船九艘，左營八艘，右營八艘，前營十艘，後營十艘。總督標水師左營戰船二艘。金門協標後改鎮標，左營戰船九艘，右營九艘，改鎮標後，增戰船二艘。海壇協標後改鎮標，左營戰船十艘，右營八艘。閩安協標左營戰船七艘，右營七艘。福寧鎮標左營戰船十艘。烽火營戰船十一艘。南澳鎮標戰船十艘。銅山營戰船十一艘。臺灣協標中營戰船十九艘，左營十四艘，右營十六艘。澎湖協標左營戰船十七艘，右營十六艘，艋舺營十四艘。

廣東水師，自順治九年設官弁千人，嗣設總督標水師，駐肇慶府，分爲中、左、右、前、後五營。中營二艣槳船一艘，急跳船一艘。左營槳船二艘，急跳船一艘，舢板船三艘。右營槳船二艘，急跳船二艘。前營急跳船二艘，舢板船四艘。後營槳船一艘，急跳船一艘，舢板船三艘。水師營二艣槳船十四艘，四艣槳船六艘，急跳船六艘。四會營四字號槳船三艘。新會營急跳船一艘，急跳槳船一艘，小舢板船二艘。後改肇慶城守協標，轄左右營、四會營、那扶營、永安營。以新會營改隸提標水師之順德協。

巡撫標轄水師左右營、廣州協左右營、三水營、前山營、順德協左右營、新會左右營、增城左右營、大鵬營、永靖營。光緒二十九年，裁廣東巡撫，以各營分隸提督標及廣州城守協。

水師提督標，康熙元年設，駐惠州府，轄四營。嘉慶後移駐虎門，分中、左、右、前、後五營，香山協左右營，順德協左右營，新會左右營，大鵬左右營，赤溪協左右營，清遠右營，廣海寨營，永靖營。凡六艣船十一艘，八艣船四艘，十艣船二艘，十二艣船二艘，米艇十一艘，撈繒船六艘，快槳船二十七艘，淺水槳船十二艘，巡船十四艘，二艣船六艘，四艣船十二艘，艍船四艘。嗣後裁廣海寨營，以清遠左右營隸三江口協標，以永靖營改隸撫標，又改隸城守協標，增設赤溪左右營。

南澳水師鎮標，左營戰船十艘，屬福建省，右營趕繒船九艘，艕仔船六艘，八槳船二艘。澄海協，左營艍船二艘，艕仔船二艘，烏艚船一艘，快槳船三艘；右營趕繒船一艘，艍船二艘，艕仔船一艘，烏艚船一艘，快槳船二艘。海門營趕繒船二艘，艍船二艘，艕仔船四艘，快槳船四艘。達濠營艍船二艘，艕仔船一艘，快槳船一艘。

碣石水師鎭標，康熙八年展界，分中左右三營，米艇十艘，哨船一艘。平海營，康熙元年，以惠州協右營駐平海所，雍正四年，設平海營，隸鎭標，一號趕繒船一艘，二、三、四號艍船三艘，五、六、七、八號拖風船四艘，一號快船一艘。歸善城守營，舢板哨船十三艘。惠來營，屬陸路。潮州鎭標，分中左右三營。城守營快船五艘。饒平營快船四艘。黃岡協左右營，左營哨船二艘，右營哨船二艘。

北海鎭標及城守營，康熙初年設。二十三年，改設龍門水師協標，分左右二營，左營水師八百二十三人，右營八百十一人，共大米艇三艘，中米艇四艘，小米艇一艘，撈繒船三艘，艍船一艘。乾隆二十年後，實存趕繒船二艘，艍船四艘，拖風船一艘，快馬船三艘。舊轄有硇州營，大小戰船二十七艘，後改隸高廉水師鎭標。

高廉鎭標陽江營，嘉慶十五年，以南韶連鎭標左翼兵移駐陽江，設陽江鎭標，左營大米艇五艘，撈繒船二艘，右營大米艇三艘，撈繒船一艘，後改隸高廉鎭標。電白營雙篷艍船七艘。吳川營外海雙篷艍船二艘，外海拖風船三艘，槳船二艘。硇州營舊爲乾體營，大戰船十三艘，龍艇六艘，哨船五艘。康熙四十二年，改爲硇州營，存趕繒船三艘，艍船六艘，拖風船十二艘，外海雙篷船四艘，快槳船七艘。東山營大米艇一艘，撈繒船二艘。

雷瓊鎮標，康熙二十七年設，分左右二營，趕繒船二艘，艍船六艘，快哨船六艘。雍正間，增快哨船十艘。嘉慶十五年，改稱水師營，左營水師八百七十六人，右營水師八百八十八人。海安營，康熙初年，設副將各官。八年，改設遊擊，隸鎮標，大小哨船凡二十艘。白鴿寨營，順治初年，設參將各官，大小哨船九艘。康熙間裁撤，存哨船三艘。海口營，嘉慶十五年，設水師協標，左營水師四百九十二人，右營四百八十五人，後改參將，並左右營爲一營。崖州水師協標，中營屬陸路，右營水師一、二、三號拖風哨船三艘，四、五、六號艍船三艘。

又廣東駐防八旗營水師，乾隆十年，設領催等三十人，水師四百七十人，分左右二營，匠役十二人，教習副工兵百人。

廣西水師，舊設駐柳州，後移駐龍州。康熙二十一年，以梧州地居兩廣之中，扼三江之要，分額設弁兵之半，於潯、南一帶，設哨船巡防。其後惟梧州、潯州、平樂、南寧、慶遠各府有經制水師，爲數無多。

至光緒初年，以灕江、左江、右江水程緜亙，盜賊充斥，設水師五營。嗣因餉絀，并爲三營。旋增募勇丁，凡巡哨船一百四十艘，兵丁一千三百餘人。仍苦不敷分布，乃復設水師五軍，以水程之長短，定師船之多少。自桂林府至平樂府，爲中軍汛地，設將領四人，巡船四十艘，兵五百人。自梧州府至潯州府，爲前軍汛地，設將領二人，巡船二十艘，兵三百五十二人。自太平府至南寧府，爲左軍汛地，設將領三人，巡船三十艘，兵三百七十六人。自慶遠府至武宣，爲右軍汛地，設將領四人，撥車扒船四艘，巡船三十六艘，兵五百三十六人。自南寧府至百色等廳河面，爲後軍汛地，設將領三人，扒船八艘，巡船二十艘，兵四百二十四人。此光緒季年之制也。

其舊設水師弁兵船數列後：梧州府水師三營，設副將各官，水師千人，塘船十三艘，快船六艘，舢板船三十八艘。慶遠府協標左營，兼轄水師哨船二艘。平樂府水師哨船四十七艘。廣運營八槳哨船七艘，柳兵哨船七艘。大亮營八槳哨船一艘，柳兵哨船一艘。大定營八槳哨船一艘，柳兵哨船二艘。足灘營柳兵哨船十二艘。潯州府左營，兼轄來賓江口水師哨船，勒馬汛水師哨船。南寧府隆安縣水塘十八處，哨船十五艘，水師一百四十人，橫州水塘二十處，哨船三艘，水師三十四人。永淳縣水塘九處，哨船一艘，水師十人。

湖北水師，武昌府城守營，舊有水師營，設守備以下各官。乾隆二年，撥入漢陽營，任江、漢巡防之責。武昌省城，存城守營內河巡哨船五艘，下游道士洑營巡江船三艘。漢陽城守營兼轄水師營，戰船三艘，虎戰船一艘，漢川虎戰船二艘。黃州協營，巡江船三艘。蘄州城守營，巡江船二艘。荆州水師營，設守備以下各官，戰船二十五艘，巡江船二艘。宜昌府水師，順治十三年設彝陵鎭，轄水師前後二營。康熙十九年，改爲彝陵水師協標。乾隆元年，改爲宜昌鎭標，仍設水師前後二營，戰船三十艘，小紲船十一艘。經粵寇之亂，舊制無存。同治間，設長江水師。其屬湖北省者，爲漢陽水師鎭標，轄漢陽營、田鎭營、簰洲營、巴河營。其戰船、兵額，與各省長江水師同制。

江西水師，淸初設九江鎭標水師營，南湖水師營、鄱湖水師營，唬船二十艘，分防水巡，各營設塘船一艘。康熙元年，改九江鎭標爲九江協標，水師七百七十三人，增設沙船三十艘，水汛巡哨船十七艘。乾隆間，實存沙船八艘，唬船二十三艘。後改爲城守營。同治八年，裁撤城守營。其南湖水師營、鄱湖水師營，自設長江水師後，亦皆裁撤。長江水師之屬於江西省者，爲湖口水師鎭標，轄湖口營、吳城營、饒州營、華陽營、安慶營，戰船、兵額，與各省長江水師同制。

安徽省水師，安慶鎭標、壽春鎭標及游兵營、泗州營，均有戰船。順治初年，安慶鎭標游兵營隸操江巡撫標。康熙元年，改隸江南總督標。泗州營舊隸江南提督標，後改隸安徽巡撫標。安慶鎮標，分防懷寧、桐城、望江、東流、貴池、銅陵及江西彭澤縣等處，大唬船一艘，小唬船二十二艘。游兵營，分防和州、無爲、含山、銅城、繁昌、蕪湖、當塗等處及江蘇之江寧縣，大唬船一艘，小唬船二十七艘。壽春鎮標，潁州營哨船二艘，泗州營扒唬船四艘。經粵寇之亂，師船盡毀。同治間，設長江水師，屬安徽省者，爲長江提督標中營，駐太平府，轄裕溪營、蕪湖營、大通營、金陵營，戰船、兵額，與各省長江水師同制。

湖南水師，清初設辰州、洞庭二營。康熙二十八年，裁辰州水師，改設岳州水師營，歸岳州營參將兼轄，設守備各官，頭舵戰兵六十八人，水步戰兵六十五人，水守兵一百四十八人，分防岳州府城及東西湖、上下江二汛。自雍正至嘉慶，迭有增減，存頭舵戰兵三十四人，水步戰兵三十九人，水守兵一百四十二人，戰船十八艘。

洞庭水師營，原設洞庭協標。嘉慶二年，以洞庭副將、都司移駐常德，改常德爲協。以常德遊擊、守備移駐洞庭，改洞庭協爲水師營，設遊擊各官，戰兵一百九人，守兵四百三十六人，戰船十二艘，分防小船、游巡小船各十艘，分駐龍陽縣及東西湖各汛。承平日久，將弁兵丁，咸居陸地，船敝不修，舊制寖廢。

咸豐三年，曾國藩治水師於湖南，造船練兵，以長龍船、舢板船尤爲便利。粵寇定後，至同治八年，裁撤水勇，設長江水師。在湖南境者，設岳州鎭標四營，爲岳州營、沅江營、荆州協標營、陸溪營。原設之岳州水師，歸幷岳州城守營。原設洞庭水師，歸幷龍陽城守營。

咸豐軍興以後，常於省城駐水師二營，湘潭駐水師一營，衡州駐水師一營，益陽縣則由省城撥師船駐防，常德駐水師一營，辰州駐一營，靖州之洪江駐一營，澧州則由常德撥師船駐防，又於岳州、安鄉合駐水師一營，不在經制水師之列，而分地駐巡，參錯布置，實與經制水師相輔云。

長江水師，道光季年，各省內河水師及沿江水師，船多朽敝，値操練之期，虛衍儀式。粵寇東犯，無以制之。咸豐三年，江忠源始建制艦練兵之議。四年，命侍郎曾國藩治水師於衡州，造拖罟、快蟹、長龍、舢板各船，惟舢板船尤爲輕捷制勝，長龍船次之。大率水師一營，設長龍船一、二艘，舢板船或十餘艘，或二十餘艘，以拖罟船、快蟹船守營，不以出戰。其後水師日增，悉廢拖罟、快蟹舊式之船，專以舢板船摧敵。任彭玉麟、楊岳斌爲水師統帥，循長江轉戰東下，克名城以百計，踣巨憝於金陵。

同治三年，東南底定，曾國藩、彭玉麟以江防重要，疏請設立長江經制水師。簡授長江水師提督一人，得專摺奏事，隸兩江、湖廣總督節制，率提標五營駐安徽太平府。每歲於所轄湖南、湖北、江西、安徽、江南五省江面巡閱。設岳州、漢陽、瓜洲、湖口四總兵官。每鎮標各統水師四營，惟湖口鎮標五營，以狼山鎮標水師二營並隸之，凡二十四營。總兵及參將、遊擊，於收泊戰艦處所立汛建署，爲營汛治事之地。以船爲家，不得在署常居。都司、守備各官以至兵丁，不得陸居。

總兵座船三艘，督陣舢板二艘，親兵十二人。副將座船二艘，督陣舢板一艘，長龍二艘，親兵十二人。遊擊座船二艘，督陣舢板一艘，長龍一艘，親兵十二人。都司二人，各座船一艘，長龍一艘。守備二人，各座船一艘，舢板一艘，飛划一艘。四哨千總八人，各座船一艘，舢板一艘，飛划一艘。四哨把總九人，各座船一艘，舢板一艘，飛划一艘。四哨外委十一人，各座船一艘，舢板一艘，飛划一艘。又外委一人，管帶督陣舢板，有座船一艘，無舢板。戰船之大者，每艘或設兵二十人，爲舵兵一人，頭兵一人，炮兵二人，槳兵十六人；或設兵二十五人，爲舵兵一人，艙兵一人，頭兵一人，炮兵四人，槳兵十八人。舢板船每艘設兵十四人。

總兵以下各官，設稿書、書識，自七人至一人不等。以都司一人管駕長龍船爲領哨，守備爲副領哨。每哨戰船十艘。惟岳州、漢陽係遊擊營制，而統戰船三十三艘，視參將例。

左哨都司專任錢糧，右哨都司專任船炮軍械及巡查諸務。

大小戰船咸設炮位。長龍船千斤頭炮二位，七百斤邊炮四位，艄炮一位。舢板船八百斤頭炮一位，六、七百斤哨炮一位，船邊五十斤轉珠小炮二位。洋槍刀矛之屬，隨宜分配。旗幟以桅旗爲主，懸方式長龍旗，凡長一丈二尺。舢板船旗長九尺，船艄懸尖式龍旗，書某標某營某哨。桅上小旗，或船首立旗，書駕船將弁之姓，以示區別。

凡駐師之處，漁船由水師編號稽查，以清盜源。其疏防之責，以哨官爲專汛，營官爲本轄，遇有盜劫，視汛地所轄題參。江、鄂各營，半年更調一次。副將與副將之營互調，參將、遊擊與參將、遊擊之營互調。每營調居客汛二次，又調回本汛一次，如承緝盜案未獲，則不得更調。

凡副將、參將以下，由本境巡撫節制，總兵由總督節制。土匪猝發，須用戰船，由督撫檄調境內水師往剿。總兵奉檄卽發兵。督撫調水師操練，亦奉檄卽行。其事涉重大者，督撫會同長江提督疏陳。其餘水營政務，由長江提督主持。

餉糈之制，將弁則視其職以定廉養公費。兵丁月餉，每名銀三兩有差。全軍餉糈，由沿江釐捐局指定支撥。

設火藥局於湖北、安徽，購硝斤於江蘇、江西、湖南。設子彈局於湖南之長沙。設造船廠於湖北之漢陽，江西之吳城，江南之草鞋夾。戰船均三年一修，十二年更換。鄭重江防，嚴申禁約，有犯必懲。自荆州以達海門，沿江數千里，稱天塹雄師。至光緒季年，特命大臣查閱長江營伍，實存長龍、舢板戰船七百六十二艘，飛划船六百四十二艘，水師弁兵一萬有七十九人。

定水師事宜三十條，未盡者續定十條。銀米有稽，銓補有章，訓練有規。

其自荆州以上，湖江至宜昌、巴東，漢陽以上，湖江至襄陽、鄖陽，湖南之湘江、沅江，江西之吳城，以上諸河，各疆吏自設防營。其淮河一帶，自正陽關至洪澤湖，及江蘇境各支河水師，隸淮陽鎮標，光緒間，改設江北提督。凡淸江營、洋河營、廟灣營、佃湖營、洪湖營、葦蕩營咸隸之。自鎭江以東，內河各汛及太湖水師五營，則統以江南提督。凡各省內河有水師者，悉改舊式，一準長江水師。其海口原有之狼山鎭、福山鎭，仍如前制，由鎭將督率大號戰船，巡防內海。惟狼山鎭兼隸長江水師提督，每營設大舢板船二十艘，並仿紅單、拖罟船式，設大號戰船數艘，多置炮位，爲巡緝內洋之用。其長江水師營制防汛列後：

岳州設總兵官，置中軍中營遊擊，戰船三十三艘，仿參將營之例，分防自城陵磯至鹿角、壘石、瀘陵潭、湘陰一帶。沅江設參將，屬岳州鎭左營，分防君山、西湖及常德、龍陽、華容等河通洞庭湖之處。其沅、湘等水汛，由湖南省別行設防。荆州設副將，屬岳州鎭後營，分防自荊州以下江面，石首、監利一帶，至荊河口止。陸溪口設遊擊，屬岳州鎮前營，分防自荊州河以下江面，螺山、新隄及倒口內之黃蓋湖。

漢陽設總兵官，置中軍中營遊擊，戰船三十三艘，仿參將營之例，分防自沌口以下江面，至團風等處，並防省城兩岸，後湖、青林湖。其漢水上通樊城千餘里及各河汊，由湖北省別行設防。簰洲設參將，屬漢陽鎮後營，分防自倒口以下江面至沌口，兼防金口以內之斧頭湖。巴河設遊擊，屬漢陽鎮右營，分防自團風以下江面，黃州、蘭溪至道士洑，兼樊口以內之梁子湖。田家鎮設副將，屬漢陽鎮前營，分防自道士洑以下江面，渟源口、蘄州、武穴至陸家嘴，兼防渟源口及隆平以內之湖。

湖口設總兵官，置中軍中營遊擊，分防自陸家嘴以下江面，至九江老洲頭。吳城設參將，屬湖口鎮左營，分防自湖口以內姑塘、南唐、渚磯一帶。饒州設參將，屬湖口鎮後營，分防都昌、鄱陽、康山一帶。其彭蠡湖東境各湖，南達省城贛江，由江西省別行設防。華陽鎮設遊擊，屬湖口鎮右營，分防自老洲頭以下江面，彭澤縣、香口至東流等處，兼防吉水溝以內各湖。安慶府設副將，屬湖口鎮前營，分防自東流以下江面，黃石磯、李陽河至樅陽，兼防北岸鹽河及樅陽以下，南岸通殷家匯之河。

太平府設長江水師提督衙署，置中軍中營副將，分防金柱關以下江面至烏江。大通設參將，屬提標後營，分防自樅陽以下江面，池州土橋至荻港。蕪湖設遊擊，屬提標右營，分防自荻港以下江面至裕溪口，並灣沚、青弋江等處。裕溪口設參將，屬提標左營，分防東西梁山江面至金柱關，兼防運漕、無爲州各內河，及巢湖百餘里水汛。金陵草鞋夾設參將，屬提標前營，分防烏江以下江面至通江集，兼防江浦、六合內河。

瓜洲設總兵官，置中軍中營遊擊，分防通江集以下江面至焦山，兼防內河至揚州。自揚州以上，高郵等湖，由淮揚鎮別行設防。孟河營設遊擊，屬瓜洲鎮右營，分防南岸各夾江，自焦山至江陰口。其南岸內河，由松江提標別行設防。三江營設遊擊，屬瓜洲鎮左營，分防北岸各夾江，自焦山至靖江口。其北岸內河，由淮揚鎮別行設防。江陰設副將，屬瓜洲鎮前營，分防自江陰以下江面，而至鹿苑港及壽興等河。其鹿苑港以下，由福山鎮標接防。

狼山鎮總兵，循舊日之制，增水師二營，兼隸長江提督。原統中左右三營，鹽捕、揚州、三江、泰州、泰興、掘港各營，悉仍其舊。惟通州設綏通營，置遊擊各官，分防自靖江八團港以下江面至通州，凡長龍戰船二艘，督陣舢板一艘，舢板十艘，大舢板十艘，仍酌增紅單、拖罟等船。海門廳設綏海營，置副將各官，分防自狼山至海門北岸江口海汊，凡長龍戰船二艘，督陣舢板二艘，大舢板二十艘，仍酌增兵輪船，及紅單、拖罟等船。其崇明南岸海汊，由江南提督別行設防。

綜長江經制水師，副將六營，參將七營，遊擊十一營，凡二十四營。

清史稿卷一百三十六

志一百十一

兵七

海軍

中國初無海軍，自道光年籌海防，始有購艦外洋以輔水軍之議。同治初，曾國藩、左宗棠諸臣建議設船廠、鐵廠。沈葆楨與船政於閩海，李鴻章築船隖於旅順，練北洋海軍，是爲有海軍之始。而甲申馬江，甲午東海，師船盡燬。嗣後兵艦歲有購置。自光緒中葉迄宣統初，南北洋海軍僅有船五十餘艘，舊式居半。其能出海任戰者，止海籌、海圻等巡洋艦四艘，楚泰、楚謙、江元、江亨等礮艦十餘艘而已。爰紀開創之漸，修繕之規，廠隖之建築，兵艦之購造，咸列於篇。

道光二十二年，文豐疏言購呂宋國船一艘，駕駛靈便，足以禦敵。旋諭隸水師旗營操演，並諭紳商多方購置。是爲海軍購艦之始。

咸豐六年，怡良疏言，允英國司稅李泰國之請，置買火輪船，以勦粵匪。旋隸向榮調遣。

十一年，曾國藩疏請購買外洋船炮。奕訢等請以關稅欵購外洋小兵輪十餘艘。飭廣東、江蘇各督撫募內地人學習駕駛。以已租之美利堅輪船二艘，一名士只坡，一名可敷本，爲護運之用，配以炮械，駛赴安慶，隸曾國藩調遣。

同治元年，曾國藩於安慶設局，自造小輪船一艘。二年，令容閎出洋購買機器。四年，曾國藩、丁日昌於上海設鐵廠造槍炮。

五年，左宗棠疏請於福建省擇地設廠，購機器，募洋匠，自造火輪兵船。聘洋員日意格等，買築鐵廠船槽及中外公廨、工匠住屋、築基砌岸一切工程。開設學堂，招選生徒，習英、法語言文字、算學、圖畫。采辦鋼鐵木料。期五年內成大小輪船若干，均仿外洋兵船之式，需銀三百萬兩。並陳船政事宜十則，請簡重臣督理。旋以沈葆楨爲船政大臣。

六年，李鴻章遷虹口製造局於高昌廟，建船隖，名曰江南製造局。沈葆楨疏言：「福州馬尾山，爲省垣奥區天險，設船隖於馬尾之中歧。隖周四百五十丈有奇。鐵船槽長三十丈，寬十五丈，可修造二千五百頓之船。隖內濱江者爲鐵廠、輪廠、鋸木匠架木棧房。隖東北爲船政大臣駐所，紳員公所及外國匠房。其左爲法文、英文學堂及生徒住舍。江干爲煤廠，山麓爲中國匠房，山之左駐楚軍一營，山之右爲洋員駐所。傍江岸爲官街，以便貿易。」旋派洋員日意格回國采辦器具，選用工匠。是年，瑞麟向英國訂購六兵船。

七年，沈葆楨疏言：「於船隖之右，創建船臺四座，臺長二十餘丈，船成入水，順推而下。其旁增五廠，曰鐵廠，曰水缸廠，曰打鐵廠，曰鑄鐵廠，曰合攏鐵器廠。規模既具，次第興工。」尋疏陳：「外洋機器到閩，復運煤運木於臺灣，運塼於廈門。廠內增設轉鋸廠、木模廠、銅廠、風洞、繪事廠、廣儲廠、儲材廠、東西考工所，先後告竣。」疏入，諭英桂、馬新貽、李福泰、卞寶第等籌給經費，俾蕆要工。是年，曾國藩疏言：「上海設廠，自造第一號輪船告成。汽鑪船身，皆考究圖說，自出機杼。長十八丈，寬二丈餘，命名恬吉。請續造二十餘丈之大艦。」旋諭兩江總督馬新貽等，從曾國藩、李鴻章所請，製器設廠，增建譯館諸端，悉心講求。是年，福州船廠自造安瀾等小輪船十艘告成，濟安、永保、海鏡等輪船亦告成。

八年，沈葆楨疏言：「廠中自製第一號大輪船下水，長二十三丈八尺，寬二丈七尺八寸，每小時行八十里，以副將率弁兵水手管駕，安置巨炮，駛出大洋，暫名曰萬年青。第二號暫名曰湄雲，俟駛赴天津，再請錫名，以光海宇。」是年，購法國澄波兵船。江南製測海、操江兵船成。又購建威、海東雲二船。

九年，沈葆楨疏言：「第三號福星船，第四號伏波船告成，本屬戰艦，利於巡洋，以學堂上等學生移處船中，令洋員教其駕駛，由近而遠，以收實效。」是年，江南威靖兵船成。

十年，令學生十八人駕建威練船，巡歷南北各海口。是年，曾國藩疏請仿英國小鐵船式，令滬廠製造，爲守海口之用。

十一年，船政製安瀾、鎮海、揚武、飛雲、靖遠五兵船成。文煜、宋晉等以造船費重，疏請暫罷，不許。是年，李鴻章疏言：「滬廠造成第五號船，長三十丈，鍋爐均在水綫之下，置大炮二十六尊，係仿外洋三枝桅兵船式，英、法人稱爲中國最巨之船。請飭沿江海各省，不得自向外洋購船，如有所需，向閩、滬二廠商撥訂製，以節度支。」

十二年，江南製海安兵船成。沈葆楨疏言：「閩廠七號揚武、八號飛雲兵船下水。揚武用英國前膛炮，飛雲用布國後膛炮。以後十三、十四、十五號兵船，請兼仿外洋商舶之式，運載貨物，以裕經費。九號靖遠、十號振威、十一號濟安、十二號永保、十三號海鏡兵船已告成，以都司、遊擊等管駕出洋。其建威練船，巡歷浙江、上海、天津、牛莊及香港、新加坡、檳榔嶼等處。在船學徒，練習風濤，成績甚優。來年遣散洋匠，以中國學徒自造。然能守已成之法，不能拓未竟之緒。請選擇學生，分赴英、法二國，深究造船駕駛之方，練兵制勝之理。」

十三年，船政製濟安、琛航、大雅三運船成。福建善後局購美國二炮船，曰福勝、建勝。李鴻章疏言：「中國東南北三洋，請各設大兵船六艘，根鉢小兵船十艘，合成四十八艘。三洋各需大鐵船二艘。北洋駐煙臺、旅順等處，東洋駐長江口外，南洋駐廈門、虎門等處。鐵甲船每艘需銀百萬兩外，分年向外洋購置。餘船由閩、滬二廠仿造，以足四十八艘之數。請飭沿江沿海各省，裁幷新舊紅單、拖罟、艇船、舢板等船，以節省之欵，專練海軍。」是年，沈葆楨疏言：「續辦船工，尚有三端：一、挖土大機船，一、船土鐵脅，一、新式輪機。鐵脅須購自法國，以閩船皆法匠所造也。臥機、立機須購自英國，以其製精無弊也。」

光緒元年，製造局製馭遠兵船成。船政製元凱兵船成。以揚武練船令學生游歷南洋各處，至日本而還。尋諭南北洋大臣籌辦海防。令總稅務司赫德赴天津，與李鴻章商訂購英國二十六頓半、三十八頓半之炮船各二艘，專備海防之用。是年，沈葆楨購法國威遠兵船。

二年，沈葆楨會同李鴻章奏派學生，分赴英、法各國，入大學堂、製造局練習。此爲第一屆出洋學生。是年，船政製登瀛洲、藝新兩兵船成。製造局製金甌小鐵甲船成。

三年、四年，泰安、威遠、超武兵船亦成。沈葆楨疏請各省協欵，每年解南北洋各二百萬，專儲爲籌辦海軍之用，期十年成南洋、北洋、粵洋海軍三大枝，猶恐緩不濟急，請以四百萬先解北洋，俟成軍後，再解南洋。

五年，李鴻章疏言，外洋訂購之四炮船來華，以福建船政局員管駕，名飛霆、策電、龍驤、虎威，炮射甚遠，輪機亦精，請再購四艘。沈葆楨疏言，續購蚊炮船四艘到華，以留學英國畢業生管駕，名鎭東、鎭西、鎭南、鎭北，分防吳淞、江陰二口，爲夾護礮臺之用。何璟疏言：「閩廠製造各兵船，惟揚武、威遠、濟安較爲得力，其餘止供巡緝內洋之用。」旋諭沿江海各督撫整頓海軍。沈葆楨旋卒，海軍屬李鴻章。設海軍營務處於天津。

六年，江督劉坤一疏言：「蚊炮船購自外洋，費鉅而炮位過重。請由粵自造木殼船，丈尺與包鐵者同，炮位改用三萬餘斤之後膛炮，先造二艘，以備守口之用。」李鴻章疏請購外洋每半時行十五海里之快船及碰船、蚊子船。又疏言：「購辦鐵甲船之舉，倡議已歷七年。福建已定購蚊子船四艘，碰船二艘。請移二碰船之價一百三十萬兩，先購鐵甲船一艘，專歸臺灣防勦。以原有之福勝、建勝二蚊子船及船廠自造兵輪之堅利者，合爲一軍，則臺防可固。南洋擬購之快碰船二艘，亦請抵購鐵甲船一艘。當與南洋大臣會商，合原有之各兵輪，編練海軍，互爲應援。」旋以滬廠因鑄造槍炮經費過重，停造輪船。閩廠亦以財絀停造木質兵船，專造快船與鐵甲船。是年，吉林將軍銘安請於三姓一帶造舢板戰船。諭李鴻章籌度。

鴻章覆陳俄國於庫葉島設廠造兵輪，輒由混同江駛入松花江等處，非舢板所能敵。請於三姓水深之處，設廠造蚊子船，可巡駛及黑龍江，以佐陸軍。鴻章尋向英訂造新式鐵甲船，並飭閩廠仿造。彭玉麟亦請飭閩廠分造十七、八丈之小兵輪十艘，以長江任戰之員爲管帶，巡緝洋面。諭兩江、福建、廣東各省籌辦。是年，在英廠訂造之超勇、揚威快碰船來華，令提督丁汝昌管駕，與鎭中、鎭邊蚊炮船二艘，同泊旅順。又於閩廠訂造快船二艘，專爲朝鮮口岸之用。李鴻章設水師學堂於天津。旋以在德國船廠定購之定遠、鎭遠二鐵艦，濟遠穹甲艦將成，令管輪學生赴德國練習。令洋教習率鎭東等四兵船赴渤海一帶梭巡。是年，船政製澄慶兵船成。

七年，李鴻章在大沽口建船隖。九月，超勇、揚威二艦製成來華。鴻章乘赴旅順，察看形勢，籌備建築船隖、炮壘。大沽設水雷營、水雷學堂。旅順設水雷魚雷營、挖泥船。威海設魚雷局、機器廠，並設屯煤所。以丁汝昌統領北洋海軍。定兵艦國旗質地章色之制，會同福建船政派學生赴歐洲肄業。

八年，北洋、粵督各購德國雷艇數艘。以英人琅威理司海軍訓練，與各國兵艦相遇，始有迎送交接之禮。李鴻章疏言英、法、美、德國近年所造船，曰穹面鋼甲快船，入水十五尺八寸，馬力二千八百匹，壓水力二千三百頓，每時行十五海里，合中國五十里，機艙等鋼面厚三寸半，炮臺周圍鋼面厚至十寸，每艘需銀六十二萬兩，與鐵艦相輔，最爲海軍利器。閩廠自造快船不及其精，已由出使大臣訂購一艘，與鎭遠鐵艦同駛來華。

九年，船政製開濟快碰船成。南洋向德國購南琛、南瑞二巡洋艦。

十年，船政製鏡清快碰船、橫海兵船成。李鴻章疏言，自光緒元年至六年，經營北洋海防，有龍驤等蚊炮船八艘，水雷小艇一艘。其龍、虎、霆、電四船，於六年撥赴南洋調遣。七年以後，先後購到超勇、揚威快碰船二艘，鎭中、鎭邊蚊炮船二艘。由閩廠調至北洋，修改練船之威遠、康濟兵輪二艘。調赴朝鮮、旅順等處，海鏡一艘。在滬製造之快馬小輪船一艘。在津製造之利順小輪船一艘。守雷、下雷所用之暗輪包鋼小輪船二艘。察看船隻之大小，噸載之輕重，機器、炮位、桅帆器械之繁簡，配定人數、餉章，與水師統領、敎習洋員分別損益，務使利器可得實用。是年五月，以長江水師提督李成謀總統南洋兵輪。總督曾國荃疏言：「江南購買兵輪蚊、快等船及自造者，爲數無多。所有登瀛洲、靖遠、澄慶、開濟、龍驤、虎威、飛霆、策電、威靖、測海、馭遠、金甌大小兵輪，及新購之南琛、南瑞，上海機器局所造之鋼板保民兵輪，各船大小不齊，兵額不一，以之海戰則不足，以之扼守江海門戶，與礮臺相輔，藉固江防。」八月，法國海軍犯福建。駐防福州海口之揚武、振威、飛雲、伏波、濟安、福星、藝新兵船七艘，蚊炮船二艘，琛航、永保商輪二艘，與法國兵船戰於馬江，悉數沈燬，存者惟伏波、藝新二船。時李鴻章令德國武員率快船五艘，與曾國荃所部開濟、南琛、南瑞、澄慶、馭遠五船援閩，未至而閩師已覆，澄慶、馭遠二船亦沉於石浦。是年，總理衙門請設海軍專部。出使大臣許景澄在德國訂購之定遠、鎭遠鐵甲艦二艘，濟遠鋼甲艦一艘均告成。粵督向德國訂購雷艇八艘。

十一年，曾國荃疏言：「於福建、廣東、浙江三省增設鐵艦、快艦、雷艇。嗣後各兵船專事操練巡洋，不得載勇拖船。」與北洋大臣會奏，派第三屆學生出洋。同時，左宗棠疏請開采鐵鑛，擇吳、楚扼要處，立船政炮廠，專造鐵甲兵船、後膛巨炮。製造局製保兵鋼板船成。九月，海軍衙門成立。以醇親王總理海軍，慶郡王、李鴻章爲會辦，曾紀澤、善慶爲幫辦。

十二年，粵省造淺水兵輪，曰廣元、廣亨、廣利、廣貞，防護海口。向德國購福龍魚雷艇一艘。三月，南洋兵船赴北洋會操。命醇親王、李鴻章校閱海陸軍及沿海臺壘。丁汝昌率兵船巡歷朝鮮。船政大臣裴蔭森於福州增設練船，造鐵甲船，疏言：「江蘇之上海，廣東之黃埔，雖有船隖，而港道狹淺。福建羅星塔之下、員山寨之上，兩山間有天成巨港，請建大船隖，備定遠等鐵艦修理之處。」

十三年，閩廠寰泰快碰船、廣甲兵船造成，並造雙機鋼甲輪船及穹式快船、淺水兵輪。是年，北洋向英國購左一出海魚雷大快艇一艘，向德國購左二、左三、右一、右二、右三魚雷艇五艘，挖泥船一艘。北京設水師學堂於昆明湖，廣東設水師學堂於黃埔。

十四年，海軍衙門奏定官制，設提督、總兵、副將、參將、遊擊、都司、守備、千總、把總、經制外委等官。是年，在英、德廠所造致遠、靖遠、經遠、來遠四快船來華。英百濟公司所造出海魚雷快艇亦告成。六月，臺灣番民叛，命致遠、靖遠二艦往剿平之。

十五年，船政製平遠鋼甲船、廣庚兵船成。

十六年，裴蔭森疏言，閩廠修整龍威鋼甲兵輪，更名平遠，廣乙魚雷快船亦告成，幷入北洋艦隊操演。又言石船隖告成，請簡專員董理。八月，北洋設水師學堂於劉公島，南洋設水師學堂於南京。十月，李鴻章疏言旅順口船隖工竣，堪爲修理鐵艦之用，並築劉公島、青島等處沿海炮臺。北洋所聘海軍總查英人琅威理，以爭提督升旗，辭職回國。英政府遂拒我海軍學生在英留學。

十七年，船政製廣丙魚雷快船成。二月，命直隸總督李鴻章、山東巡撫張曜出海閱海軍操。北洋之定遠等十二艦，廣東之廣甲等三艦，南洋之寰泰等六艦，畢會於旅順口，操演船陣槍炮魚雷，並勘炮臺、船隖。四月，戶部請停購外洋槍炮船隻機器二年，以所節價銀解部充餉。六月，提督丁汝昌率兵艦六艘赴日本東京。七月，威海增設魚雷三營。

十九年，船政製福靖魚雷快船成。粵督改水師講堂爲水師學堂。

二十年，船政製通濟練船成。訂購英國炮艦一艘，命名福安。二月，鎭遠、定遠二艦置新式克鹿卜快炮十二尊。四月，朝鮮內亂，北洋遣兵艦往勦。五月，與日本兵船戰於牙山口外，濟遠船傷，廣乙船沈，操江船失，載兵之高升商船亦沈。九月，丁汝昌率北洋兵艦與日本戰於大東溝，失致遠、經遠、超勇、揚威四艦。

二十一年，日本以師船攻威海，定遠、鎭遠各艦亦失，丁汝昌敗死。冬，南洋訂購之辰、宿、列、張四雷艇來華。飛霆、飛鷹二驅逐艦在英、德廠造成。以康濟、飛霆、飛鷹、建靖各艦駐防北洋。以南洋之開濟、鏡淸、寰泰、南琛，福建之福靖兵艦往來調防。

二十二年，福州羅星塔石隝成。閩浙總督邊寶泉請設法擴充船政。總理衙門疏陳：「船政始於大學士左宗棠、兩江總督沈葆楨。嗣後十餘年，泰西製造日精，閩廠雖有出洋畢業學生，而財力短絀，旣不能增機拓廠，復不能製料儲材。自光緖八、九年後，以購買之機器，就廠合攏，成寰泰、鏡淸、平遠、開濟各快艦。而新出之法，以無機無廠，不能急起謀新。同治年間所製之琛航、靖遠木質各艦，馬力微者，又不適於用。凡一船之成，材居其七，工居其三。各材之中，屬煤、鐵、土、木等爲生料，有產自中國者，有產自外洋者；屬鋼甲、鐵甲、帆、纜等爲熟料，有能自製者，有必待增機廠而製者。請簡用重臣督辦，開采礦產，增購機械，獎勵學生，籌度經費，以期日起有功。」四月，在德國訂造海容、海籌、海琛三巡洋艦。五月，在英國訂造海天、海圻二巡洋艦。是年，以福州將軍裕祿兼船政大臣，諭加整頓。

二十三年，德國據山東膠州灣，法租廣州灣，英租威海衞，俄租旅順、大連灣。是年，船政製福安運船成。

二十四年，船政製吉雲拖船成。諭各督撫於船政原有經費外，別籌專款，以振海軍。

二十五年，在德訂購之海龍、海華、海青、海犀來華。諭沿海疆臣，增設海軍學堂，講求駕駛戰術。

二十六年，拳匪亂作，北洋各艦悉赴南洋。

二十七年，和議成，海容軍艦回防。

二十八年，船政製建威、建安魚雷快船、建翼魚雷艇成。又製淺水巡洋兵船二艘，一曰安海，一曰定海。是年，船政會辦魏瀚，以監督杜業爾不職，遣回法國。

二十九年，張之洞疏言：「南洋各兵艦年久，咸不適用，徒費國帑。各艦惟寰泰、鏡清二兵輪，威靖、登瀛二運船，尚可備巡緝之用。其南瑞、南琛、保民三兵輪，龍驤、虎威、飛霆、策電四蚊船，請一律裁停。鈞和一船，令商人自養，爲護商之用。以所節之欵，積之十年，可購長江淺水新式快船六、七艘。」允之。是年，煙臺設海軍學校。江督向日本訂造江元淺水快船。

三十年，端方疏請選擇水師學生，由駐滬英國水師總兵，分派在英艦學習，較出洋游歷，費少而收效同。報可。南洋大臣周馥等，疏請以提督葉祖珪督辦南洋水師學堂、上海船塢。湖廣總督張之洞在日本廠購雷艇四艘，曰湖鵬、湖鶚、湖鷹、湖隼；淺水炮艦六艘，曰楚泰、楚同、楚豫、楚有、楚觀、楚謙。兩廣總督岑春煊開辦魚雷局於黃埔。

三十一年，以薩鎮冰總理南北洋海軍。江督在日本廠購淺水快艦三艘，曰江亨、江利、江貞。

三十二年，政務處王大臣疏言：「振興海軍，首重軍港。沿海惟象山港形勢合宜。請飭南北洋大臣勘度經營，以重戎備；並飭各省選派學生四十人，赴日本留學海軍。」

三十三年，設海軍處附於陸軍部內，設正副二使，機要、船政、運籌、儲備、醫務、法務六司。北洋大臣令海籌、海容二艦巡歷西貢、新加坡等處。商部令海圻、海琛二艦巡歷菲律賓島、爪哇島、蘇門答拉等處。

三十四年，江南船塢製甘泉、安豐二船成。派學生赴日本習航海各技術。粵督令廣亨、廣貞、安香、安東四艦巡歷九洲洋等處。

宣統元年，以貝勒載洵、提督薩鎮冰爲籌辦海軍事務處大臣，度支部撥開辦費七百萬兩，各省每年分籌海軍費五百萬兩。六月，事務處成立，設參贊及八司，統一南北洋各艦爲巡洋艦隊、長江艦隊。八月，載洵等赴歐洲各國考察海軍。令學生留學英國。

二年，江南船隖製聯鯨兵船成。日本訂購之二炮艦亦成。七月，載洵等赴日、美二國考察。尋在英造應瑞、肇和，在德造建康、豫章、同安、江鯤、江犀，在日本造永翔、永豐，在江南船隖造永建、永績，在揚子江造船公司造建中、拱辰、永安，在膠州船隖造舞風各軍艦。冬，改海軍事務處爲海軍部，以載洵、譚學衡爲海軍部正副大臣，薩鎭冰爲海軍統制，定九級官制。

三年，令海琛軍艦赴南洋各埠，撫慰華僑。六月，查察沿海炮臺。令海圻軍艦赴英賀加冕禮，旋赴美國。八月，江南船隖造澄海炮船成。是月，武昌變起，江海各兵艦悉附民軍。此建置海軍之概略也。

北洋海軍規制，北洋海軍，設於光緒中葉，直隸總督李鴻章實總之。其時有鎭遠、定遠鐵甲船二艘，濟遠、致遠、靖遠、經遠、來遠、超勇、揚威快船七艘，鎭中、鎭邊、鎭東、鎭西、鎭南、鎭北蚊炮船六艘，魚雷艇六艘，威遠、康濟、敏捷練船三艘，利運運船一艘。鎭遠、定遠弁兵各三百二十九人。致遠、濟遠、靖遠、來遠、經遠弁兵各二百二人。超勇、揚威弁兵各一百三十七人。左隊一號魚雷艇，弁兵二十九人。二號魚雷艇，三號魚雷艇，右隊一號魚雷艇，二號魚雷艇，三號魚雷艇，弁兵各二十八人。鎭中、鎭東蚊炮船弁兵各五十五人。鎭邊、鎮西、鎮南、鎮北弁兵各五十五人。威遠、康濟練船弁兵各一百二十四人。敏捷夾板練船弁兵六十人。利運運船弁兵五十七人。練勇學堂弁兵十四人。炮目練勇二百七十人。凡弁兵四千餘人。

其員弁之目：曰管帶，曰幫帶大副，曰魚雷大副，曰駕駛二副，曰槍炮二副，曰船械三副，曰舢板三副，曰正炮弁，曰水手總頭目，曰副炮弁，曰巡查，曰總管輪，曰二、三等管輪，曰水手正、副頭目，曰一、二、三等水手，曰一、二等管旗，曰魚雷頭目，曰一、二、三等升火，曰二等管艙，曰一、二等管油，曰一等管汽，曰油漆匠，曰木匠，曰電燈、鍋爐、洋槍、魚雷等匠，曰夫役，曰文案，曰支應官，曰醫官，曰一、二等舵工，曰一、二等雷兵，曰一、二、三等練勇，曰教習，曰學生。

其官制，設海軍提督一員，統領全軍，駐威海衞。總兵二員，分左右翼，各統鐵艦，爲領隊翼長。副將以下各官，以所帶船艦之大小，職事之輕重，別其品秩。總兵以下各官船居，不建衙署。副將五員，參將四員，遊擊九員，都司二十七員，守備六十員，千總六十五員，把總九十九員，經制外委四十三員。

其升擢之階，分爲三途：曰戰官，由水師學堂出身，兼備天算、地輿、槍炮、魚雷、水雷、汽機諸學，及戰守機宜，充各船管帶，暨大、二、三副職事。曰藝官，由管輪學堂出身，充各船管輪，專司汽機者。曰弁目，由練勇水手出身，充炮弁、水手等，專司槍炮、帆繩者。各歸各途，論資升轉。提鎮大員等，請旨簡放。弁目等咨選海軍衙門送兵部帶領引見。統由北洋大臣節制調遣。

其考選海軍官學生也，一、英國語言文字，二、地輿圖說，三、算學至開平方諸方，四、幾何原本前六卷，五、代數至造對數表法，六、平弧三角法，七、駕駛諸法，八、測量天象推算經緯度諸法，九、重學，十、化學格致。肄業期四年，學成錄用。

其考選練勇也，招沿海漁戶年壯者充之。在練船練習帆繩盪槳泅水及輪炮之操法，洋槍刀劍之操法。由三等遞升至一等，以備充補水手。水手以上各級，核其才藝勞績，以次遞擢。

其俸餉規制，曰官弁俸銀，兵匠錢糧，船上差缺薪糧，各船俸餉，官弁傷廢俸，兵丁加賞，行船公費，醫藥費，酬應公費，歲需銀一百七十六萬八千一百餘兩。

其定儀制也，曰冠服，曰相見禮節，曰國樂，曰軍樂，曰王命旗牌，曰印信。

其立軍規也，由提督秉公酌擬，呈報北洋大臣核辦，輕者記過，重者降級、革職、撤任。其餘不法等事，由提督援引會典雍正元年軍規四十條，參酌行之。

其簡閱巡防也，逐日小操，按月大操。立冬以後，各艦赴南洋，與南瑞、南琛、開濟、鏡清、寰泰、保民等艦合操，巡閱江、浙、閩、廣沿海要隘，至新加坡以南各島，保護華商，兼資歷練。每逾三年，欽派王大臣與北洋大臣出海校閱，以定賞罰。

水師後路，儲備有資，應時取給。船政由本境駐防提督主之。槍炮藥彈，收發考驗，則總管軍火專員主之。兵弁衣糧，因公用費，總管糧餉專員主之。他若學堂專員，測候譯書畫圖專員，醫藥專員，皆受命於海軍部，以專責任。旅順口大石船塢，及海口操防，特命文武大員董理。其大沽木船塢，海防支應局，旅順、天津軍械局、製造局，旅順魚雷營，威海機器廠、養病院，由北洋大臣簡員董理，規模略備。

自光緒二十一年海軍挫敗，所餘南洋各兵艦，新舊大小不齊，僅備巡防之用。後雖復設北洋統領及幫統官，董理海軍事宜，名存而已。

福州船廠，同治五年，創於閩浙總督左宗棠、船政大臣沈葆楨。閩縣馬尾江，距省會四十里，海口六十里。船隖，光緒十三年，創於船政大臣裴蔭森，十九年告成。羅星塔距船廠三里，費二千餘萬，實爲中國海軍之基。

其船廠所分隸者：一曰工程處辦公所，以洋員領辦公所，華員入工程處。

一曰繪事院，承繪船身、船機、鍋爐以及鑲配等總圖、分圖，圖成，乃按圖造船，兼精測算之學。院廣六千八百方尺，繪生三十九人。

一曰模廠，專任製造船模、汽鼓模各機件，以及細木雕刻各工。其能力須審圖理，諳折算，悉模型奧窾，辨五金冷熱漲縮之度。廠廣一萬五千一百二十方尺，設各種鋸機、刨機，各種旋機，凡二十具。工程繁時，匠額一百六十人，恆時四十七人。

一曰鑄鐵廠，專任船上所需之鑄銅鐵機件。其能力須諳圖理，明算術，仿木模製土模，及鼓鑄之時，辨明火候，研考銅鐵原質。曾鑄成重大鐵件達三萬斤，銅件達一萬斤。廠廣二萬八千八百餘尺，設鑄銅鐵大小爐凡十一座，轉運重件之將軍柱、碾機、風箱、風櫃凡二十三具。工程繁時，匠額一百六十餘人，恆時五十餘人。

一曰船廠，凡舢板、皮廠、板築廠咸屬之，專任船身工程。設石製船臺一座，長二百九十七英尺，木製船臺一座，長二百七十六英尺。凡船身長短廣狹，桅舵、艙位、噸載、速率、中心點度數，咸均算之。先繪經寸總圖，後繪全船，按圖造船。曾造木質、鐵質、鋼質、穹甲、鋼甲各式兵船四十餘艘。其能力可製四、五千噸之船。所有起蓋鑲配，亦廠中經理。設有鋸木機八架。所轄之皮廠，則製皮帶及各式皮件。舢板廠則製桅舵及大小舢板船。板築所則造船上爐竈，及各煙筒爐竈一切泥水修築各工。廠廣十五萬六千四百餘尺。工程繁時，匠額一千三百餘人，恆時一百五十人。

一曰鐵脅廠，專任製造鋼鐵船脅、船壳、龍骨横梁、及船上鋼鐵件、拗彎鑲配各工廠。於光緒元年增設。廠廣七萬九千八百餘尺，配設鋸機、翦機、鑽機、捲機、碾機、刨機三十五具。其能力須審識船身圖理制度、鋼鐵原質各法。曾製成鋼甲鋼鐵船身二十餘艘。工程繁時，匠額七百人，恆時六十八人。

一曰拉鐵廠，專任拉製銅鐵，爲製船所必需。能拉製重大之銅鋼鐵板、銅鐵槽條，及重大之輪機、轉輪軸、車軸、轉輪臂、汽餅桿、活軌、鐵錨各件。廠廣九萬四千四百餘尺，設汽鎚七架，汽鎚力大者至七頓。此外拉機翦旋床、鑽機刨床、并轉運重機之將軍柱，凡大小五十一具。拉銅鐵打鐵各爐，凡大小五十七座。工程繁時，匠額三百八十餘人，恆時八十七人。

一曰輪機廠，附屬有合攏廠，專任全船大小機器，製成，先在廠試驗，故合攏廠屬之。須較準中綫，尤須審明圖理，通曉進脫冷暖壓助噓吃機關各竅汽力。廠廣三萬三千二百餘尺，設車光機、削機、刨機、礪石機、螺絲床、鉗床等，凡大小二百二十三具。工程繁時，匠額三百六十人，恆時一百二十人。

一曰鍋爐廠，專任鍋鑪、煙筒、烟艙、汽表、向盤各工。其能力須審辨鋼鐵原質，究汽機之理由，天氣之漲力，以及鑲配法度。廠廣二萬九千六百尺，配設捲鐵床、水力泡丁機翦床、鑽床、船床，凡四十一具。工程繁時，匠額三百五十人，恆時一百十七人。

一曰帆纜廠，專造船上之風帆、天遮、帆索、桅上鑲配繩索，及起重搭架各工。其能力須審帆纜制度，登高工作，及風帆面積、繩索力度。廠廣一萬八千五百尺，不設機器，以手製爲多。工程繁時，匠額七十人，恆時四十人。

一曰儲炮廠，專備收儲各船炮械、炮彈、魚雷各件。廠廣二千六十尺，恆時守兵二人。

一曰廣儲所，附設儲材所，專任收發銅鐵煤炭機件油雜各料件，儲材之所，專任收發各種木料。凡船政料件到工，先由兩廠驗收。其職任須審料質之良窳，慎重存儲。凡儲料棧房九座，廣四萬二千一百尺。儲煤廠廣一萬五千一百尺。廣儲所夫役，工程繁時六十人，恆時四十人。儲材所篺夫，工程繁時三十六人，今存二人。

一曰船槽，各國自建船隖後，多不設船槽，此槽乃初興船政時所設，可修一千頓以上之船。年久多損，僅能修整小船，較入隖爲易。槽長三百二十二尺，上設機房，凡廣一萬七千三百尺。設拖船機四十架，大螺絲四十條，四十四馬力一副。工程繁時，匠額六十人，恆時三十七人。

一曰船隖，建築費五十萬，隖身純用石砌，長四百二十尺，廣一百十尺，足容定遠等鐵艦，閩、粵、江、浙各兵艦，及外國兵艦，咸得入隖修整。並建抽水機廠、機器廠、丁役水手房、木料棧房等。面積凡二十九萬三千尺。有船入塢，由各廠飭匠修之。恆時匠額二十七人。

船政經費，同治十三年，首次報銷造船購費、蓋廠各費達五百十六萬兩，養船費十九萬兩。光緒二年後，船政常年費爲六十萬兩。自同治五年至光緒三十三年，造船四十艘，用銀八百五十二萬兩。營造廠屋，用銀二百十一萬兩。裝造機器，用銀六十四萬兩。洋員歲俸，及修機器、置書籍，用銀五百五萬兩。學堂費六十七萬兩。養船費一百四十六萬兩。經營船政四十餘年，凡用銀一千九百萬兩有奇。此福州船廠、船塢之概略也。又製火磚練鐵，亦具規模。至光緒三十三年以後，洋監工全數遣散，遂無續制之船云。

旅順船塢，創議於光緒七年直隸總督李鴻章。時值外洋訂購兵艦到華，鴻章疏言，奉天金州旅順口形勢險要，局廠、船塢各工，當陸續籌興。九年二月，續陳旅順工程，開山濬海，工大費鉅，實難預爲估定。旋由法國人德威尼承攬，鴻章派員督同興辦，并增築攔潮石壩。

十六年秋，全工告成，派員赴旅順驗工。所築大石船塢，長四十一丈三尺，寬十二丈四尺，深三丈七尺，石階鐵梯滑道俱全。塢口以鐵船橫攔爲門。全塢石工，俱用山東大方石，壆以西洋塞門德土，凝結堅實，堪爲油修鐵甲戰艦之用。其隖外停艦大石澳，東南北三面，共長四百十丈六尺，西面攔潮大石壩，長九十三丈四尺，形如方池。潮落時，尚深二丈四尺。西北留一口門，爲兵船出入所由。四周悉砌石岸。由岸面量至澳底，深三丈八尺。周岸泊船，不患風浪鼓盪。凡兵艦入隖油底之後，卽可出隖傍岸，鑲配修整，至爲便利。隖邊修船各廠九座，占地四萬八千五百方尺，爲鍋爐廠、機器廠、吸水鍋爐廠、吸水機器廠、木作廠、銅匠廠、鑄鐵廠、打鐵廠、電燈廠。又澳南岸建大庫四座，隖東建大庫一座。每座占地四千八百七十八方尺，備儲船械雜料。以上廠庫，概用鐵梁鐵瓦，高寬堅固，足防風雪火患。又於澳隖之四周，聯以鐵道九百七丈，間段設大小起重鐵架五座，專起重大之物，以濟人力之窮。又於各廠庫馬頭等處，設大小電燈四十六座，爲倂作夜工之用。慮近海鹹水之不宜食用也，遠引山泉，束以鐵管，由地中穿溪越隴，曲屈達於澳隖四旁，使水陸將士，機廠工匠，不致飲水生疾。又慮臨海遠灘之不便起卸也，建丁字式大鐵馬頭一座，使往來兵艦上煤運械，不致停滯。其餘如修小輪船之小石隖，藏舢板之鐵棚，繫船浮標鐵臼，以及各廠內一應修船機器，設置完備。於是年九月二十七日工竣。由是日起，限一年，係代德威尼担保之銀行照料。限滿，再保固十年，均與包工監工洋人訂明。此項工程，共用銀二百餘萬兩。甲午後，遂迭爲日、俄所踞云。

沿海軍港，旅順、威海既失，海軍無駐泊之所，於是籌邊者起議築港。宣統初，命親藩南下，建築未遑。而沿海七千里，港灣鱗次，就海軍部所預籌，分爲四區。第一區，營口在奉天遼河左岸錦州灣，爲渤海兩岸之良港。大沽口爲直隸諸水入海所匯。秦皇島東控山海關，爲不凍之港。長山列島分內外三層，爲旅順外援。大連灣在遼東半島南。芝罘港在山東福山縣，三面負山，北臨渤海。第二區，揚子江口爲沿江七省之門戶，沙灘連亙，多暗礁。舟山在定海縣，諸山環列，爲杭州海灣之屛蔽。象山港海深可泊巨艦，爲寧波後路。三門灣在臨海縣，有三門列島，海水甚深。第三區，永嘉灣卽甌江口，三都澳卽三沙灣，在福建霞浦縣，港口水淺，港內水深，容大軍艦。福州灣卽閩江口，羣島林立，淺岸交錯，爲完固之港。海壇島爲閩省海岸中樞。廈門港有廈門、金門二島，近接臺灣。汕頭港在廣東澄海縣，崖岸峻險。番禺灣卽廣州灣，巨石環列，擅天然形勢。第四區，海口島在廣東瓊山縣北，與雷州島對峙，爲扼隘之所。榆林港在瓊州島南，背負崖壁，前臨東京灣。以上各港，惟象山港、三都澳確定爲修築軍港之地。他如北塘口、榮成灣、靖海灣、葫蘆島、大鵬灣、廟島等處，亦由漸擴充云。

外國訂購各兵艦，始於咸豐十年，廷議購船艦炮位助剿粵寇。十一年，總理各國事務衙門與總稅務司會商購買。自同治、光緒朝迄宣統初年，歷五十年，得船不及百艘，爰依次歲月列其船名。凡所購之國，所造之廠，及丈尺、馬力、噸數、炮位、兵弁咸詳之。其應瑞巡洋艦一艘，永豐、永翔炮艦二艘，建康、豫章、同安驅逐艦三艘，建中、永安、拱辰淺水快船三艘，告成於宣統三年後者不與焉。

金臺船、原名北京。一統船、原名中國。廣萬船、原名厦門。得勝船、原名穆克德恩。百粵船、原名廣東。三衞船、原名天津。鎮吳船，原名江蘇。同治元年，在英國訂購。二年到華，價銀八十萬兩。以英國總兵阿思本爲總統，以長江水師武員分統各船。旋議以武職大員爲漢總統，阿思本副之。是年六月，李鴻章以金陵垂克，勿庸外國兵船助勦，疏請所購七船，令阿思本駕駛回英，變價售賣，欵歸中國。所募水兵，一律遣散。

天平船，同治二年，由總稅務司購買。

安瀾船、定濤船、澄清船、綏靖船、飛龍船、鎮海船，同治五、六年間，兩廣總督瑞麟自英國購置，價銀二十四萬兩。

恬波船，同治七年，兩廣總督瑞麟自法國購置，價銀四萬兩。

海東雲船，原名五雲車。同治九年，閩浙總督英桂自洋商購置，以武員管駕，巡緝臺灣洋面。

建威練船，同治九年，閩浙總督英桂購自德國，爲駐練學生之用。

福勝炮艦、建勝炮艦，同治十三年，福建善後局購自美國，光緒二年到華，價銀二十四萬兩。

龍驤炮艦、虎威炮艦、飛艇炮艦、策電炮艦，光緒元年，直隸總督李鴻章自英國阿摩士莊廠訂購，每艘價銀十五萬兩，撥歸南洋調遣。

鎮東炮艦、鎮西炮艦、鎮南炮艦、鎮北炮艦，光緒元年，兩江總督李宗羲自英國阿摩士莊廠訂購，每艘價銀十五萬兩，撥歸北洋調遣。

鎮中炮艦、鎮邊炮艦，光緒七年，李鴻章代山東省自英國船廠訂購，每艘價銀十五萬兩。

超勇巡洋艦、揚威巡洋艦，光緒五年，李鴻章自英國阿摩士莊廠訂購。六年，令提督丁汝昌率員弁二百餘人，赴英國駕駛回華。二艦均木身鋼板。

定遠鐵甲艦、鎮遠鐵甲艦，光緒六年，李鴻章自德國伏爾鏗廠訂購，價銀六百二十萬馬克。十一年來華，附小魚雷艇三艘，魚雷筒三具，小輪船一艘。

濟遠鋼甲艦，光緒六年，與定遠船同廠訂購。

單雷艇二艘，光緒八年，由德國訂購，歸北洋調遣。

雷龍魚雷艇、雷虎魚雷艇、雷中魚雷艇，光緒八年，兩廣總督張之洞由德國訂購。

雷乾魚雷艇、雷坤魚雷艇、雷離魚雷艇、雷坎魚雷艇、雷震魚雷艇、雷艮魚雷艇、雷巽魚雷艇、雷兌魚雷艇，光緒十年，兩廣總督張之洞由德國訂購。

南琛巡洋艦、南瑞巡洋艦，又名運送艦。光緒九年，兩江總督左宗棠由德國伏爾鏗廠訂購。

福龍魚雷艇，光緒十二年，由德國訂購。十六年隸北洋海軍。

致遠巡洋艦、靖遠巡洋艦、光緒十二年，由英國訂購，船價及炮位，凡銀一百六十九萬有奇。經遠巡洋艦、來遠巡洋艦，光緒十二年，由德國訂購，船價及炮位，凡銀一百七十三萬有奇。光緒十三、四年，與致遠、靖遠先後到華，均隸北洋海軍。

左隊一號魚雷大快艇，光緒十二年，直隸總督李鴻章由英國百濟公司訂購，價銀八萬有奇，十三年到華。

左隊二號魚雷大快艇、左隊三號魚雷大快艇、右隊一號魚雷大快艇、右隊二號魚雷大快艇、右隊三號魚雷大快艇，以上魚雷艇六艘，光緒十二、三年，先後由德國船廠購買材料，到華配合，以德員教授。

辰字魚雷艇、宿字魚雷艇，由德國伏爾鏗廠訂購，光緒二十一年到華。

列字魚雷艇、張字魚雷艇，由德石效廠訂購，光緒二十一年到華。

福安炮艦，光緒二十年，由英國阿摩士莊廠訂購。

飛霆驅逐艦，光緒二十一年，由英國阿摩士莊廠訂購。

飛鷹驅逐艦，光緒二十二年，由德國伏爾鏗廠訂購。

海天巡洋艦、海圻巡洋艦，即穹甲快船。光緒二十二年，由總稅務司在英國阿摩士莊廠訂購，每艘價值三十二萬八千二百四十二鎊。

海籌巡洋艦、海容巡洋艦、海琛巡洋艦，光緒二十二年，由總理衙門在德國伏爾鏗廠訂購，每艘價值十六萬三千鎊。二十四年，與海天、海圻巡洋艦先後到華。

江元炮艦、江亨炮艦、江利炮艦、江貞炮艦，由兩江總督在日本川崎廠訂購。江元於光緒三十三年告成。江亨於三十四年告成。江利、江貞於宣統元年告成。先造一艘，價日本金三十一萬五千元。續造三艘，每艘價日本金二十九萬三百二十五元。

湖鵬魚雷艇、湖鶚魚雷艇、湖鷹魚雷艇、湖隼魚雷艇，由湖廣總督張之洞在日本川崎廠訂購。湖鵬、湖鶚二艇，於光緒三十三年到華。湖鷹、湖隼二艇，於三十四年到華。每艘合日本金三十八萬元。

楚泰炮艦、楚同炮艦、楚豫炮艦、楚有炮艦、楚觀炮艦、楚謙炮艦，均航海炮艦。由湖廣總督張之洞在日本川崎廠訂購。楚同、楚泰、楚有三炮艦，於光緒三十三年二月到華。楚豫、楚觀、楚謙三炮艦，於十月到華。每艘合日本金四十五萬五千元。

海龍魚雷艇、海青魚雷艇、海華魚雷艇、海犀魚雷艇，在德國實碩廠訂購，於光緒三十四年到華。

舞鳳航海炮艦，宣統三年，在青島德國船廠訂購。

江犀炮艦、江鯤炮艦，均淺水炮艦，原名新璧、新珍。江犀艦在德國克魯伯廠訂購，江鯤艦在德國伏爾鏗廠訂購，均以材料運華，宣統三年，在江南造船所配合，每艘價值一萬八千九百八十鎊。

肇和巡洋艦，宣統三年，在英國阿摩士莊廠訂購，價值二十一萬鎊。

福州船廠，自造各兵艦。始建船廠，聘工師於法，延敎員於英。建船臺，購機器。同治八年秋，第一號萬年清輪船成。十二年冬，華匠漸諳製造，廠機亦稍備，乃遣散洋員。凡九年，成大小兵船、商船十五艘，成於洋員者十二，成於華匠者三。光緒三年，始遣學生、藝徒至英、法二國留學。六年歸國，製造、駕駛，悉以任之。其製船之質，始皆以木，繼易木脅爲鐵脅，易木板爲鐵板，更進則純用鋼脅、鋼板，且護以鋼甲。船機則由立機改臥機。船式則由常式爲快船、爲穹甲、爲鋼甲。至光緒三十三年，成船達四十艘。凡商船八艘，木質兵船十四艘，鐵脅木質兵船五艘，鋼脅木質兵船一艘，鐵甲雙重木質快碰船三艘，鋼甲兵船一艘，鋼甲鋼脅魚雷快船六艘，鋼脅拖船一艘，鋼脅練船一艘。已失者二十六艘。存者十四艘，曰湄雲、曰伏波、曰靖遠、曰琛航、曰元凱、曰登瀛洲、曰鏡清、曰通濟、曰福安、曰吉雲、曰建威、曰建安、曰建翼、曰淺水江船。備列船制於後：

湄雲，木質兵船，船價銀十六萬三千兩，同治八年八月造成。

福星，木質兵船，船價銀十萬六千兩，同治九年九月造成。

伏波，木質兵船，船價銀十六萬一千兩，同治十年二月造成。

安瀾，木質兵船，船價銀十六萬五千兩，同治十一年十一月造成。

鎮海，木質兵船，船價銀十萬九千兩，同治十一年六月造成。

揚武，木質兵船，船價銀二十五萬四千兩，同治十一年十一月造成。

飛雲，木質兵船，船價銀十六萬三千兩，同治十一年九月造成。

靖遠，木質兵船，船價銀十一萬兩，同治十一年十一月造成。

振威，木質兵船，船價銀十一萬兩，同治十二年二月造成。

濟安，木質兵船，船價銀十六萬三千兩，同治十三年三月造成。
永保，木質武裝商船，船價銀十六萬七千兩，同治十二年九月造成。
元凱，木質兵船，船價銀十六萬二千兩，光緒元年八月造成。
藝新，木質兵船，船價銀五萬一千兩，光緒二年閏五月造成。
登瀛洲，木質兵船，船價銀十六萬二千兩，光緒二年七月造成。
泰安，木質兵船，船價銀十六萬二千兩，光緒三年三月造成。
威遠，鐵脅木殼兵船，船價銀十九萬五千兩，光緒三年八月造成。
超武，鐵脅木殼兵船，船價銀二十萬兩，光緒四年八月造成。
澄慶，鐵脅木殼兵船，船價銀二十萬兩，光緒六年十一月造成。
開濟，鐵脅雙重快碰船，船價銀三十八萬六千兩，光緒九年八月造成。
橫海，鐵脅木殼兵船，船價銀二十萬兩，光緒十年二月造成。
鏡淸，鐵脅雙重木殼快碰船，船價銀三十六萬六千兩，光緒十年七月造成。
寰泰，鐵脅雙重木殼快碰船，船價銀三十六萬六千兩，光緒十三年七月造成。
廣甲，鐵脅木殼兵船，船價銀二十二萬兩，光緒十三年十月造成。
平遠，鋼甲鋼殼兵船，船價銀五十二萬四千兩，光緒十五年四月造成。

廣乙，鋼脅鋼殼魚雷快船，船價銀二十萬兩，光緒十六年十月造成。

廣庚，鋼脅木殼兵船，船價銀六萬兩，光緒十五年十月造成。

廣丙，鋼脅鋼殼魚雷快船，船價銀十二萬兩，光緒十七年十月造成。

福靖，鋼脅鋼殼魚雷快船，船價銀二十萬兩，光緒十九年十月造成。

通濟，鋼脅鋼殼練船，船價銀二十二萬六千兩，光緒二十年八月造成。

吉雲，鋼脅鋼殼拖船，船價銀五萬六千兩，光緒二十四年八月造成。

建威，鋼脅鋼殼魚雷快船，船價銀六十三萬七千兩，光緒二十八年十一月造成。

建安，鋼脅鋼殼魚雷快船，船價銀六十三萬七千兩，光緒二十八年十一月造成。

建翼，鋼脅鋼殼魚雷艇，船價銀二萬四千兩，光緒二十八年五月造成。

廣東船廠，自造各兵艦，光緒十二年，兩廣總督張之洞於省河設廠，選募華工，采用香港英國船廠圖說，自造淺水兵輪四艘，曰廣元、廣亨、廣利、廣貞。

直隸大沽船隖，自造拖船，遇順暗輪鋼拖船，光緒十四年造成，又守雷暗輪包鋼小輪船一艘，下雷暗輪包鋼小輪船一艘。

江南船廠，自造各兵艦。咸豐十一年，曾國藩始有購買船炮及中國試造輪船之疏。同治二年，於安慶設局，不用洋員，自造一小輪行駛。令容閎出洋購買機器。四年，國藩於上海虹口奏設製造局。李鴻章撫蘇，偕丁日昌於上海鐵廠專造槍炮，以供征伐。六年四月，國藩疏請撥留洋稅一成，爲專造輪船之用。汽鑪、機器、船殼三者，咸研究圖說，自出機杼。先造汽鑪廠、機器廠、熟鐵廠、洋槍樓、木工廠、鑄銅鐵廠、火箭廠、庫房、棧房、工務房、工匠室，以應要需。復築船隝以整破舟，建瓦棚以儲材料，立學館以譯圖說。建築既堅，規模亦肅。同治六年，李鴻章建江南製造局，從事製船。八年，測海、操江兩兵船製成。九年，威靖兵船成。以萬金購德國船爲練船之用。十二年，海安兵船製成。光緒元年，馭遠兵船製成。二年，金甌小鐵甲船製成。五年，兩江總督沈葆楨疏言：「江南船廠所製兵船，五百匹馬力以下者五艘，其兵數餉章，與福州所造各兵船相等。」八年，購外洋商船一艘，改造爲防緝之用，名曰鈞和。嗣後未有造作。

光緒三十年，南洋大臣周馥等，以南洋近年以來，舊有兵船，日益窳朽，徒糜餉項，無裨實際，亟應分別裁留，認眞整理。非定章程，不能革除舊習；非專派大員督辦，不能造就將才。因奏派現統北洋海軍廣東水師提督葉祖珪督辦南洋水師學堂、上海船隝，凡餉械支應一切事宜，有與海軍相關者，均歸考核。嗣復奏稱江南製造機器總局內舊有船隝，本爲製造官商輪船並修理船械而設，日久弊生，多糜經費，而辦理之員，類無造船專門之學，以致承修船隻，工價高昂。近年以來，商船裹足不前，兵船反入洋隝，非認眞整理，無由振興。

經與北洋大臣會商，定議船隖別簡大員經理，仿商隖辦法，掃除舊習，妥籌改良船隖，與海軍事相表裏。廣東水師提督葉祖珪，係總理南北洋海軍，往來津、滬，則上海船隖事宜，自應歸其督察，以一事權。遂將船隖與製造局劃分，名曰江南船隖，製造局歸陸軍部轄，船隖歸海軍部轄，以專責任。

此後製造復興，三十四年，甘泉、安豐二兵船成。宣統二年，聯鯨兵船成。三年，澄海炮船成。

海軍自甲午戰後，所餘南洋各艦，不復成軍。嗣後逐漸購置，其編制非復北洋舊章。每艦設艦長一員，副長一員，協長一員，航海正一員，航海副一員或二員，槍炮正一員，槍炮副一員或二員，魚雷正、魚雷副一員或二員，輪機長一員，輪機正一員或二員，輪機副一員至八員，軍需正一員，軍需副一員或二員，軍醫正一員，軍醫副一員或二員，書記官一員。

其戰艦約分新舊二類，新式而有武力者，巡洋艦四，曰海圻、四千三百噸。曰海容、曰海琛、曰海籌。各二千九百五十噸。炮艦十一，曰楚泰、曰楚謙、曰楚觀、曰楚豫、曰楚有、曰楚同、各七百八十噸。曰江元、曰江亨、曰江利、曰江貞、曰江鏡。各五百噸。水雷炮艦一，曰飛鷹。八百五十噸。其屬於舊式者，巡洋艦五，曰通濟、一千九百噸。曰南琛、一千九百零五噸。曰鏡清、一千一百噸。曰保民，一千四百七十七噸。曰登瀛洲。一千二百五十八噸。水雷炮艦二，曰建威、曰建安。各八百十七噸。炮艦二十，曰泰安、曰甘泉、曰廣玉、曰廣戊、曰靖海、曰蔭洲海、曰並徵、曰海鏡清、曰廣金、曰廣己、曰廣庚、曰策電、曰第電、曰海長清、曰清海、曰鈞和、曰飛虎、曰靖遠、曰綏遠、曰鎮濤。共一萬零八百二十七噸。報知艦四，曰超武、曰琛航、曰元凱、曰伏波。共五千一百七十七噸。雷魚艇八，曰湖鵬、曰湖隼、曰湖鶚、曰湖鷹、曰辰、曰宿、曰列、曰張。共一千噸。新舊大小各艦凡五十五艘。

清史稿卷一百三十七

志一百十二

兵八

邊防

中國邊防，東則三省，北則蒙邊，西則新、甘、川、藏，南則粵、湘、滇、黔，而沿邊臺卡，亦內外兼顧，蓋邊防與國防並重焉。茲分述之：曰東三省，曰甘肅，曰四川，曰雲南，曰廣東，曰廣西，曰蒙古，附直隸、山西，蒙邊防務，曰新疆，曰西藏，曰苗疆，曰沿邊墩臺、卡倫、鄂博、碉堡。

東三省爲陪都重地，曰奉天，曰吉林，曰黑龍江，東連日、韓，北連俄羅斯，邊防尤要。

奉天當康熙元年，廷臣建議，自興京至山海關，東西千餘里，自開原至金州，南北千餘里，有河東西之分：河東自開原至牛莊，河西自山海關歷松杏山、大凌河，爲明季邊防之地，戶口寥落，請預籌實邊。嗣後休養生聚，城鎮日繁。凡大城十四，邊門二十餘。至同治間，邊界漸廣。將軍都興阿以鳳、靉二邊門外之地，自靉陽門外八里甸子東至兩江匯口，轉西南至海沿而下，直至貢道北老邊牆，南路經孤頂子等岡，由西南至舊邊小黑山，均展拓爲邊界。此外若大東溝江海相連之處，一律查勘，以綏藩服。尋以地方遼闊，增調防軍。其防軍之外，尤以練軍爲重。光緒二年，崇實以金州、大東溝等處，旗兵不足，增練步隊分防。十一年，王大臣等會議，奉天界接朝鮮，舊以遼陽迤東鳳凰城等四城爲要地。今則水路趨重大連灣、旅順口，陸路自同治間開墾荒地以後，耕廛比櫛，直抵鴨綠江西岸。額設防兵二萬二千餘人，新設練軍及緝捕勇丁一萬三千餘人，而練習新式槍礮者不及半數，宜加練大支勁旅，扼要屯駐。宣統元年，以延吉廳一帶爲交涉要地，令奉省疆吏調遣軍隊，分配憲兵，建築營房。新設之長白廳，開山通道，駐兵建署。鴨綠江上游之防務，亦次第籌備。蓋自日據朝鮮，與奉、吉接壤，東邊防務，日益亟矣。

吉林凡大城八，邊門四。其防務至重者，一爲琿春，與俄羅斯偪壤，兼接朝鮮，曠無障阻。一爲三姓，乃松花江之上游，伯都訥腹地之屏蔽。其三岔口，可由蒙古草地達奉天法庫邊門。光緒初年，就未練之兵及八旗臺站西丹內，選精壯者，練馬步四營。七年，吳大澂始於吉林創設機器局，製造軍械，並於扼要處建築炮臺。以陸路轉運維艱，協商直隸督臣李鴻章，派員及熟手工匠至吉林開廠。俟廠局告成，再於寧古塔、琿春等處增築炮臺。十一年，增練馬隊步隊共六營，足四千五百人之數，隸左右翼統率訓練。吉林額設防兵及烏拉牲丁，凡一萬五千餘人，內靖萑苻，外支强敵，時虞不給云。

黑龍江凡大城六，新舊卡倫七十一。中、俄接界，向以尼布楚與恰克圖爲重地，故斥堠之設，多在北徼。舊制於歲之五、六月間，齊齊哈爾、墨爾根、黑龍江三處疆吏，各遣協領、佐領等官，率兵分三路，至格爾畢齊、額爾古訥、墨里勒克、楚爾海圖等處巡視，歲終具疏以聞。康熙二十三年，始設將軍以下各官以鎭守之。凡前鋒、領催、馬甲、匠役、養育兵，咸歸統率，額設之兵，一萬三千餘人。光緒元年，以正兵六千人，西丹四千人，合練步隊萬人。時俄騎東略，沿邊自北而東，列戍防秋，遂無寧歲。六年，加練西丹五千人，分布愛琿、呼倫貝爾、布特哈、墨爾根、呼蘭、齊齊哈爾等處。原有馬隊二千人，加練千人，秋冬之際，招集打牲人等，加以訓練，以佐兵力。八年，籌備黑龍江邊防，在奉天調敎習，在天津運炮械，共練馬隊五千人，分駐各城。裁舊設卡倫二十六處，以新練之隊伍巡防。十一年，命奉天、吉林、黑龍江三省疆吏各練勁兵，爲東西策應之師，並墾闢荒地，開采礦山，爲實邊之計。黑龍江復增練馬步各營。蓋自俄人侵食黑龍江以北，及烏蘇里江、興凱湖以東各地，處處與我連界，邊防日重。及俄築東清鐵道，日占南滿，於是防不勝防云。

甘肅北達蒙部，南雜番、回，西接新疆、寧夏，以河套爲屏藩，西寧與撒喇相錯處，爲西陲奥區。

康熙三十三年，增戍兵五百於大馬營，控扼雪山要路，增馬步兵三千人於定羌廟，以守硤口，咸隸於肅州總兵官。

雍正二年，青海蕩平，於西寧之北，川邊之外，自巴爾託海至扁都口一帶，創築邊牆城堡，於青海、巴爾虎、鹽池等處，設副將以下各官，於大通河南北，設參將以下各官。以西陲重要，全省馬步戰守兵凡五萬七千餘人，關外換防兵凡九千餘人，兵額獨多於他省。三年，以布隆吉爾爲安西鎭，設總兵等官，額兵五千人。因莊浪西之仙米寺地方，山深林密，設守備等官，移涼州高古城額兵駐守。五年，於大通鎭設馬步兵二千人，以白塔川、側爾吐二處逼近邊境，各設兵八百人。以插漢地方遼闊，設寶豐、新渠二縣，設文武各官，並增戍兵，控制賀蘭山一帶。八年，岳鍾琪於吐魯番通伊犂之要路，嚴設卡倫，巴爾庫庫等處，多駐防兵，闊舍圖地方，爲南北二山鎖合處，屯駐重兵，分防南北山口。十一年，因西路之布隆吉爾，北連哈密，西接沙州，爲關外重地，乃建築城垣，屯兵防守。

乾隆四十九年，福康安、阿桂籌備邊防，自蘭州迤東至涇州一千餘里，北達邊城，外則番族環居，內則回民錯處，墩戍寥落，乃擇要增設營戍，凡將弁二十三人，兵丁二千人。嗣又增兵三千人，北路靖遠，南路秦、階，大河東西各處，互爲捍衞。

道光二年，以察罕諾門汗投誠，其所轄二十族，分爲左右二翼，視蒙古例，每翼統以專員，嚴稽關卡，以孤河北野番之勢。三年，因青海蒙古向未有受事盟長，乃就青海二十旗內，設正副盟長各一人，隨同官兵習武，以防番衆渡河。十一年，楊遇春於察罕託洛地方，增設蒙古兵，分作二班，布守各卡，以佐官兵。二十三年，富尼揚阿於將軍臺、會亭子二處，各建城垣，防禦西番。二十六年，布彥泰以番賊擾邊，規復防河舊制，增兵千人，分布沿河渡口。又哈喇庫圖爾營所屬之南山根，及南川營所屬之青石坡二處，爲野番出入總路，各以汛兵駐守。永安營、紅崖營、永昌協所屬之扁都口、石灰關各要口三十八處，均撥兵巡守，自數十人至百餘人不等。沿邊小口，各備坑塹，以遏賊騎。時番賊恃其槍馬便利，頻年竄擾，亦斯門沁地方，爲番騎來往要區，募獵戶千人編爲一軍，供遠探近防之用。旋以亦斯門沁設兵，僅可防甘、涼二州之扁都口等隘二十七處，兵力尚嫌不足，復於沙金城設兵千人，以防涼州所屬之一顆樹等三十處隘口，於野牛溝設兵千人，以防甘州所屬之大磁窰等十八處隘口。提鎭大員，復督率沿邊將弁，先事預防。咸豐元年，以番賊復出，令琦善等撥自粤寇披猖，回匪乘之，玉關、雪嶺間，騷然不靖。二年，令舒興阿等督率邊卡文武，修濠壘，增馬探，各營定期會哨，分途兵設卡，嚴密巡防。四年，因西寧一帶，番族窺伺，增募獵戶三千人，分防隘口。八年，以青海迤西戈壁，堵截。

給番民暫居，令西寧總兵、道員，定立界址。九年，令甘肅省疆臣督辦團練事宜。

同治十年，豫師等於甘、涼各處邊隘，自平番至威遠各口，及巴燕戎格山後與西寧番地通連者，一律加意嚴防。張曜因甘肅之金塔一帶，邊牆損壞，平番之裴家營，古浪之大靖、土門，甘、涼之南山各口，時有土番竄擾，分遣員弁偵探防堵。十一年，左宗棠于河州迤西之西南北三面，毗連番界，及槐樹關、老鴉關、土門關三隘口，與抱罕羌人接境之處，以歸化之番衆僧俗四千人，馬四千餘匹，防守各關。是時，平定關、隴，皆客軍之力，數萬額兵，幾同虛設。左宗棠懲前毖後，乃減兵加餉，繕器械，簡軍實，以重邊防。惟新設之靈武、化平、硝海三營兵數無多，逼近蒙、番之永昌、莊浪、松山三營，仍循舊額云。

四川西連衞、藏，北接青海，南盡蠻夷。自雍正、乾隆間，青海、大小金川次第綏定，沿邊之防，以打箭爐爲尤重。

康熙三十九年，移化林營於打箭爐，以防爐番。

雍正元年，年羹堯於川、陝各處邊隘，擇要增兵。一爲中渡河口，乃通西藏要路，修築土城，以守備移駐。一爲保縣，在大河之南，乃土番出沒之所，一爲越嶲，地多蠻倮，一爲松潘外之阿樹，及黃勝岡、察木多，均撥兵駐守，設遊擊、千總等官。二年，青海蕩平，於邊外單葛耳斯地方，設參將等官。暗門、拉科、恆鈴子三處，設守備等官。河州保安堡，設遊擊等官。打箭爐外之木雅吉達、鴉龍江中渡、裏塘、巴塘、鄂洛五處，設總兵、副將等官，率兵駐守。六年，岳鍾琪因河東西苗民改土歸流以後，建昌遂爲沿邊重鎮，乃於柏香坪、冕山、寧番、寧越、鹽井、波沙、托木、熱水等處，增設將備營汛，合原有之弁兵，咸隸於建昌鎮標。十年，黃廷桂以建昌之竹核，及涼山西南之魚紅地方，當諸蠻出入門戶，谷堆、格落二處，大赤口、小河壩、勒必鐵、阿都四處，皆係邊要，乃於竹核設將備兵丁共三千人，阿都設兵千人。

乾隆十七年，岳鍾琪因番衆投誠，以威茂副將移駐雜谷腦，設兵千二百人，西南境與梭卓接壤之處，均設汛駐兵。四十一年，金川平定，於雅州建城，命提督移駐，增兵六千五百人，分守沿邊。四十四年，設懋功、綏靖、崇化、撫邊、慶寧五營，制同內地，隸松潘鎮總兵，以控番徼。四十五年，特成額因川邊外之察木多，曾設遊擊等弁兵，控制西藏。今藏事敉平，乃抽撥營兵，移防江卡，增築碉房，並於三暗巴一帶，設守備等官。

道光十三年，以副將率兵二千人，駐大樹堡，濬濠建碉，兼防河道。以松潘屯千九百人，歸并峨邊。十九年，因川邊防兵僅四千餘人，不敷防守，於馬邊、雷波、越巂、峨邊、屏山各廳縣增兵二千人，增練兵千六百人，改營制，修碉堡，并飭鎮道各員，於秋冬分巡邊界。尋以馬邊等廳，夷匪不靖，命大臣齊慎親往籌防。

同治十二年，因峨邊廳蠻族投誠，擇充千、百戶等職，編制夷兵，建修碉堡。

光緒二十三年，鹿傳霖以三瞻地接裏塘，爲入藏北界，擬設定瞻直隸廳，而移建昌道於打箭爐，仿金川五屯之制，設立屯官及將弁汛兵，並接展電線至前藏。其事議而未行。三十三年，部臣議裁并邊防軍，趙爾豐以川邊原有巡防五營，已屬不敷調遣，遂定議緩裁。

宣統初年，趙爾巽以打箭爐外所有改土歸流屬地，擬悉隸於邊務大臣，并增設官吏，寬籌經費，協濟兵食，以固邊圉。三年，趙爾豐收回三瞻，土司之梗化者，遂自請歸流云。

雲南沿邊，環接外夷，南境之蒙自，當越南國，西南境之騰越，當緬甸國，尤爲南維鎖鑰。騰越界連野番，舊設八關九隘，以土練駐防。緬甸國入貢之道，向由虎踞關入，經孟卯、隴川等處，以達南甸，設南營都司以備之。自外海輪船南來，直抵新街，商賈咸趨北道，由騰城西南行，經南甸、千崖、盞達三宣撫司，歷四程而至蠻允，過此卽野人境。其間有三路。

下爲河邊路，中爲石梯路，上爲炎山路。下路較近，上路則柴草咸便，行四日至蠻暮，入緬甸界。舟行一日，可達新街。又印度東境之野山，係珞瑜番族，英吉利人由印度侵入，闢地種茶桑，其地可通孟養而達騰越，邊外强鄰野俗，錯處可虞。明代舊置銅壁、巨石、萬仞諸關，以固邊圉。水道則海珀江自千崖以下，水勢漸寬，與大金沙江合流，元代征緬甸，以舟師制勝，取建瓴之勢也。其永昌、順寧、大理三府，及蒙化一廳，楚雄府之姚州，皆迤西邊界，山深箐密，漢、夷雜處。淸初原設永順鎭總兵，迨改鎭爲協，僅於永昌城駐兵，沿邊一帶，有鞭長莫及之虞。

雍正二年，青海平定，於鴉龍江各處，設副將等官，宗鄱地方，當雲南孔道，設參將等官，以靖邊服。三年，因威遠大山爲苗、倮盤踞之所，乃於普茶山各處，設参將等官，兵丁千二百人，幷於九龍江口設立防汛。四年，以四川阿墩子地方當中甸門戶，移其防汛歸雲南省管轄，與裏塘、打箭爐相爲犄角。五年，以中甸延袤千里，爲滇省西南藩籬，維西乃通西藏要隘，增設參將營於中甸，守備營於維西。六年，因烏蒙、鎭雄二處地方遼闊，於烏蒙設總兵等官，鎭雄設參將等官，分隘駐防。所有舊設之貴州威寧營，雲南鎭雄營、東川營咸隸烏蒙鎭總兵調遣，建築城垣。旋增兵千五百人，設尋甸州參將等官。七年，設普洱府及普洱鎭將，標兵三千二百人，分防各路。

乾隆三十二年，以木邦爲通緬甸要路，並九龍江、隴川、黑山門各隘，咸以兵駐守。四十三年，李侍堯因永昌、普洱等府，向以鎭、協標千五百人，在三台山、龍江一帶駐營防緬，冬去春回，頗形煩累。雲南省控制全邊，重在騰越。其南甸之東南爲杉木籠，距虎踞關百餘里，當騰越左臂。南甸之西南爲千崖，距銅壁、萬仞、神護、巨石諸關，均一二百里，實爲各路咽喉。乃於杉木籠、千崖二處各增將弁營汛。龍陵地方，道通木邦，原駐兵千五百人，其南三台山尤爲扼要，亦增設弁兵。以順寧一路舊有之額兵，分駐緬寧，與永順右營協同防守。總督、提、鎭大員，每年酌赴騰越邊外巡閱一周，以期嚴密。

嘉慶十七年，以雲南邊外野夷傈匪肆擾，而緬寧、騰越各隘，皆瘴癘之地，難駐官兵，復設土練兵一千六百人，以八百人駐守緬寧之丙野山梁等處，八百人駐守騰越之蠻章山等處，省官兵征調之勞。

道光間，林則徐於迤西移改協、營，增設弁兵。其扼要之處，爲永平縣、永昌府龍街汛、永定汛、漾濞汛、姚關汛等，凡二十一汛，咸增兵駐防，而瀾滄江橋尤爲扼險。順寧府毗連夷地，以龍陵協與順寧參將對調。緬寧廳、錫臘、右甸、阿魯、史塘等處防軍，或分汛多而存城少，或分汛少而存城多，地之夷險與兵之多少不均，咸酌量增調。大理府原駐提督，而上下二關，及太和縣城、彌渡、紅岩、趙州等處，尙屬空虛，均增兵塡防。姚州、蒙化二處，亦改汛增兵。

同治間，雲南平定，岑毓英因迤西麗江府城地處極邊，界連西藏，麗江、劍川交界之喇雞鳴地方，係江邊要隘，江外卽野人境，向未設兵。乃以麗鶴鎭都司移駐麗江府，劍川營都司移駐喇雞鳴。此外楚雄府屬之八哨地方三、四百里間，倮夷雜居，亦係要地，令楚雄協副將設汛駐兵。十三年，以昭通標兵之半，赴金沙江外駐守。

光緒七年，劉長佑因劍川城地當孔道，爲迤西要區，以喇井營移駐劍川。喇井亦瀾滄江要地，以吉尾汛移駐，互相會哨。十一年，岑毓英因滇省入越南之路，以白馬關爲要，法蘭西人通商之路，以蒙自縣爲衝，沿邊千里，處處錯壤，留防之兵一萬六千人，編爲三十營，以白馬關隸開化鎭總兵，蒙自隸臨元鎭總兵，每年瘴消之際，親赴邊陲，簡閱營伍。箇舊錫廠，規制宏大，廠丁數萬人，漢、夷雜處，且通三猛、蠻耗各路，乃增設同知一員，移臨元之都司營兵駐防箇舊，調原駐開化遊擊移守白馬關，以右營都司分防古林，移右營守備駐長岡嶺，以臨元遊擊駐蒙自縣，右營都司分防水田，右營守備分防嵩田，爲因地制宜之計。自雲南入緬甸，共有六途，以蠻允一途爲捷徑，沿邊由西而南而東，皆野人山寨，布列於九隘之外，兵團守望，時虞不足。乃調關外勁旅二千餘人，與原有防軍及鄉團、土司，協力警備。十四年，岑毓英以邊境倮黑夷匪，頻年滋事，分別勦撫。倮黑所屯踞之地，分上下改心，在瀾滄江畔，界接土司，其東西大路，與緬甸逼處，爲順寧、普洱兩府屏蔽，其下改心地方，尤爲扼要。乃增設鎭邊撫夷廳，擇地建築城垣，並設參將等官，駐防兵丁一千一百五十八人。二十二年，鹿傳霖以維西協所屬阿墩子汛地，界接川邊之巴塘，左臨瀾滄江，右挹金沙江，地勢至要，英緬鐵路所經，相距漸近，僅四、五日程。乃協商四川疆臣，酌設重鎭，並於川、滇交界處，兩省各設文武員弁，協力防邊。雲南自英據緬甸，法奪越南，防守兩難。光緒之季，西南騰越、臨安兩路，創設團練，稍資捍衞。而餉絀兵單，邊防漸弛矣。

廣東邊防，海重於陸。同治十三年，越南不靖，督臣瑞麟慮其越界，以防勇二千人扼守欽州。光緒八年，曾國荃因欽州之東興街，地接越南，撥勁兵二營駐守，續撥老勇三營助之。十年，法蘭西侵奪越南，彭玉麟督辦粵防，以欽州與廉州並重，增調營勇赴欽、廉，恐地廣兵單，以團練協守。至省內防務，則有三江口之排瑤，瓊、崖之黎匪，時或出巢滋事。排瑤山境四百餘里，康熙四十一年，於瑤境適中之三江口，設立寨城，置副將等官，兵丁千餘人。道光十二年，增三江口戍兵二千人，建築碉臺，以控制悍瑤。光緒十三年，張之洞剿平瓊州黎匪，山路開通，收撫黎衆十萬人，定撫黎章程十二條。粵省負山帶海，西來歐舶，首及粵洋，陸路僅欽、廉一路當敵，防戍較易於海疆也。

廣西南邊，縣亙千餘里，原設隘所百有九處，分卡六十六處，與越南之諒山、高平、宣光等處接壤。叢山密箐中，小徑咸通。鎮南關至龍州一路，地較寬平，爲中越商旅通衢，東出太平、南寧，西出歸順、鎮安之總匯。自龍州以東，下水直達梧、潯，有建瓴之勢。歷朝南藩向化，自清初至道光、咸豐間，惟於龍憑營所轄水陸各隘口，以戍兵及沿邊土司協力防守。同治十一年，令馮子材等就戍所之鎮揀選各營，分布各隘，是爲防軍守邊之始。迨法、越戰事起，邊氛日亟，征調頻煩，兵無久駐之地。

光緒十二年，中、法款議旣成，兩廣總督張之洞以鎮南一關，鈐轄中外，固屬極衝之地，卽鎮南關之中後左右各路，亦須分兵設防。關以內之關南隘及憑祥土州爲中路。自關以東，明江廳轄之由隘，寧明州轄之羅隘，思陵土州轄之愛店隘，上思州轄之百崙隘、剝機隘爲東路。自關以西，龍州廳轄之平西關、水口關，下凍土州轄之布局隘、梗花隘，歸順州轄之頻峒隘、龍邦隘，鎮安廳轄之猛峒隘、剝淰隘、百懷大隘等爲西路。以上各隘，咸增兵屯守。以十二營防鎮南關中路，以四營防東路，六營防西路。其道路寬者，築臺置炮；路窄者，設卡浚濠；甚僻者，則掘斷徑路，禁阻往來。豫造地營。無事則操練，有警則徵調赴援。廣西提督由柳州移駐龍州，以控制邊夷。而邊境過長，貴能扼要。關前隘爲諒山來路，羅隘爲間道所通，歸順之龍邦隘，鎮安之那坡隘，分扼牧馬、保樂夷寇來路，由隘當文淵之衝，卽龍州後路，下凍土州通鎮邊聲息，令駐邊各將領，宜加嚴防。旋督臣張之洞以沿邊之新太協、上思營、鎮安協各營兵，或改勇補兵，或裁兵留勇，各就所宜，卽分防之舉，爲幷省之謀。十三年，復移駐鎮、道各員，以資分任。

二十三年，譚鍾麟因邊境迤長凡千七百里，僅恃營汛，終嫌單薄，乃扼要建築炮臺。原有防軍二十營，以分防見少，每營止能抽撥二棚駐守炮臺。二十六年，蘇元春因南、太、泗、鎮及上思、歸順四府二廳州，皆爲邊地，勇丁數僅萬人，凡三關百隘，沿邊炮臺，皆須防守。乃以新募調赴江南之五營，並抽調邊軍五營，合成十營，爲勦辦沿邊游勇土匪之用。三十年，柯逢時令各州縣增募勇丁八千餘人，給以毛瑟後膛槍，以佐防軍，並令各屬勸民間多築碉堡，藉禦外侮。

三十一年，李經羲以廣西沿邊，全恃防軍，近年邊防大軍，專駐龍州訓練，而南、太、鎮等郡，以迄滇邊，無復邊營蹤迹，客軍又撤回過半，乃酌增防營，募土著親兵，就地防禦。蓋廣西制兵，舊額六萬二千餘人，自同治四年以後，屢加裁汰，由制兵而趨重防軍。法、越事起，於邊地防軍，尤爲注重。至光緒季年，改練新軍，非復防營規制矣。

蒙古以瀚海爲界畫，其部落之大類有四：曰漠南內蒙古，曰漠北外蒙古，曰漠西厄魯特蒙古，曰青海蒙古。清初，漠南蒙古臣服最先。至康熙初年，而漠北喀爾喀三部內欵。及親征準噶爾，而青海諸部來庭。惟漠西厄魯特部，至乾隆間始征定焉。漠北外四盟蒙古，康熙間初定，增爲五十五旗。雍正間，增三音諾顏部，共前三部爲四部。乾隆中，增至八十二旗。其會盟分四路：土謝圖汗爲中路，車臣汗爲東路，札薩克圖汗爲西路，三音諾顏爲北路。乾隆間，築城於烏里雅蘇臺及科布多二處以鎭撫之。其統率蒙兵之制，內札薩克之兵，統於盟長。外札薩克之兵，統於定邊左副將軍。杜爾伯特及新土耳扈特、和碩特之兵，統於科布多辦事大臣。土耳扈特之兵統於伊犂將軍。青海各部落之兵，統於西寧辦事大臣。雍正間，西陲未靖，阿爾泰及河套以北，迤西直達巴里坤，平原沙磧，數千里間，無險可扼。乃於四臺至三十五臺，每臺選精兵駐守，互爲聲援。於烏里雅蘇臺城外山顚扼要處，復各建炮臺，屯重兵於特斯台錫里。旋增設卡路八處於鹽口、戈壁二口，遣兵更番巡探，以期嚴密。其時防在西徼，而北鄙無驚。自乾隆間蕩平準部，而衞拉特來歸，內外各盟長，從征回、準，屢奏邊勳，新舊土耳扈特，同膺茅土，北境俄羅斯亦方輯睦，陰山、瀚海間，百有餘年無事矣。

迨咸豐、同治間，中原多故，蒙邊亦多不靖。同治四年，增熱河馬隊三百人。五年，以包頭鎭爲綏遠要區，原有防兵，積年疲乏，調吉林馬隊協同駐守。六年，李雲麟以三音諾顏蒙兵專防烏城，而招募奇古民勇駐八里岡，與科布多、塔爾巴哈臺二城蒙兵爲犄角。八年，以布倫托海各領隊大臣所有旗兵，改隸科布多大臣，分防熱河等處。令烏梁海總管，自卜果蘇克霸至沙賓達巴哈與俄羅斯接界處，新立鄂博界牌八處，嚴密巡察。徙厄魯特僧衆於阿爾泰山，徙俗衆於青格里河。九年，調大同、宣化練軍二千人駐防庫倫，修復推河以北至烏城十五臺站，並牧馬三千匹，熱河增練洋槍隊三百人，以固庫倫西路之防。十年，以濟斯洪果爾臺站爲察哈爾及歸化、綏遠運糧要區，撥兵駐守。令蒙古各臺，自張家口至八臺，以察哈爾都統管理。自九臺至科布多，及庫倫、歸化二路，以各盟長管理。每臺增設駝馬百五十四，凡軍械糧食，接護轉運，以利軍行。十一年，改建烏里雅蘇臺石城，並整頓沿邊臺務。庫倫西接俄疆，向未設兵，乃於圖、車兩盟蒙兵內，輪派四百人，分駐庫倫四境。十二年，調察哈爾馬隊協防烏里雅蘇臺。旋以軍臺四十四站，地勢緜長，分防散漫。乃分爲四路，於中一路擇要駐營，調綏遠城馬隊移防哈爾尼敦，以原有之兵守塞爾烏蘇。

至光緒間，新疆大定，西顧無虞，而北境俄患漸偪。光緒六年，調宣化練軍、直隸步隊赴庫倫防俄。七年，因烏城三面鄰俄，邊防重要，而原有防軍，技藝生疏，烏城共駐蒙古練軍及黑龍江、察哈爾馬隊二千五百人，由京營派教習前往教練，俾成勁旅。十八年，李鴻章以熱河東境山谷叢雜，毗連奉天，撥直隸練軍馬步隊各一營擇要駐防。二十四年，以熱河、察哈爾爲蒙邊要地，令各都統等選練兵丁，整備軍實。三十二年，以熱河馬步隊三營改編爲常備軍，其兵額均次第補足。時內外蒙古兵日益孱弱，俄人遂駸駸闌入，烏梁海以南受其牢籠，喀魯倫河以東恣其墾牧，鄂博、卡倫遂同虛設矣。

直隸沿蒙邊防務，雍正九年，令直隸疆臣修治邊牆，其古北、宣化、大同三處，咸募兵增防。自獨石口以西，至殺虎口一帶要隘，亦酌增弁兵。十年，於獨石口改設副將以下各官，增額兵八百人，邊牆衝要處，增設鹿栅木栅，以備堵禦。自清初至乾隆、嘉慶朝，蒙邊綏輯。咸、同之間，西陲用兵，蒙匪亦漸滋事。同治四年，以直隸北境沿邊關口五十餘處，兵數甚單，調撥京師火器營、威遠隊、提標馬步隊，分駐喜峯口、鐵門關、灤陽、灑河橋、遵化、羅文峪迤北迤西等處。光緒七年，李鴻章以北邊多倫廳地兼蒙旗，僅有新舊防軍七百餘人，不敷分布，增調宣化練軍馬隊一營分段梭巡。十八年，以直隸防軍五營駐古北口。十九年，李鴻章因古北口防營調回內地，而熱河地廣兵單，乃別練馬隊三哨，與原有之朝陽馬隊一營、圍場馬隊百人，互爲援應。直隸邊務，重在海疆，東之山海關，爲遼、瀋門戶，南之天津、大沽，爲京師屏蔽。其北境惟緝捕蒙匪，無事重兵屯戍也。

山西邊界之歸化、綏遠、包頭鎭，控扼草地，毗連大青山，南抵殺虎口，西逾纏金，東接得勝口，與蒙古、回部錯壤。咸豐軍興以後，官兵四出征討，邊備空虛，寇盜乘機竊發。同治六年，左宗棠督師秦、晉，以山西省弁兵團勇均不可恃，乃分撥營勇，駐守黃河西南兩岸，別募三千人，赴禹門、保德間防守，並造炮船四十艘，酌配水師，駐垣曲、三門一帶。軍事定後，防軍旋撤。光緒間，曾國荃調撥湘軍，擇要屯守，而兵數僅一千二百人。九年，張之洞以雁門關爲晉邊要口，止有練軍千人，令各營以次抽練，以固邊防。十年，增練大同、太原二鎭馬步營。衞榮光增練馬隊五旗，以三旗駐口外，二旗駐口內，以佐湘軍之不逮。由山西省迤西，爲陝西之北境，惟榆林、神木一隅，地接蒙疆，而障以長城，環以河套，民情馴樸，防務更簡於燕、晉也。

新疆爲西域三十六國故壤，歷代籌邊列戍，近在玉門，遠亦僅龍堆而外。自乾隆年準部平，道光朝回疆定，至光緒間，再定天山，開省治於迪化城，設五府三十六縣。而俄羅斯邊境由北而西，緜延錯互。自奪取霍罕三部後，伊犂及南路喀什噶爾皆與俄屬相接。全境中界天山，分南北二路。北路爲準噶爾部落，西北以伊犂爲重鎭，烏魯木齊當往來孔道，塔爾巴哈台爲北境屏藩。南路悉回族所居，烏什當適中之地。葉爾羌、喀什噶爾雄冠諸城。英吉薩爾西達外藩。

乾隆十八年，以準噶爾逼處邊境，哈密及西藏北路雖已設防，而選將備，具駝馬，簡軍實，勘水草，儲糧餉，修城垣，諸端待理。命疆吏先事籌備，次第施行。哈密已駐重兵，而防所全恃卡倫。天山冰雪嚴寒，加意撫循士卒。南路各城，以滿洲營、綠旗營協同防守。和闐、庫車、闢展諸城，則但設綠旗營兵。其卡倫臺站，自哈密西至闢展，北至巴里坤，自闢展西至庫車，北至烏魯木齊，自庫車西至烏什，又西至葉爾羌，又西至喀什噶爾，其南至和闐，視卡倫之大小，定戍兵之多寡。各臺站設駝馬車輛毋缺，前行阻水，則造舟以濟之。二十四年，戡定準部，北路重地，咸分兵設防，山川隘口，悉置卡倫臺站。各卡倫設索倫、錫伯、厄魯特兵丁自十名至三十餘名有差。各臺站設滿洲、綠旗、察哈爾兵丁各十五名。南路各城設辦事大臣。其理事回官阿奇木伯克以下，各有所司，分統回兵，隸駐防大臣調遣。二十六年，設伊犂馬步兵二千五百人。二十七年，設伊犂將軍及參贊領隊大臣。三十一年，設烏魯木齊辦事大臣。

嘉慶二年，於惠遠城之北關，增調戍兵。

道光六年，以新疆防軍已增至萬餘人，令疆吏調兵四千人赴回疆，二千人赴阿克蘇，協力防堵。又因喀什噶爾防兵較少，於城北要隘增兵三營，城南增兵二營。八年，分遣喀什噶爾防兵四千三百人防守各路，選精壯二千人分十班教練。那彥成因阿克蘇爲南路要地，增兵千人，合原有防兵凡二千餘人，以控制南北二路。其冰嶺一路，北通伊犂西南卡倫，外通烏什之捷徑，一律封禁。喀什噶爾、葉爾羌、英吉薩爾各卡倫，向僅駐兵十餘名，乃於各卡倫適中處，凡通霍罕、巴達克山、克什米爾外夷之路，增築土堡，以都司等官率兵駐守，兵數自數十人至二百人不等。九年，於喀什噶爾邊界增卡倫八處。十一年，回疆大定，命參贊大臣駐葉爾羌，總理八城回務，節制巴里坤、伊犂兩路滿、漢兵一萬四千餘人，分防各路。喀什噶爾之八卡倫，道通霍罕，築土堡三座，增建兵房。葉爾羌所屬卡倫，通克什米爾外夷要隘，英吉薩爾通布魯特要隘，各修土堡駐兵。於烏克蘇、烏什二處，各駐八旗兵一千三百人。於喀什噶爾駐綠營兵三千人，爲前鋒，兼守邊卡。英吉薩爾駐馬隊五百人，綠營兵千人，爲前後二城中權接應之師。巴爾楚克綠營兵三千人，築堡屯守。和闐增足防兵五百人。所餘滿、漢兵六千餘人，悉數駐葉爾羌，隸參贊大臣統轄，遇警援勦。其喀什噶爾、葉爾羌舊額回兵，仍挑補訓練，以替防兵。十四年，以索倫、錫伯、察哈爾、額魯特四處營兵，守衞伊犂沿邊大小卡倫七十餘座，按期會哨，統兵將領，不得輕出邀功。

咸豐二年，廷臣會議，以新疆南北路駐兵益多，數踰三萬，頻年由內地換防，殊苦煩費，乃於伊犂等處綠營兵內調撥換班，其不足者，就地募之。

咸、同間，中原用兵，關外南北各城，邊氛四起。同治二年，調察哈爾蒙兵，悉數由科布多赴烏魯木齊屯守。五年，調烏里雅蘇臺蒙兵六千人赴伊犂。九年，調黑龍江兵二千人，察哈爾兵千人，馬隊二百餘人，馳赴烏城，並令喀爾喀各盟長，隨時整頓蒙兵。十年，在烏梁海一帶，安設臺站，迤西亦一律設臺，直抵塔爾巴哈臺。十一年，因庫爾喀喇烏蘇等處，爲晶河要地，招募勇丁，協同馬隊防守。調宣化、古北口營兵，分赴烏城。十二年，調大同、宣化兵千人，赴防塔爾巴哈臺。十三年，以塔城爲西路防務扼要之區，調伊犂迤北之察哈爾兵二千人，及蒙古兵益之。尋命左宗棠由關、隴西征，天山內外，次第戡平，而俄羅斯亦歸我伊犂。

光緒三年，左宗棠於伊犂增築炮臺，多駐勁旅。劉錦棠就關外營勇之精壯者，編爲制兵，改行餉爲坐糧，參用屯田之法，以足軍實。張曜更定新疆營制三事：一、增騎兵，佐步兵之不逮；一、重火器，減養兵之費，爲購器之資；一、設遊擊之師，駐南北路之間，預防俄患。六年，恭鏜因烏魯木齊之鞏寧城，接壤精河，旁達烏城間道，而舊城已圮，乃於迪化城外高原，別建新城，以駐防兵，而資控扼。十二年，劉錦棠以巴里坤滿營歸幷古城，伊犂共駐馬步防軍二十八營，酌裁新募之勇，編留精壯，爲馬隊九旗，步隊十三旗，自伊犂至大河沿及精河以東，分路駐防。十四年，額爾慶額因塔爾巴哈臺駐防漢隊，久役思歸，就甘肅額兵，及察哈爾部內，選二千六百人調防。十五年，復於塔城增募防兵，凡步隊三營，馬隊四旗，弁勇二千人。十六年，以伊犂滿洲營，經兵亂後，額數久虛，酌量挑補，定爲二千人，再挑留錫伯、新滿洲千人，以備不足。伊犂漢隊改立標營，凡步隊一營，馬隊二營，格林炮隊一哨。惠遠城北關設炮隊一哨，定遠城設馬隊三旗。十七年，楊昌濬因塔城境內，漢、蒙、回、哈雜居，東接烏梁海，西接伊犂，地旣險要，路復分歧，共增將弁三十一員，步隊三旗，馬隊四旗，以備巡防彈壓。十九年，以總兵官駐防綏定，統漢隊三千人，策應四境，若廣仁城、果子溝、三台、瞻德城、三道河、霍爾果斯、拱宸城、寧遠城，以馬步炮隊分防。三十一年，潘效蘇因新疆兵費過重，改練土著，遣散客軍。回纏民性各殊，以二三成攙入漢軍訓練，漢軍則各營旗皆減爲哨，節餉防邊，始能兼顧。

宣統二年，札拉豐阿因塔爾巴哈臺屏蔽西北，以原有馬步炮隊，及左右旗蒙、滿隊，悉改新式操法。時中朝方議減餉裁兵，未遑遠略。俄羅斯正經營東陲，遂暫安無事云。

西藏初設駐藏大臣，而番衆仍統屬於喇嘛。當崇德七年，達賴、班禪與厄魯特同時入貢。順治、康熙間，朝請不絕。康熙之季，準噶爾侵藏，由西寧進兵平之。

雍正五年，弭噶隆之爭，以頗羅鼐有定亂功，進封郡王。十年，留雲南兵於察木多，以防番衆。

乾隆十五年，除頗羅鼐王爵，始設駐藏大臣，與達賴、班禪參互制之。其西南之廓爾喀，時窺藏境，中朝以兵力佐之，收復巴勒布所侵占藏地，增設塘汛守兵十三處，以寨落之多寡爲衡，前藏增唐古特兵八百人，後藏增四百人。五十四年，始於前後藏各設番兵千人。其通內地之定日、江孜二處要隘，各設番兵五百人，就近選補。設戴琫三人，以二人駐後藏，一人駐定日。增江孜戴琫一人。前藏番兵隸駐防遊擊，後藏番兵隸駐防都司。令四川督臣以頭等將備爲駐藏之選，統以大臣。其駐藏之兵，令駐藏大臣親爲校閱。嗣因定日、江孜爲各部落來藏必經之路，各增防汛，設守備等官。打箭爐之外，擇地設遊擊等官。五十八年，和琳等會勘後藏邊界及鄂博情形，江孜番、漢兵已敷防守，惟定日地方遼闊，爲聶拉木、宗喀、絨轄三處總匯之區，其捷徑如轄爾多、古利噶等處，均爲要隘，增設番兵，統以戴琫，修寨落以備棲止，立鄂博以守界畫。

道光二年，懲治聶拉木、絨轄各營官私釋喇嘛之罪，別遣番兵補營兵之額。二十一年，令番兵習弓矢者，改習鳥槍。二十二年，令後藏大臣督率將弁教練堆葛爾本空金番民武技。

咸豐五年，以廓爾喀不靖，駐防兵單，令喇嘛等聯絡防範，調前藏僧俗士兵二千人赴策墊地方防範。

同治四年，駐藏大臣滿慶等，調派土兵及統兵番員防備披楞。八年，因披楞侵占哲孟雄，與唐古特相持，令恩麟等整頓後藏番、漢營伍。十一年，命德泰赴藏，校閱江孜、定日後藏三汛防營，以固哲孟雄及聶拉木門戶。

光緒二十四年，駐藏大臣文海因後藏定日地方營伍及靖西設防，駐藏大臣久未巡視，乃率兵親往各處校閱。光緒季年，駐藏大臣聯豫仿內地制，設武備學堂，擇營弁衞隊及達木三十九族中之優秀者，習速成科，俟畢業後，先練一營，以開風氣。

宣統二年，聯豫因工布平定，以馬步炮隊工程隊分地駐守。旋疏請裁去幫辦大臣，設左右參贊，分駐前後藏。三年，波密野番滋事，卽以工布之兵勦辦，並以步隊擇地駐防，爲各營後援。

至川軍入藏之舉，始於雍正初年，準噶爾窺邊，詔以川、陝兵二千人駐防，設正副大臣，分駐前後藏。其時雲南省軍隊亦分途入藏。事定，仍撤歸原省。歷朝鎭撫藏地，多用漢軍、番卒。至光緒三十一年，四川督臣錫良奏調川軍出打箭爐，並招募土勇爲向導，以勦竄回。是年八月，巴塘喇嘛戕害大臣，全藏震動。四川提督馬維祺、建昌道趙爾豐合兵進克巴塘、裏塘，勘平邊亂。三十二年，裏塘逆番桑披復率衆倡亂，錫良命趙爾豐等以川軍討平之。其時番僧與北部回民日就衰弱，全藏邊境，爲英吉利、俄羅斯遠勢所包，藏事遂不可問云。

苗疆當貴州、湖南之境，叛服靡常，歷朝皆勦撫兼施。康熙三十八年，以鎭筸居苗疆衝要，改沅州鎭爲鎭筸鎭，設總兵以下各官，增額兵千人，合原有之兵凡二千一百人，以防紅苗。雍正九年，復增兵二千人。是年，鄂爾泰因都江與淸水江形勢劃分，增設淸江鎭標，以新設之丹江、台拱等營，及原有之銅仁、鎭遠等營，咸隸淸江鎭。而以都匀、黎平，並上江、下江各協、營，隸於古州鎭總兵。乾隆元年，楊名時銳意治苗，以貴州省苗衆分生熟二苗，生苗在南，熟苗在北，乃屯駐重兵於內地，而擇鄰苗之要道，增修壁壘，使民有所歸，兵有可守，遇苗衆出巢滋事，則互相援勦，戰勝勿事窮追，兼撫熟苗，俾漸知向化。五年，那蘇圖因永順所屬，緊接苗疆，且與湖北省之容美土司、四川省之酉陽土司連界，乃以永順協標兵改隸鎭筸鎭總兵，聯絡楚南聲勢，合力防苗。

嘉慶初年，戡定苗疆以後，於鳳凰、乾州、永綏、古丈坪、保靖各廳縣，沿邊次第建修屯堡碉臺，築邊牆以嚴界畫，築土堡以資守禦，築哨臺以憑瞭望，碉卡則戰守咸資，炮臺則堵截尤利。設練勇千餘人，屯丁七千人，墾闢屯防田十三萬一千餘畝，悉以屯兵耕種。其地皆附近碉堡，以便駐守，且節餉糈。歷嘉、道兩朝，沿邊寧謐。

咸豐軍興以後，苗衆乘機肆擾。至同治年，席寶田等大舉平苗，雖間有剽掠之事，以防由附郭而漸及山林險阻之處，互爲守望，以備苗民出入，於舊日之苗疆營制，無所變更也。勇隨時勦撫。光緒十二年，譚鈞培因苗民馴擾無常，乃仿傅鼐防苗之法，增修石碉土堡，

沿邊墩臺、卡倫、鄂博、碉堡，清初於各省邊境扼要處，設立墩臺營房，有警則守兵舉烟爲號。寇至百人者，掛一席，鳴一炮；至三百人者，掛二席，鳴二炮；至五百人者，掛三席，鳴三炮；至千人者，掛五席，鳴五炮；至萬人者，掛七席，連炮傳遞。康熙七年，諭各省將領，凡水陸孔道之旁，均設墩臺營房，駐宿兵丁，傳報緊急軍機，稽察匪類，護衞行人。乾隆三年，兵部議定汛兵缺少處，按地方衞僻情形，酌量撥補器械，務令整備，隨時察驗。有離汛誤防者革責，官吏嚴懲之。

其軍臺之制，始於順治四年，自張家口迤西，黃河迤東，設臺三百四十四座，臺軍七百三十二名。自張家口迄山海關迤西，設臺四百十七座，臺軍一千二百五十一名。

蒙古各旗臺、卡、鄂博之制，以大漠一望無垠，凡內外札薩克之游牧，各限以界，或以鄂博，或以卡倫。盛京、吉林則以柳條邊爲界，依內興安嶺而設。其內蒙古通驛要口凡五道，曰喜峯口、古北口、獨石口、張家口、殺虎口，以達於各旗。內蒙路近，商旅通行，水草無艱。

其外蒙古之驛，則由阿爾泰軍臺以達於邊境各卡倫。康熙朝征準噶爾時，設定邊左副將軍，而外蒙古軍臺之設，由內而外，其制始密。自察哈爾而北，而西北，而又西，迄烏里雅蘇臺，共置四十八臺。康熙三十一年，自古北口至烏珠木秦，置臺九。自獨石口至浩齊忒，置臺六。自張家口至四子部落，置臺五。自張家口至歸化城，置臺六。自殺虎口至吳喇忒，置臺九。自歸化城至鄂爾多斯，置臺八。自喜峯口至扎賴特，置臺十六。乾隆三十四年，自喜峯口路扎賴特盡處起，置臺十四。自古北口路烏珠木秦盡處起，置臺六。自殺虎口路吳喇忒大路外起，置臺七。自張家口路四子部落盡處起，置臺十六。喀爾喀則自備郵站。其東路首站曰尼爾得尼拖羅海，西路首站曰哈拉尼敦，後路首站曰肯特山。迤邐而北，直抵三音諾顏境，其首站曰博羅布爾哈蘇。凡汗、王、貝勒過境，警晨夜，飼牲畜。商旅出其途，亦資捍衞焉。

圍場卡倫之制，規取高地爲之，或於岡，或於阪，或於山川之隙，隨宜設置。其柳條邊境之設立卡倫者，東爲崖口，西爲濟爾哈朗圖，北爲色堪達巴漢色欽等處，又西爲庫爾圖羅海等處，又南爲木壘喀喇沁等處，又南而西爲珠爾噶岱等處，又南爲海拉蘇台等處，又南而東爲巴倫克得依等處。老柳邊在外，卡倫在內。其故地在周陸之中者，爲翁牛特，爲哈喇沁，爲敖漢，爲奈曼，爲喀爾喀，左翼等故地咸在焉。

其恰克圖及沿邊鄂博、卡倫之制，因山河以表鄂博，無山河則表以卡倫。鄂博者，華言石堆也。其制有二：以壘爲鄂博，以山河爲鄂博。蒙古二十五部落，察哈爾牧廠八旗各如其境，以鄂博爲防。其與俄羅斯接界，中間隙地，蒙古語曰薩布。凡薩布皆立鄂博以申畫之。恰克圖之中、俄邊界，凡俄國卡倫、房屋，在鄂爾懷圖山頂，中國鄂博、卡倫，適中而平分之。如有山河，卽橫斷山河爲界。由沙畢納依嶺至額爾古訥河岸，向陽爲中國，背陰爲俄國。蓋沿邊之地，自黑龍江、庫倫、烏里雅蘇臺、科布多四屬迤邐而西，凡八十二卡倫。科布多所屬極西之卡倫，曰和尼邁拉呼。由此渡額爾齊斯河至輝邁拉呼一帶卡倫，均與俄羅斯接壤。

其在黑龍江境內之卡倫，以將軍轄之。在蒙古喀爾喀等部落之卡倫，按其游牧遠近，每卡倫設章京一員，率兵攜眷戍守。遇森林叢雜，難立鄂博、卡倫之處，則削大樹而刊識之。

自同治七年裁撤科布多境內卡倫以後，各項哈薩克人赴界强據。光緒初年，乃於烏克克等處，由沁達蓋圖烏爾魯向西南至馬尼嘎圖勒斡止，與塔爾巴哈臺卡倫相接，一千數百里之要隘，與俄羅斯接壤者，均設卡倫。所有協理台吉等員，咸復舊制。

其新疆全境之卡倫，分南北二路。北路之塔爾巴哈臺，與科布多毗連，以額爾齊斯河爲界，河東卡倫隸科布多，河西卡倫隸塔爾巴哈臺。自輝邁拉呼至塔城，夏季設大小卡倫十三處，冬季設卡倫八處。此外皆哈薩克游牧之地。塔城西南一帶卡倫八處，界連伊犂卡倫以外，爲哈薩克游牧。伊犂東北七百餘里，與塔城接界之處，由哈布塔海達闌一帶而南，設大小卡倫二十三處。此外亦哈薩克游牧。又西而南，至伊犂河北岸，設大小卡倫八處，乃索倫領隊大臣專轄。自伊犂河南而西，設大小卡倫十六處，乃錫伯領隊大臣專轄。卡倫之外，與哈薩克接壤。其錫伯屯牧西南，因有回子屯所，每年夏秋設卡倫於達耳達木圖，以資巡察。由錫伯卡倫迤西轉南而東，設大小卡倫十七處，乃厄魯特領隊大臣專轄。西南爲布魯特游牧，西北爲哈薩克游牧。又厄魯特游牧東南，界連喀喇沙爾之土爾扈特、和碩特游牧，設大小卡倫八處，亦厄魯特領隊大臣專轄。其伊犂城北塔耳奇一帶，及伊犂河渡口，設卡倫七處，專爲哈薩克貿易交通，並稽察逃人而設，乃惠寧領隊大臣專轄。此伊犂及塔爾巴哈臺大小卡倫之方向也。

其南路自伊犂南經木蘇耳達巴罕至回疆烏什城西北一帶，設卡倫六處，外通布魯特，乃烏什辦事大臣專轄。自烏什而西，經草地及布魯特游牧地樹窩子等處七百餘里，直達喀什噶爾城，由城東北而西轉南，設卡倫十七處，外通布魯特，西達霍罕安集延，乃喀什噶爾領隊大臣專轄。自喀什噶爾東南行二百餘里，至英吉沙爾城，由城西北而南，設卡倫十二處，外通布魯特，西南行千數百里，至巴達克山，乃英吉沙爾領隊大臣專轄。自英吉沙爾東行三百餘里，至葉爾羌城，由城西南轉而東北，設卡倫七處，西南一帶，外通布魯特，東北一帶，專爲稽查逃人，乃葉爾羌辦事大臣專轄。又東南行七百餘里，至和闐城，城外之東西河，共設卡倫十二處，爲稽查采玉回民，又札馬耳路通阿克蘇，專設卡倫一處，均和闐領隊大臣專轄。自葉爾羌東北行一千四百里，至阿克蘇城，其東北路通著勒士斯，專設卡倫一處，稽查喀喇沙爾所屬之土耳扈特游牧，乃阿克蘇辦事大臣專轄。又東北行七百餘里，至庫車城，由城西北而南，設卡倫五處，又東北行八百餘里，至喀喇沙爾城，城之東北設卡倫二處，又東北行九百餘里，至吐魯番城，由城西南而東，設卡倫六處，又東北行一千七百餘里，至哈密城，城東北設卡倫四處，均由駐紮各城大臣專轄。此回疆各城所屬大小卡倫之方向也。

自咸、同朝回逆鴟張，俄羅斯復乘機蠶食，邊堠盡廢。迨新疆定後，至光緒五年，收回伊犂，與俄羅斯畫定邊界，規復舊日卡倫之制。卡倫之例有三：其在內者曰常設卡倫，在外者曰移設卡倫，最在外者曰添設卡倫。三者惟常設卡倫爲永遠駐守之地。餘皆值氣候和煖則外展，寒則內遷，進退盈縮，或千里，或數百里不等，沙漠浩蕩，漫無定準，皆在常設卡倫之外。自西域亂作，凡移設、添設之卡倫，悉爲俄人所攘奪。左宗棠平定新疆，乃與俄羅斯重定界約，凡常設卡倫以外，均作爲甌脫之地，中、俄邊境之民，彼此不居，以免逼處。其常設卡倫，嚴申舊制，邊烽少息矣。

其黔、楚苗疆碉堡之制，始於嘉慶朝征苗之役，傅鼐精練鄉兵，遍設碉堡，師苗技以制苗，遂平邊患。自湖南乾州界之木林坪起，至中營之四路口，築圍牆百數十里，以杜竄擾。其險隘處增設屯堡，聯以碉卡。鳳凰廳境內，設堡卡碉臺八百八十七座。永綏廳境內，設堡卡碉臺一百三十二座。乾州廳境內，設汛碉一百二十一處。古丈坪及保縣境內，設汛碉六十九處。環苗疆數百里，烽燧相望，聲息相聞。關牆則沿山澗建之。炮臺則擇衝要處築之，哨臺則於關牆之隙修之。卡碉屯堡，則因地制宜，或品字式，或一字式，或梅花式。其修建之制，關牆則土石兼施，炮臺則以石砌，而築土以實中心，哨臺亦石砌，環鑿槍孔，高峻堅實。碉樓之制亦然。關牆以嚴邊界，炮臺以備堵截戰守，哨臺爲巡邏瞭望之用，屯堡爲邊民聚衞之所，卡碉則戰守兼資。其防守兵丁，有警則荷戈，無事則秉耒，進攻退守，爲持久計，以待敵之可勝，遂以底定蠻荒云。

清史稿卷一百三十八

志一百十三

兵九

海防

國初海防，僅備海盜而已。自道光中海禁大開，形勢一變，海防益重。海防向分南北洋。山東烟臺歸北洋兼轄。閩、浙、粵三口，歸南洋兼轄。茲取沿海各省有海防者分述之：曰東三省，曰直隸，曰山東，曰江南，附江防，曰浙江，曰福建，曰廣東。

奉天沿海，南自牛莊至金、蓋各州，轉東至鴨綠江口，西則自山海關至錦州，地皆濱海，口岸凡三十九處。康熙初，廷議錦州一帶籌備沿邊。旋定金州旅順口設水師戰船，隸金州副都統督率訓練，戰船皆木質舊式。雍正四年，將軍噶爾弼以自旅順海口至鳳凰城，水程千里，僅恃旅順水師一營，議增二營，聯絡巡哨。道光二十一年，耆英以奉省海防經營不易，有移民內徙之議，海防漸重。咸豐之季，歐艦北犯津、沽，奉天亦嚴海防。同治四年，崇厚調天津洋槍隊千人赴營口屯駐。五年，以奉天兵船拙重，調天津輕利兵船十餘艘赴長島駐防。復增新練洋槍隊五百人於營口。十一年，瑞麟以南洋自製兵艦告成，礮械咸備，乃商撥兵艦一艘，巡防牛莊海口。光緒初年，以俄羅斯有窺北邊，沿海亦有俄艦游弋，乃於制兵外加餉練兵，凡選練馬步隊四千二百餘人。又增綠營兵四千人，調撥吉林、黑龍江、蒙古馬隊各二百餘人駐營口，與宋慶豫軍協同防守。其東邊道之練軍馬步隊一千三百人，則分駐鳳凰城、大孤山、北河、長甸河口及安東等處。額設正兵，幾同虛設，海上有警，全恃客軍。金州與海參威毗連之處，尤爲重要。李鴻章遣鎭東等四礮艦巡防奉省海口。八年，鴻章以北洋迤東口岸，惟奉天旅順口爲首衝，乃在旅順之黃金山頂，仿築德國新式礮臺，設巨礮多尊，並建築兵房、子藥庫，近山要路，復設行營礮壘，海口內則布置水雷，沿海岸可登陸處，擇要埋藏地雷，陸路則有護軍營八哨，毅軍十一營，水路則有快礮船、蚊礮船各二艘，表裏依護。其次爲營口，海灘平衍，敵易抄襲，復調勁旅接應後路。十年，將軍定安於營口創設水雷營，電綫火藥，建雷庫十間存儲。十七年，李鴻章以大連灣爲渤海門戶，築老龍頭等處礮臺六座，仿西洋曲折式，兵房、藥庫皆備。二十六年，將軍增祺以岫巖、安東沿海，雖有北洋兵艦巡防，而海濱港汊紛歧，乃增造大號水師船八艘，布列於沙河、大孤山、太平溝等處。

至吉林、黑龍江之海防，以有松花、黑龍二江，貫省境而趨海，舊制二省各設水師營巡防，水師船止運船三十艘，槳船二十艘，每爲運糧及采東珠、取樺皮之用，亦稱水手營，非戰艦也。

吉林海防，首重琿春。松花江雖可行海舶，而江水淺處爲多。同治四年以後，屢有俄羅斯兵船，乘江水漲時，駛入至阿勒楚喀及伯都訥境內。將軍岐元擬於三姓設水師營，不果。光緒六年，府丞王家璧有整頓東省水師改造戰艦之議。李鴻章以長江水師船不適用於松花、黑龍二江，宜於吉林、三姓左近，擇水深溜大之處設船廠，造小號兵輪船，如廣東蚊礮船之式，入水不深，上可行駛伯都訥、省城附近，下可巡行黑河口，轉入黑龍江，以佐陸軍，備俄船侵入。並撥開花礮、新式馬槍、快槍等，爲吉省練兵之用。時將軍銘安、及督辦寧古塔等處防務吳大澂、喜昌，以俄患未平，於吉省沿江沿邊，增練防軍馬步隊五千人，各旗及西丹又募千五百人，練成卽赴琿春駐守，並設護江關，防範水路。又慮俄國海軍船堅力猛，水關不能阻其衝突，乃擇要依山建築礮臺，以禦俄艦。

黑龍江省於光緒三年始籌辦海防，通省額兵及西丹共一萬人，增鄂倫春兵五百人，兼習新式槍礮。黑省近俄，俄人環黑龍江左岸盤踞，達二千餘里，每相間百餘里，輒有俄兵屯駐之所，刁斗相聞。故黑省防務，重在陸而不在海。其江流入海之口，在省境東北隅，雖額設師船三十餘艘，僅循例操演。

東三省海防，奉天尤重。自日占旅、大，遼東半島藩籬盡撤。而吉、黑二省，向受俄患，北海屢警，防務益形棘手云。

直隸津、沽口，爲南北運河、永定、大清、子牙五河入海處，北連遼東，有旅順、大連以爲左翼，南走登、萊，有威海衞以爲右翼，爲北洋第一重鎭。順治初，天津巡撫雷興疏言，大沽海口爲神京門戶，請置戰船以備海防。下所司議行。雍正四年，於海口蘆家嘴創設天津水師營，令滿洲兵丁駐紮，學習水師，特簡都統大員，守禦海口。復自天津城南門外起至慶雲縣止，所有沿海各州縣，設立海撥二十五處，分置守兵，扼要防範。

乾隆四年，直隸總督高斌請拓天津水師營、汛，增駐滿兵一千，合舊額爲三千。及道光六年，那彥成奏請裁撤海口官兵，改歸大名鎭。十二年，琦善奏天津地處海隅，與山東登州、奉天錦州遙相拱衞，沙綫分歧，非熟習海徑者，無由曲折而至。且海口二十里外，有攔港沙一道，融結天成，儼若海口外衞。總兵陸路營伍，足資捍衞，所有天津水師，無庸復設。於是水師營遂裁。二十年，又據琦善奏英艦到粵，難保不分投竄擾，天津密邇京畿，尤宜愼重防堵。遂復嚴旨派員駐紮要隘，協同防禦。二十一年，天津海口增駐官兵，建礮臺營房，近海村落，招集團練，修築土堡，互爲策應。二十二年，令直隸沿海營兵，善於鳧水及諳習風濤駕駛之技者，飭統兵官訓練，並增設巡哨兵船，以蘆臺爲北塘後路，設通永鎭標十五營駐守。二十三年，令天津水師營每年撥戰船六艘，分三路巡防，與奉天、山東師船，定期會哨，以登州、岫巖城、錦州三處爲呈票考驗之地。有畏避風浪，巡哨貽誤者，嚴懲之。三十年，令訥爾經額察視海防。

咸豐八年，令僧格林沁在大沽口及雙港修築礮臺，設水路木筏，及沿岸營壘，調宣化鎭兵會大沽協兵，守護海口礮臺。又令史榮椿等由天津赴山海關履勘海防要隘。同治元年，令曾國藩、薛煥等購買外洋兵船巨礮，統以鎭將，酌分數艘，駐泊天津海口。九年，山東巡撫丁寶楨以大沽、北塘等處爲京師門戶，慮直隸兵力不足，調山東舊部十八營，赴直隸邊境候調。十年，直隸總督李鴻章增設大沽協海口六營，酌定營制。修築大沽口南北兩岸礮臺，與北塘相犄角，調遵化練軍千人移駐。十三年，又以北洋海防，僅恃大沽、北塘二海口礮臺，後路尙恐單薄，乃就運河北岸，用三合土建築新城，四圍設大小礮臺，護以金剛牆，引海河爲城濠，屯駐重兵，與大沽防營相應。

光緒元年，李鴻章復於大沽、北塘、新城各處，增築洋式礮臺營壘，購置鐵甲快船、碰船、水雷船，以備攻守。二年，令總兵周盛傳率淮軍馬步二十餘營，建築新城礮臺。三年，成之。六年，李鴻章以北塘迤東至山海關，延長數百里，調宋慶、郭松林二軍，分駐沿海蒲河口、秦皇島等處，並增建礮臺。又以淮、練各軍駐天津，防守大沽、北塘各口。以鮑超全軍三十營駐昌黎、樂亭，防守大清河、洋河各口。以山海關防軍，兼顧金山嘴、秦皇島、老龍頭各處。時曾國荃建議直隸海防，不宜遠守營口，宜以重兵守山海關。乃命曾國荃統率安徽、湖北、山西各軍赴山海關駐守。八年，李鴻章於大沽、北塘礮臺下埋伏水雷，大沽口內設攔河木筏，山海關內外築三合土大礮臺一，土礮臺二，瀕海營牆，均仿礮臺建築。又寧海城臨海受敵，於礮臺牆外，悉以沙土掩護。其時大沽南北岸礮臺大小共數十座，輔以水雷鐵艦，沿岸以陸軍駐守。十一年，因京東沿海空虛，調練軍各營，移駐灤州、昌黎等處。二十三年，直隸總督王文韶以武毅軍訓練初成，率前後二軍及馬隊一軍，周歷山海關沿海一帶，以重防務。自歐艦來窺，僧格林沁戰敗，廷議始專津、沽之防。中日之役，旅順、威海相繼淪陷，而津海未開戰事。及拳匪肇釁，聯軍北犯，沽口礮臺，毀於一旦，北洋沿海防務，遂日形懈弛云。

山東海岸緜亙，自直隸界屈曲而南以達江蘇，其間大小海口二百餘處。東北境之登、萊、青三府，地形突出，三面臨海。威海、煙臺島嶼環羅，與朝鮮海峽對峙，爲幽、薊屏藩。海禁既開，各國商帆戰艦，歷重洋而來，至山東成山而折入渤海，以達沽口。故創練海軍，以威海、旅順爲根據地。欲守津、沽，先守威、旅。齊、魯關山，遂與畿疆並重矣。

順治十一年，令蘇利爲水軍都督，駐軍碣石，爲山東防海之始。乾隆五十五年，以膠州、文登、卽墨等營，兼防海口，以總兵駐登州，統水師三營，戰船十二艘，修治各海口礮臺。道光二十一年，以芝罘島扼東海之口，撥兵防守。蓬萊、黃縣、榮城、寧海、掖縣、膠州、卽墨所屬之十三島，編練民團，互爲防衞。三十年，以瀕海之三汛師船，四縣水勇，合幷防守海口，幷扼要安設大礮。咸豐元年，登州總兵陳世忠以海寇奪掠官船，山東水師無多，會閩、粵大號師船，合力截捕。三年，於登、萊、青三府舉辦聯莊團練，給以兵械。八年，飭天津鎭總兵赴山東，詳勘海豐一帶海口。九年，以海豐縣之大沽河有防營故址，飭崇恩等撥兵防守。十年，文煜令青州等沿海各城滿、綠營兵，勤加訓練，分守城官兵之半以守海口。同治九年，丁寶楨以東境海口紛歧，惟有扼要防守。其文登縣屬之馬頭石島，福山縣屬之煙臺，蓬萊縣屬之廟島，掖縣屬之小石島，爲洋船北來所必經，地居險要，共撥兵六千餘人分守。十一年，撥大號兵船一艘，駐泊登州洋面。光緒元年，丁寶楨以山東之東三府，三面環海，外寇隨處可登，宜扼要屯守。其要地有三：一、煙臺，於通申岡設防營，駐兵三千。煙臺山下及八蜡廟、芝罘島之西，共建浮鐵礮臺三座。芝罘島之東，築沙土曲折礮臺一座。一、威海衞，於劉公島之東口，建浮鐵礮臺一座，而於島口內築沙土曲折礮臺，於口外海面密布水雷，其北口內亦建沙土浮鐵礮臺，可作兵輪船水寨之用。一、登州，於城北建沙土高式礮臺，城內建沙土圓式礮臺。長山之西，建沙土曲折礮臺，與郡城相犄角。礮臺用克魯伯後膛大礮，參用阿姆司脫朗前膛大礮。兵丁用格林礮、克魯伯四磅礮、亨利馬悌尼快槍，講求行陣攻守之法。六年，以新購外洋蚊礮船駐防煙臺海面。十二年，許景澄建議山東膠州灣當南北洋之中，東爲浮山，西爲靈山，口狹而水深，宜規畫形勢，爲新練海軍屯港，與旅順口東西相應。是年，李鴻章於威海衞南北岸築礮臺，布水雷。十七年，於威海黃泥岩增築新式礮臺，又於南岸龍廟嘴礮臺外，增築趙北口礮臺。劉公島新築地阱礮臺，設後膛巨礮於隧道。其西之黃島，水中之日島，亦設礮臺，與南岸相應。劉公島又設大鐵碼頭，爲海軍寄椗上煤之所，防務益周密。

東省形勢，以威海、膠州爲要口，於海軍屯泊尤宜。乃甲午一役，威海水陸之防，既毀於日本，而德因教案，曾以大隊鐵艦奪踞膠州灣，闢商埠，開鐵路，寖窺腹地。東省海防，遂無所藉手云。

江南海防，自海州南歷長江、吳淞江二口，稍折而西，至松江奉賢縣境之海灣，南接浙江洋面，其間港口羅列。惟江陰、吳淞二處，一爲長江之筦鍵，一爲蘇、松之門戶，防務尤重。至江陰以上，以江流深廣，外海兵艦商船，溯流而上，西達夔、渝，三千里流域，雖皖、贛、楚、蜀各有江防，實以江南當下游之衝。自狼、福山以迄京口、金陵，礮壘防營，星羅棋布。上游防衞，與下游繁簡迥殊。而江蘇轄境，長江千里，兵艦礮臺，無異海防，水陸營汛，亦與海疆聯絡。故安徽省以上江防，卽隸於蘇省海防焉。

自海州南抵江口，乃昔年黃河入海處，泥沙積久，凝結內海，稱五條沙，海潮甚急。海船北赴燕、齊者，必東行一晝夜以避其沙，故淮、海州郡，得稍寬海防者，以五條沙爲之保障也。自狼、福山口南抵吳淞，沙凝潮急，略同北境。惟長江、吳淞二口，水深溜大，巨艦可直駛內江，故海口防務，視海濱倍重。

清初平定江南，分八旗勁旅駐京口，以鎭海大將軍統之，設水師營，造沙唬船以習水戰。旋以沙唬船難涉大洋，乃改造鳥船。時鄭成功據臺灣，以師船進窺江表，由京口薄金陵，梁化鳳擊敗之。順治十四年，命梁化鳳爲水軍都督，率軍萬人，駐防崇明、吳淞。以松江府三面臨海，設提督，駐重兵。康熙六年，因崇明孤懸大海，嚴出海之禁。十四年，以提督統八營駐崇明。二十三年，減存四營，列汛六十有八。太倉州爲元代海運放洋之口，明代置兵屯守，清初設遊擊，以劉河營移駐茜涇鎭。雍正四年，分設寶山縣，列汛五十有七。上海縣當黃浦江之衝，原有墩臺十七座，康熙二年，以墩臺距海較遠，乃建外塘斥堠。其南爲金山縣，踞青浦、南匯之上游，設參將駐守，列汛七十有八。常熟之福山，與隔江之狼山對峙，常熟、昭文瀕海之口，爲許浦、徐陸涇、白第港，康熙間，設墩堡戍守，列汛二十有四。通州爲狼山營汛地，如臯爲掘港營汛地，皆近海要區也。其北境之海州，爲南北襟要，海口之大者凡九，最北爲荻水口，其東北雲臺山，清初曾徙民內地，阻塞入海之道，康熙二十年復開通，設通海營，列汛五十有五。淮安府昔爲淮河入海之處，設廟灣、鹽城二營，會哨巡防，列汛四十有二。揚州府北之興化，南之泰州，爲濱海之縣，清初設守備，康熙十一年，設遊擊鎭之，列汛凡十。雍正八年，以福山營爲江海門戶，於江蘇鎭標四營內分兵船二艘隸之，與狼山營會哨。此清初至雍正年江南之海防也。

乾隆至道光，江海清平，防汛率循舊制。及道光中葉，海警驟起，東南戒嚴。二十一年，以寶山海口爲江南要區，屯駐大營，分設游緝之兵。吳淞亦屯兵，增設濠壘。二十二年，令耆英等周歷吳淞、狼山、福山、圌山關各處，整頓戰船礮械。二十三年，以江陰鵝鼻嘴爲由海入江要口，設險守禦。又防堵瓜洲及南河、灌河、射陽湖之口。令璧昌等察沿海城邑，聯絡保障。所用礮位，設局開鑄，並造水師舢板船，築礮臺於江岸南北。二十四年，璧昌因狼、福山江面太寬，於劉聞沙、東生洲、順江洲、沙圩等處，修築礮堤。水師各營，增大小戰船一百三十餘艘，分廠製造。二十七年，李星沅籌防泖湖，貯石沈船，增置木牌，並存儲礮位，分布重兵。而其時所築礮臺，實止因土爲堤，且器械窳舊，布置多疏，非特不足禦歐洲巨艦，咸豐間，粵寇東下，沿江防戍，咸望風奔靡。及湘軍底定東南，軍勢始振。

同治元年，諭薛煥等購西洋兵艦，在上海等要口防守。四年，曾國藩於狼山鎮標，每營增造大舢板船二十號，仿紅單船之式，多設礮位，巡緝內洋。海門設綏海營，置大舢板船二十號，酌設兵輪，分防北岸海汊。七年，更定內洋水師五營，外洋水師六營之制。以兵輪四艘，分隸蘇松、狼山、福山三鎮總兵，駐防海口。九年，南洋初設兵輪統領，駕駛出洋，周歷島嶼。十三年，調陝防武毅軍馬步二十二營，赴山東、江南沿海適中之地駐防日本。時臺灣告警，李宗羲以蘇、松之門戶，吳淞爲要，長江之關鍵，江陰爲先，而鎮江府屬之焦山、象山，對岸之天都廟，江寧府屬之烏龍山，省城外之下關，均爲扼要。以大木方石爲基，擣三合土，築礮臺礮門，護以鐵柱鐵板，空其下以藏礮兵。先築烏龍山礮臺十六座，以次江陰、天都廟、象山、焦山、下關各築明暗礮臺，置巨礮。北岸之沙州圩、吳淞口，及江陰北岸之劉閘沙，亦一律增建礮臺，以嚴防務。

光緒元年，劉坤一於江陰鵝鼻嘴礮臺外，復於下游增築礮臺。其北岸之十圩港，亦增築礮臺，與南岸相犄角。又修改焦山、圌山關、烏龍山等處礮門，以期合法。五年，以外海兵輪統領駐吳淞口，凡沿海各省兵輪，悉歸調遣。七年，令彭玉麟籌辦江陰至吳淞口一帶海防。重修圌山關、東生洲兩岸舊築礮堤，並築營壘，置大礮。又改天都廟舊式礮臺爲明礮臺。八年，左宗棠舉辦沿海漁團，選漁戶精壯者五千人隸吳淞鎮，給以糧械，隨時操練。彭玉麟以狼、福山爲長江總口，長江下游雖修治礮臺，而江面空虛，鐵甲大戰艦無多，止有海防，未能海戰。議造鐵甲小兵艦十艘，專顧內洋，與礮臺相掩護。十年，令安徽疆臣籌備上游江防。乃於安慶城外，築明暗礮臺各一座，石營一座。攔江磯北岸，建明礮臺二座，石營一座，南岸建明礮臺、石營各一座。西梁山建明礮臺四座，石營一座，土營二座。東梁山就其形勢，築石城、礮隄各一道，以控制江面。十年，曾國荃以新購西洋十四口徑八百磅子大礮及開花子彈，分置江陰、吳淞二口礮臺。又購馬梯尼快槍二千枝，分給各營。又於吳淞礮臺增兵八營，江陰礮臺增兵十二營，扼守江海總路。十三年，又增建吳淞、江陰礮臺，以鐵木石土各料築成，各設新式後膛大礮，其旁佐以哈乞開司礮。江陰之四門大礮臺，分建於小角山、黃山二處。黃山舊礮臺所存之八十磅子後膛礮，移設於大石灣明礮臺。凡礮臺之門，各建礮房，護以三合土牆。又田雞礮爲軍中利器，於江干要隘，建礮房，置田雞礮，以資操練。二十二年，張之洞以江南各礮臺分爲四路，南路獅子林、南石塘各臺爲一路，南北岸各臺爲一路，象山、焦山、圌山關、天都廟各臺爲一路，江寧之獅子山、幕府山、鍾山、下關各臺爲一路，設總管礮臺官四員，以新購外洋四十餘磅子快槍礮三十具分置各礮臺。二十五年，以長江水師兵力單弱，皖省防軍尤少，令沿江督撫，不分畛域，節節設防。

三十一年，以東南各省新軍，次第練成，命兵部侍郎鐵良至江南考察江海防務。旋鐵良覆陳江南之沿江海礮臺，分爲四路，曰吳淞，曰江陰，曰鎭江，曰金陵。第一路吳淞礮臺，在寶山縣南，分設三臺，置前後膛大小礮三十四具，礮勇三百餘人，水旱雷營二哨，雷勇一百餘人，以盛字五營駐防。第二路江陰礮臺，在縣城北，於長江南北岸分設礮臺，南岸置前後膛大小礮三十七具，北岸置礮二十具，礮勇共四百餘人，水旱雷營三哨，雷勇二百餘人，以合字、南字等八營分兩岸駐守。第三路鎭江礮臺五處，曰圌山關，曰東生洲，曰象山，曰焦山，曰天都廟。南岸各臺置礮十五具，北岸各臺置礮六具，礮勇二百餘人，以新湘二旗駐防。溯江至鎭江府城，南岸象山，北岸天都廟，中流焦山，分設三臺，象山置礮十八具，焦山六具，天都廟九具，礮勇三百餘人，以武威六營、新湘三旗駐防。金陵城外礮臺七處，曰烏龍山，曰幕府山，曰下關，曰獅子山，曰富貴山，曰清涼山，曰雨花臺。烏龍山在省城外四十里，於南岸分設五臺，置礮十二具，礮勇一百餘人。幕府山在北門外，礮臺依次置礮七具，迤西老虎山置礮四具，礮勇一百餘人。下關礮臺在城外東面對岸，東岸置礮二具，西岸置礮十具，礮勇一百餘人。獅子山在城內，分設東西二臺，置礮八具，礮勇九十人。富貴山在鍾山之麓，置礮六具，礮勇四十餘人。清涼山在西門內，依城爲礮臺，置礮二具，礮勇十四人。雨花臺在聚寶門外，置礮二具，礮勇十四人。

安徽省礮臺分爲四路，曰東西梁山，曰攔江磯，曰前江，曰棋盤山。梁山夾江對峙，東臺置礮十四具，西臺十二具，以精銳營步兵三哨爲礮兵。攔江磯礮臺在省城外四十里西岸，置礮十五具，以續備步隊中營駐臺爲礮兵。前江口礮臺在上游十餘里，踞東岸高阜，分上下二臺，置礮十二具，由續備中營撥兵分駐。棋盤山礮臺在安慶東門外北岸，置大小礮六十八具，以步兵前營駐防。

江西省礮臺分爲四路，曰馬當，曰湖口，曰金雞坡，曰岳師門。馬當在彭澤縣東南岸，分設五臺，置礮五具，礮勇六十人。湖口礮臺在縣城北之東西岸，分設二臺，置礮十具，礮勇七十人。金雞坡礮臺在九江府十里外東西岸，分設三臺，列東西北三面，置礮十二具，礮勇二百人。岳師門礮臺在九江東門外，分上下二臺，沿江岸建築，置礮二十一具，礮勇七十人。

湖北省礮臺，僅田家鎮一路，分中南北三臺，置礮三十一具，礮勇五十人。自同治間，經營江海防務，歷四十餘年，始稱完密云。

浙江東南境瀕海者，爲杭、嘉、寧、紹、溫、台六郡，凡一千三百餘里。南連閩嶠，北接蘇、松。自平湖、海鹽西南至錢塘江口，折而東南至定海、舟山，爲內海之堂奥。自鎮海而南，歷寧波、溫、台三府，直接閩境，東俯滄溟，皆外海。論防內海，則嘉興之乍浦、澉浦，海寧之洋山，杭州之鼇子門，紹興之沙門爲要。論防外海，則定海縣與玉環廳皆孤峙大洋。定海爲甬郡之屏藩，玉環爲溫、台之保障，尤屬浙防重地。定海之東，其遠勢羅列者，首爲海中之馬蹟山。山北屬江蘇境，山南屬浙江境，而五奎山亦爲扼要。陳錢山則在馬蹟之東北，山大而隩廣，可爲舟師屯泊之所。迤南經岱山、普陀山，出落迦門，至東霍山，與陳錢山南北相爲犄角。其南有昌國外之韭山，均可駐泊舟師。自寧波而南，內有佛頭、桃渚、松門、楚門諸山，外有茶盤、牛頭、積穀、石塘、大小鹿山，爲溫、台所屬水師會哨之所。由玉環廳而更南，歷漁山、三盤、鳳凰、北屺、南屺而至此關，則接閩省防地矣。

清初平定浙江後，沿明制嚴海防。順治八年，令寧波、溫州、台州三府沿海居民內徙，以絕海盜之蹤。康熙二年，於沿海立樁界，增設墩堠臺寨，駐兵警備。四年，以欽差大臣巡視浙江海防。七年，命偕總督出巡沿海，直至福建邊境，提督則每年必巡歷各海口，增造巨艦，備戰守。二十九年，命江、浙二省疆臣，會勘轄境海面，分界巡哨，勒石於洋山，垂爲定制。雍正五年，以提標之遊擊、守備二員，統率兵丁，改隸水師。六年，定沿海商船漁船之帆檣符號，以別奸良，並增設汛弁。選福建之精練水兵至浙，教練浙軍十二營水戰諸務，巡游海口。七年，增建沿海要口礮臺，增設巡船，及防汛移駐之區，總兵官出巡之制。乾隆五十九年，以五奎山爲浙洋扼要之地，撥定海標兵駐守。道光二十年，奇明保等以杭州之龕子門，爲錢塘通海要口，於潮神廟江狹之處，屯兵防守。二十一年，令沿海疆臣，仿定海土堡之法，凡近海村落，招募團練，築土堡，互相聯絡。三十年，以漁山孤懸海外，令黃巖鎮總兵以舟師靖盜。光緒六年，譚鍾麟以浙省沿海各口，巨艦之可深入者，距省最近爲乍浦，次則寧波之鎮海、定海、石浦，台州之海門，溫州之黃華關，舊有礮臺三十餘座，惟海門鎮礮臺建築合法。其澉浦之長山，乍浦之陳山，定海之舟山，海門鎮之小港口各礮臺，咸加修改。鎮海之金雞、招寶二山，於原有礮臺外，增築金雞山嘴礮臺一座。十三年，劉秉璋以浙江海防，首重舟山，次以招寶、金雞二山爲要塞。乃酌度形勢，分建宏遠、平遠、綏遠、安遠礮臺四座，置克魯伯後膛大小銅礮，東禦蛟門海口。十四年，衞榮光以浙江原有之營勇礮兵，已陸續汰弱留強，加以整練，鎮海新築礮臺，及改造舊式礮臺，皆已竣工，增置新購後膛巨礮，以新練之軍駐守。十九年，譚鍾麟以浙江水師船僅五十餘艘，增紅單船八艘，助巡洋面。二十五年，劉樹棠以浙江武備新軍左營操法最精，其陸軍水師前敵駐防洋槍隊各營，步伐分合進退，亦均嫻熟，飭分駐寧、台、三門灣各隘，並澉浦、乍浦沿海口岸。三十三年，張曾敭建言，浙江象山港在定海之南，深入象山境六十六里，口寬而水深，羣山環繞，作海軍根據地最宜。尋諭南北洋大臣勘度經營。

浙江海岸緜長，省垣據錢塘江上游，外恃龕、赭二山爲口門，江狹沙橫，儼如天塹，敵艦卒難闌入。道光以後，海疆屢警，雖寧、台戒嚴，而不致牽動全局。中法之役，法艦曾至寧波洋面，招寶山礮臺卻之。此後遂無歐艦之蹤。惟象山港天然形勝，與膠澳、旅順鼎峙而三，惜築港未成云。

福建東南沿海凡二千餘里，港澳凡三百六十餘處，要口凡二十餘處。額設水師二萬七千七百餘人，分三十一營，大小戰船二百六十六艘。自清初以迄乾隆，削平鄭氏，三定臺灣，及嘉慶間靖海之役，福建用兵海上，較他省爲多。島嶼星羅，處處與臺、澎相控制，故海防布置，尤爲繁密。其州郡濱海者，爲福寧、福州、興化、泉州、漳州五府，而臺灣障其東方。五府防務，各有注重之處。福寧重在各港口，自北境之南關山、沙埕港口迤邐而西南，爲烏岐港口、鹽田港口、白馬門口、金垂港口、飛鸞江口、東沖總口，海船之輕利者，隨處可入。其外海島嶼較大者，爲東西臺、七星礁、浮瀛、大小崙山，足資屏衛。此福寧之防也。福州重在閩江，以江口內爲省治所在。其外自北境松崎、江戶，經東西洛、南北竿塘、鼇江口，至閩江近口之琅崎島、金牌、五虎門，皆扼要之所。入口經大小嶼、羅星塔，乃同、光間所創建之海軍船廠、軍械制造局，咸在於是。出口沿海而南，經梅花江口、龍江口，少東卽海壇島，水師重鎭所在。其外海之島，若猴嶼受閩江之衝，東永當長樂之臂，較白大、東沙諸島爲要。此福州之防也。興化重在海濱諸島，自三江口經鹿耳、大小丘，循平海衞、湄洲嶼，至雙溪港口，乃沿海之境。其外海島嶼，爲平海、南日二島，列汛置官，視爲重地，而湄洲亦興郡屏藩。此興化之防也。泉州重在金、厦二島。自北境惠安峰、崎港口，經雒陽江、晉江、安海港三口。其南爲金州鎭。又西經大登、小登，卽厦門島。島北爲同安港口。金、厦二門，遠控臺、澎，近衞泉、漳，爲海防重地。其外海之永寧、定安、烏潯諸島，亦設汛置兵。此泉州之防也。漳州重在南澳，鼓浪嶼爲南境盡處，尤擅形勢。其沿海之境，自九龍江口折而西南，經六鼇港、漳江二口，循銅山而南，爲詔安港口。其南隔海爲南澳鎭，南疆要地，與粵海共之。其外海島嶼，首爲烏丘，最當衝要。而鼓浪嶼當海門之口，與鎭海城礮臺同爲重地。此漳州之防也。中國沿海各省，自浙洋而北，海濱淤沙多而島嶼少，其海岸徑直，故防務重在江海總口，而略於海岸。自浙洋而南，島嶼多而淤沙少，其海岸紆曲，故防務既重海口，而島與海岸亦並重焉。

順治十七年，王命岳以閩省之海門與廈門相望，左爲鎭海衞，乃漳州府之門戶，同安縣之高浦城等處，地近廈門，爲泉州府屏衞，乃屯兵於鎭海、高浦二城，而分營以防鄰近隘口。雍正四年，浙閩總督高其倬奏陳操練沿海水師，並令閩洋水師巡視本省各口，兼赴浙洋巡緝。嘉慶四年，令閩省水師仿商船式改造戰船八十艘，編爲兩列。自泉州之崇武，分南北犄角。由崇武而南，令南澳、銅山、金門及提標後營各鎭將率船巡緝。崇武而北，令海壇、閩安及金門右營各鎭將率船巡緝。道光二十年，諭鄧廷楨招募練勇，嚴守澎湖，以扼閩省赴臺灣之路。二十二年，諭怡良等屯兵福州金牌各要口。其距省二十里外之洪塘河及少岐，均沈船布樁設防。閩省門戶在外洋者，爲五虎、芭蕉二口。入口爲壺江，水勢稍狹，無險可扼。進至金牌、長門，有巨石橫亙中流，扼守較易。又進乃閩安之南北岸，爲水路總匯，兩山夾峙，可稱天險。光緒六年，於南岸建鐵門暗礮臺六、明礮臺八，北岸建鐵門暗礮臺七。七年，又於長門建暗礮臺四、明礮臺六，悉仿洋式。二十四年，增祺因閩省濱海，屯戍空虛，增練旗、綠各營，以厚兵力。二十五年，許應騤以漳州之鼓浪嶼設防尙未周備，增建礮臺，置新式礮。

綜閩省海防，所注重者，隨時異宜。當康熙間，以鄭氏由臺、澎據海壇、金、廈，故海防獨重泉、漳。其時水師以沙唬船不適於海戰，改造鳥船。施琅之平臺灣，卽藉鳥船之力。及嘉慶間，海盜蔡牽竄擾浙、閩、粵三省洋面，而閩省當其中，寧、福、興、泉、漳五郡皆剽掠經由之境，故列郡咸重海防。其時水師利用巨艦，李長庚造霆船三十艘，置大礮四百餘具，屢敗牽於閩海，卒合閩、浙水師之力，圍而殲之。最後爲光緒中法之戰，法人以大隊鐵艦專攻福州，故海防獨重閩江口，而各郡無驚。同治以後，創船廠，造鐵艦，築礮臺，製槍礮，海防漸臻嚴密。乃馬江失律，盡隳前功，良足慨耳。

臺灣西與福、興、泉、漳四府相值，距澎、廈各數百里。其山脈北起雞籠，南盡沙馬碕。東西沃野，一歲三熟。宋稱毗舍那國。明季日本、荷蘭人迭踞之。順治間，鄭成功占臺灣、金、廈，時犯泉、漳。康熙初，姚啓聖以閩省水師三百艘討之，先克金、廈。二十二年，施琅以水師二萬克臺灣。乃置臺灣府，設廳縣各官，鑄鐵幣，開學校，築城垣，逐生番，戍兵萬有四千，遂爲海外重鎭。康熙六十年，朱一貴之叛，施世驃由廈門率水師六百艘進攻，七日而克之。乃以總兵官鎭臺灣，副將守澎湖。乾隆間，福康安平林爽文之亂，臺灣北境乃漸展拓。其山後之地，至嘉慶間始闢之。光緒十三年，開臺灣爲省治，設巡撫以下各官，爲中國海南右臂。及中日之戰，割讓於日本，而疆事益不可問云。

廣東南境皆瀕海，自東而西，歷潮、惠、廣、肇、高、雷、廉七郡，而抵越南。其東境始於南澳，與閩海接界。潮郡支山入海，有廣澳、赤澳諸島，皆水師巡泊所在。迤西爲惠州，民性剽悍，與潮郡無異，設碣石鎮總兵以鎮之。又西爲廣州境，其海灣深廣。自新安折而北，又折而南，至香山，是爲內海，羣島環羅，爲廣州省治之外護。又西爲金州、馬鞍諸山，則肇郡陽江之屏障也。又西爲高州海，多暗礁暗沙，海防較簡。又西爲雷州，其南幹突出三百餘里，三面皆海。渡海而南爲瓊州。又西爲廉、欽，與越南錯壤。廉州多沙，欽州多島，襟山帶海，界接華夷。瓊州孤懸海表，其州縣環繞黎疆，沿海多沈沙，行舟至險，水師可寄泊港口僅有六七處。此全境海防之形勢也。

廣州海防，自零丁洋過龍穴而北，兩山斜峙，東曰沙角，西曰大角，由此入內洋，爲第一重隘。進口七里有山曰橫當，前有小山曰下橫當，左爲武山，亦曰南山，爲海船所必經，乃第二重隘。再進五里曰大虎山，西曰小虎山，又西曰獅子洋，乃黃埔入省城之路，爲第三重隘。歷朝於此雖築壘駐兵，而設備未周。歐艦東來，粵東首當其衝。道光禁煙之役，英艦進薄廣州內海，林則徐督粵，屢戰卻之。其時布防較密，而壁塢皆循舊式。至光緒間，彭玉麟、張之洞守粵，始有曲折掩護之礮臺，後膛連珠之槍礮，防務益嚴矣。

清初規制，設大小兵船一百數十艘，僅能巡防內洋，不能越境追捕，遇有寇盜，則賃用民船。康熙五十六年，始建廣州海濱橫當、南山二處礮臺。乾隆五年，以廣東戰船年久失修，諭疆吏加意整頓。四十六年，巴延三以各海口時有寇船出沒，於石棋村總口設立專營，與虎門營汛聯絡。五十八年，吳俊以東莞米艇堅固靈捷，便於追捕海寇，造二千五百石大米艇四十七艘，二千石中米艇二十六艘，一千五百石小米艇二十艘，分布上下洋面，配置水兵，常年巡緝。嘉慶五年，於沙角建礮臺。九年，倭什布以粵海窮漁伺劫商船，遇水師大隊出巡，輒登陸肆擾，遂無寧歲，乃規畫水陸緝捕事宜。十五年，設水師提督駐虎門，扼中路要區，以二營駐香山，一營駐大鵬，爲左右翼。二十年，就橫當礮臺加築月臺，又於南山之西北，增建鎮遠礮臺，置礮多具。二十二年，建大虎山礮臺，置礮三十二具。

道光十年，於大角山增建礮臺一，置礮十六具。十五年，在虎門礮臺置六千斤以上大礮四十具。又於南山威遠礮臺前環築月臺，亦置礮位於橫當之陰，及對岸蘆灣山，增建永安、鞏固二礮臺，沙角、大角並增建瞭望臺。十九年，林則徐籌防粵海，以零丁洋入口之要隘數重，歷年雖增築礮臺，而武山、橫當海面較狹，設大木排八千排，分爲二道，大鐵練七百丈，臨以礮臺，輔以水兵，以阻敵船來路。時鄧廷楨因虎門當粵海中路，亦於橫當山前海狹之處，增設練排。又於武山下威遠、鎮遠二礮臺之間，增大礮臺一座，置礮六十具，以護排練。二十年，林則徐以大鵬營所轄尖沙嘴一帶海門島嶼，爲海舶東赴惠、潮，北往閩、浙所必經，乃於尖沙嘴之石脚上官涌偏南之處，皆建礮臺，並藥庫兵房。二十三年，祁𡊮等以廣東民風宜於團練，招集已得十萬人，以升平社學爲團練總匯之所，推及韶州、廉州等處。二十七年，增築高要縣屬琴沙礮臺，並虎門廣濟墟兵卡。同治十年，瑞麟以欽州海面與越南接界，調撥兵輪，會同舟師巡洋。時閩、滬二廠兵輪次第告成，粵省亦仿造兵輪，以備巡防。

光緒六年，劉坤一修整大黃滘及中流砥柱、虎門各礮臺，威遠及下橫當共築礮臺六十餘座，沙角及浮舟山各礮臺亦依次建築。八年，曾國荃以瓊、廉二郡洋面，與越南沿海相通，撥兵輪八艘，拖船二艘，赴北海駐防。九年，國荃以虎門爲省城門戶，而黃埔、長洲、白兔、輪岡、魚珠、沙路尤爲要區，乃於南岸屯重兵，爲礮臺犄角，兼顧後路。十年，彭玉麟辦理廣東軍務，就粵省原有各礮臺，修整改造，並於礮臺後闢山開路，以藏弁兵。築縣亙牆濠，聯絡各礮臺聲勢。自虎門、大角、沙角以次各隘，節節設防。其新會、香山、順德等縣，選練精壯漁團，及新編靖海營兵，防堵各口。十一年，玉麟以省城要口雖已嚴防，而橫門、磨刀門、厓口皆可由海口互達，窺伺後路，淺水兵輪尚未造成，先造舢板船百艘，編爲水師，以散御整，藉固內口。十二年，張之洞於廣州駐防兵內，選千五百人，習洋槍洋礮，以旗營水師幷入，編爲兩翼，分防海疆。十四年，張之洞、吳大澂以瓊州一島，內綏黎族，外通越南，就瓊州原有制兵，酌設練軍，並加練餉，一洗綠營積弊，舊額四千九百餘人，按七底營抽練，共編練一千七百五十人。崖州等處水師，加以整頓，原有拖船，亦配撥練軍，以二艘駐崖州，二艘駐儋州，二艘駐海口，二艘駐海安。其守兵二千人，勻撥緊要塘汛。三十三年，以廣東民風不靖，已裁之廣東水師提督，復其舊制，以資鎮懾。此粵海防務之概略也。

歷朝海疆有警，若大沽，若吳淞，若馬江，迭遭挫敗。惟林則徐、彭玉麟先後守粵，忠勇奮勵，身當前敵，將士用命，敵艦逡巡而退云。

清史稿卷一百三十九

志一百十四

兵十

訓練

清代訓練軍士，綜京、外水陸各營，咸有成規。而歷朝整軍經武之諭，則隨時訓練，因地制宜。茲分述之。

其定期訓練者，爲領侍衞府三旗親軍訓練之制，鑲黃旗、正黃旗、正白旗每月分期習騎射二次，習步射四次。八旗驍騎營訓練之制，每月分期習射六次，都統以下各官親督之。春秋二季，擐甲習步射，由本旗定期。擐甲習騎射，由部臣定期。春月分操二次，合操一次，秋月合操二次，預奏操期。仲春孟秋，登城操習，兵部稽察之。歲以爲常。八旗漢兵訓練之制，於春秋月試炮於盧溝橋，各旗咸出炮十位演放，五日而畢。越三年，鳥槍營兵與炮兵合演槍炮籐牌於盧溝橋。其春秋季常操，四旗合操四次，八旗合操二次，初冬則分遣各旗演習步圍。前鋒營訓練之制，月習步射六次，春秋擐甲習騎射二次，左右翼各分前鋒之半，兼習鳥槍，月習十次，均由統領督率。每年秋季，前鋒統領會同護軍統領奏聞，率所屬兵演習步圍二、三次。護軍營訓練之制，月習步射六次，春秋擐甲習騎射二次，與前鋒同。圓明園八旗護軍營訓練之制，月習步射六次，春秋習騎射，兼習鳥槍。步軍營及巡捕營訓練之制，八旗步軍習步射，城門驍騎習鳥槍，均以春秋操演。內九門，外七門，咸設炮位。每屆三年，隨同八旗兵運炮至盧溝橋演放。巡捕營參將、遊擊，月考其屬之弓矢，守備等各練其汛兵。春秋兼習鳥槍，與城門驍騎同。內府三旗訓練之制，月習步射六次，春秋擐甲習射二次，立冬後，內府護軍及尙虞處執事等演習步圍，別選三旗護軍習馬射各技。火器營訓練之制，月習步射六次，騎射六次，馬上技藝六次。統轄鳥槍炮兵護軍驍騎各官，按日於本旗考驗。至合操之日，八旗分左右翼列陣，環施槍炮。秋季至盧溝橋演炮五日。健銳營訓練之制，月習雲梯鳥槍各藝六次，騎射步射鞭刀等藝六次，餘日於本期習槍箭。值駐蹕圓明園，左右翼各以舟演習水戰。旗營校閱之時，自七月開操至次年四月，設教場於九門外，將軍、都統、副都統掌校閱騎射槍炮之事，第其優劣，以爲賞罰。春秋合操，與京營同。

陸路綠旗營訓練之制，總督所屬爲督標兵，巡撫所屬爲撫標兵，提督所屬爲提標兵，總兵所屬爲鎭標兵。每歲秋季霜降日，先期各營將弁肅伍赴教場，設軍幕。屆時軍士擐甲列陣，中軍建大纛於場中，統兵大臣於將臺上傳令合操，中軍揚旗麾衆，臺下舉炮三，軍中鳴角伐鼓，步騎甲士列隊行陣，施放火槍，連環無間，如京營之制。若長矛、籐牌、扁刀、短刀之屬，各因其地之宜，以教士卒，咸有成法。閱竟，試材官將士騎射技勇，申明賞罰，犒軍，釋甲歸伍。漕運總督標、河道總督標訓練之制，咸與京營同，各營將弁率其所屬，按日督練。八旗水師營訓練之制，每年春秋二季，將軍、都統、副都統督率官兵，分駕戰艦，奉天、福建、浙江、廣東水師，各赴海口，齊齊哈爾、墨爾根、江寧省水師，各赴江面，天津水師赴海口洋面。每年自四月至八月，於潮平風順時，張帆起碇，列陣出洋，以次鳴炮操演，餘日各率所屬講習水務。其綠旗水師營，有內河水師、江海水師，出洋會哨，信候各省不同。每歲春秋之季，乘艦列陣，揚帆駛風，鳴角發炮，操演咸如軍律。

其隨時訓練者，天聰七年，太宗始舉大閱之典。八旗護軍、漢軍馬步、滿洲步軍咸集。分八旗爲左右翼，漢軍、滿洲步兵爲二營，四方環立，前設紅衣炮三十位。上擐甲乘馬，諸貝勒率護軍如對嚴敵，親軍爲後盾。傳令聞炮而進，聞蒙古角聲而退。次漢軍馬步，次滿洲步軍，進攻炮軍。大閱禮成。嚴申退後之令。崇德八年，大閱於瀋陽北郊，前列漢軍炮手，次滿洲步兵、蒙古步兵，次騎兵，次守城應援兵，次守城炮兵，緜亙二十里，聞炮合戰。上親臨簡閱，步伐止齊，軍容整肅。

順治七年，誡各將領勿以太平而忘武備，弓馬務造精良。十一年，定每年閱操賞銀之制。定騎射各兵分期演習之制。定督、撫、提、鎭獎賞優等弁兵之制。

康熙十一年，令各省營伍，須武職大員巡察。嗣後各鎭臣以巡察之期上聞，不得擾累各營。十二年，以漢軍不能騎射者甚多，每旗宜增練火器。尋議八旗漢軍驍騎，每佐領下，增鳥槍兵十八名。十六年，令各營於安營駐宿之道，馳騁奔走之勞，皆須習練，不得僅拘操演成法，直省提、鎭，每歲督選標兵行圍，以習勞苦。十九年，定每年演放紅衣大炮之期。二十八年，定演炮之制。每年九月朔，八旗各運大炮十位至盧溝橋西，設槍營、炮營各一，都統率參領、佐領、散秩官、驍騎炮手咸往。工部修炮車，治火藥。日演百出，及進步連環槍炮。越十日開操。太常寺奏簡都統承祭，兵部奏簡兵部大臣驗操。各旗演炮十出，記中的之數。卽於炮場合隊操演，嚴鼓而進，鳴金而止，槍炮均演九進十連環，鳴螺收陣還營。三十年，定春操之制。每旗出炮十位，火器營兵千五百名。漢軍每旗出炮十位，鳥槍兵千五百名。每佐領下之護軍鳥槍兵、護軍驍騎，每參領下之散秩官、驍騎校，及前鋒參領、護軍參領、侍衞等，更番以從。既成列，演放鳥槍，鳴螺進兵，至所指處，分兵殿後而歸。五十年，定火器營合操陣式。八旗炮兵、鳥槍兵，護軍驍騎，分立十六營。中列鑲黃、正黃二旗，次六旗，按左右翼列隊，將臺在中，兩翼各建令纛爲表。每旗鳥槍護軍在前，次炮兵，次鳥槍兵，次驍騎。臺下鳴海螺者三，以次整械結隊出營。施號槍三，臺下及陣內海螺遞鳴，乃開陣演槍炮九次至十次，炮與鳥槍連環無間。

雍正四年，改定盧溝橋演槍炮爲三年一次，均演一月。兵校等火藥器用，由工部預儲。五年，以滿洲夙重騎射，不可專習鳥槍而廢弓矢，有馬上槍箭熟習者，勉以優等。七年，以直隸營汛多演空槍，通飭直省將帥，令各營以鉛子演準。八年，劉汝麟建議，漢軍應習步圍。尋諭各旗兵於初冬行步圍，每旗行二、三次，統以各旗大臣，步行較獵，侍衞、打牲人等，一律學習。九年，以八旗官兵未能精整，統兵各官，擇不堪騎射者，立爲一營，稍優者，別立一營。每營千人，勤加操練，化弱爲强。又以兵丁重在步行，凡八旗兵給限一年習步，以日行百四十里爲率，優者賞之。十年，以邊陲用兵，操演加勤，免各旗輪班值日，專習騎射長槍。十二年，定八旗漢軍驍騎演習鳥槍之制。春季二月爲始，秋季八月爲始，各習槍四十五日，本旗四翼仍合操二次。

乾隆四年，定旗兵合操之制。每年春季，本旗各營官兵，於本旗教場分操二次。八旗各營官兵，於鑲黃、正黃二旗教場合操一次。至秋季合各營大操，其隊伍號令，旗纛器械，均遵大閱之制。六年，議准八旗驍騎營步射由本旗定期，騎射由兵部定期。八年，令八旗漢軍至盧溝橋演放槍炮，於九月朔爲始，演放一月，簡都統大臣監視，日演十出，兵部閱操之日，每旗各演百出，演畢，合操槍炮。其金鼓號令，悉如大閱之制。十年，以沿海水師，經大臣察閱，其操演多屬具文，未諳水務，通飭將軍、督、撫、提、鎭，實心訓練甄別。十四年，以旗兵習練雲梯，隨征金川有功，凱旋後，別立健銳營，雲梯兵千名爲一營，統以大臣，專練雲梯、鳥槍、馬步射及鞭刀等藝，並隨侍行圍。又於昆明湖設趕繒船，以前鋒軍習水戰駕船駛風之技。是年，莽阿納上言，整頓邊省營伍章程：一、步弓均改五力以上，一、馬射與步射一式，一、馬兵騎射宜槍箭二技，一、鳥槍專練准頭，一、槍兵兼習弓矢，一、定優劣賞罰，一、預儲軍械，以固邊陲。十七年，定八旗漢軍籐牌兵之制，春季與旗兵一律操演，遇大閱及諸營合操，則守護炮位，入隊演習。三十六年，令鳥槍兵宜遵定例，於演槍時，檢回鉛子，以勵勤能。三十八年，定各營增演馬上四箭四槍之制。三十九年，以金川用兵，京城之健銳、火器二營，功績最多，令各省綠營習鳥槍兵弁，悉仿火器營進步連環之法操練，不得虛演陣式。尋定各營槍兵升補之序，以資鼓勵。四十年，令健銳營兵月習槍十二日，定三等爲賞罰。四十三年，令各省習槍兵弁，仿京營火器操練之法，各總兵於巡閱時，有進步連環精熟者紀功。四十四年，令各省綠營兵習射，以五矢中三爲一等。五十年，以綠營陣法，向習兩儀四象方圓等舊式，無裨實用，改仿京營陣式，由提督頒發各標鎮，如式教演。各營每月定期合操，并演九進十連環之陣。其堆撥應差兵丁，暇日一律練習。又以各省巡撫標兵，向供給使，訓練甚稀，飭各撫臣實力整理。其舊式之籐牌兵，均兼習鳥槍。五十五年，令軍機大臣會同兵部，審定演放炮位步數及懲勸之例。

嘉慶二年，罷水師冬令鳧水習藝，以恤兵艱。四年，令水營兵丁一律兼習陸戰。又令新疆屯田之兵，每營分半屯種，餘悉回營操練。令各省督撫，修理營汛墩臺。督操將、備，加力振奮。九年，令各統兵官習射以六力弓爲度，習槍以迅速命中爲度，申明教誡，力挽積習，不得養尊處優。十一年，令德楞泰等兵丁，以十成之一兼習長矛，其製不得逾丈。

道光元年，令各軍均習長矛步槍，不得專精馬槍。是年，楊芳上言：「兵丁於練騎射槍矛之外，加以車騎合步連環三項，融結參合，日操一隊，以五隊更番演習，六日合操爲一陣。直隸額兵，抽練四成，得一萬五千三百餘人，成二百四十隊，按圖操演，以齊勇怯而節進退。」允之。二年，以廣東營伍廢弛，嚴飭撫臣，實力練習，不得多立章程。四年，罷撤梅花車炮陣式，專習部頒九進連環陣式。五年，允英和之請，以八旗圈馬四百匹，改撥巡捕營，令滿洲、蒙古馬兵演習騎射，春秋二季，步軍統領會同左右翼總兵簡閱，三年後親臨大閱。八年，令那彥成等回疆增設防兵，籌給餉糈，議定操兵章程，並於喀什噶爾防兵內，抽練二千名，伊犁滿兵亦勤習騎射，由參贊大臣及總兵督操。十五年，以山西滿、漢營伍廢弛，嚴飭閱兵大臣嚴明甄別。是年，常大淳上言，新疆、湖南、廣東、四川各營伍，日久生玩，滿營則奢靡自逸，漢營則糧額多虛。由於拔補之循私，操演之不實，以國家養兵之資，爲衆人雇役之用。請飭將軍、督、撫，力除積習。遇勦匪保案，不得冒濫，以勵戎行。允之。並令各州縣額設民壯，一律充補訓練。十七年，令各省民壯，每月隨營操演，授以紀律，以輔兵力所不及。十八年，令盛京滿洲兵各勤操務，遇行圍之時，不得有雇役情弊。十九年，以四川各營，技疏膽怯，致夷匪日張，特簡大臣，督率鎮、道，親往校閱。二十二年，令天津增兵六千餘人，飭各將、備率新舊兵丁，悉加練習，首火炮，次鳥槍刀矛，輔以馬隊。遇警則各營聯合南北炮臺。命精能武員，專司稽察，講求方略。二十六年，令各州縣民壯，隨營調考刀矛雜技。三十年，令各督、撫、提、鎮，汰老弱冗濫之兵，抽練精壯，俾各營皆有選鋒勁旅。不得以工匠僕役，虛占兵糧。

咸豐元年，奕山等以伊犁及烏魯木齊二處滿洲營增練鳥槍，擬定考驗章程，並綠營一律辦理。三年，綜各省綠營額兵共六十餘萬人，除征調之兵，所餘存營者，汰弱留强，定期分練。各省駐防旗兵亦如之。五年，令健銳、火器、圓明園八旗營，及前鋒、護軍、八旗漢軍營，飭閱兵大臣核實校令，分別勸懲。又令僧格林沁等增滿洲火器營操演陣式。十一年，以盛京、吉林、黑龍江馬隊官兵，日就疲弱，飭將軍、副都統，無論在城在屯，一體挑練，可造者多方鼓勵，貧苦者酌量周恤，遇行圍兵數不足，以餘丁隨同操演。

同治元年，以上海、寧波等海口官兵，延歐洲人訓練，令曾國藩、李鴻章、左宗棠等，酌選武員數十人，在上海、寧波習外國兵法，以副、參大員統之，學成之後，自行教練中國兵丁。又以廣東、福建營伍久弛，飭耆齡、劉長佑等於旗、綠營營內，擇驍勇員弁，習外國兵法。天津練軍亦如之。其內地營兵，仍遵舊章，隨時訓練。是年，令文煜等定京營綠旗兵槍隊炮車合陣之制。四年，醇郡王等訓練神機營兵及練兵三萬餘人，操演漸著成效，綠營亦就整肅。令仍隸醇郡王節制，督操閱兵大臣，一并閱看。是年，令崇厚率洋槍隊千五百人赴畿南，飭天津鎮、蘆臺鎮選擇標兵，增練新式洋槍。六年，以丁寶楨所擬訓練馬隊章程十四條，飭特普欽於黑龍江所屬、富明阿於吉林所屬打牲人內，招募壯丁三千人，遵章速練馬隊，以勦捻匪。曾經出師回旗之員，分起訓練，入關候調。十年，曾國藩建議，用兵十餘年，綠營幾同虛設。查閱江南營伍，約有四宗：曰經制綠營，曰新設水師，曰挑練新兵，曰留防勇營。凡陸兵四十一營，水師十一營，新兵十一營，防勇十二營，兵數實存二萬四千餘人。舊習宜改者，約有四端：一、兵丁應差與操演分爲二事，應差以分塘分汛爲額，操演以分營分哨爲額。一、綠營餉薄兵疲，宜仿新軍練軍之制，裁兵加餉。一、舊用鳥槍土藥，不利戰陣，各營宜以次悉改洋槍。一、水師不得仍沿馬兵、戰兵、守兵之名，各省水師，皆應籌造船之費，以船爲家，但兼陸操，不得居陸，外海、內洋、裏河水師，器械船隻，力求精整。凡此皆事關全局，請特旨通行內外臣工，合議遵行。是年，令長江水師，及外海、內洋、裏河水師，均應專習槍炮，不得藉口演習弓矢，致開陸居之漸。沿海兵輪水師，亦免習弓矢。十二年，沈葆楨以各兵輪雖分駐各省，而操演徵調必應聲勢聯絡，請飭兵輪統領，躬歷各海口，隨時調操。十三年，李鴻章以八旗、綠營兵，用弓矢刀矛擡槍鳥槍舊法訓練，固難制勝，即新練各軍，用洋槍者已少，用後膛槍及炸炮者更少，可靖內匪，而不可禦外侮。曾國藩曾擬以新械練兵，沿海七省，共練陸兵九萬人，沿江三省，共練三萬人，計年餉八百萬兩，總理衙門議以制勝之洋槍隊練習水戰，丁日昌議合各省練精兵十萬人，皆以費重未能遽行。陸軍與水師規制各殊，訓練亦異，水師猶可陸戰，陸軍不能操舟。請以現有陸營，一律選練洋槍，裁綠營疲弱之額，加新軍之餉，沿海防營，悉改後膛槍，於海岸要口，屯大支勁旅，專講操練及築壘諸事。各海口修洋式沙土炮臺，置十餘寸口大炮，擇良將勁兵練習，以命中及遠爲度，以固海疆。

光緒五年，李鴻章以德國陸軍步隊尤精，得力在每日林操，熟演料敵應變之法，夏秋大操，熟演露宿野戰攻守之法。其法備於一哨，擴而充之，可營可軍。前於海防營內，選遊擊等七員，赴德國學習林操及迎敵、設伏、布陣、繪圖各法三年餘，學成回國。乃於親軍營內，挑選哨隊，仿德國一哨之制，依法教練，漸次擴充。九年，李鴻章始創設水師學堂於天津，習駕駛等藝。十一年，張之洞酌定海防各營操練章程，舊式刀叉弓矢已無實用，改用新操，一練臥槍，一練過山炮隊，一練掘造地營，一練安放水雷，一練修築炮臺，一練臨敵散隊，一練洋式火箭，一練安設行軍電線，一練疾步踰濠越嶺，一練夜戰，一練堅守地營及濬濠築牆一切工程。是年，李鴻章以外洋留學生回華，於操法、陣法、電學、水雷、旱雷，均有心得，飭分赴各營教練弁兵，並設武備學堂。十二年，張之洞以廣東省駐防營，於光緒六年，選甲兵千五百人，改練洋槍洋炮及陣法，乃裁汰旗營水師，附入步軍，編爲兩翼，合陣操演。飭製造局移解新式槍炮，增練炮隊。十三年，李鴻章以北洋武備學堂學生，於炮臺、營壘、馬隊、步隊、炮隊諸新法，咸有成就，飭令回營，轉相傳授。是年，張之洞始於廣東設水師、陸師學堂，水師分管輪及駕駛攻戰二種，陸師分馬步、槍炮、營造三種，兼采各國之長。二十年，張之洞以南洋水師學堂著有成効，加以獎勵。又於江寧省設陸軍學堂，講求地理、測量、營壘諸術，馬、步、炮隊諸法。

二十一年，張之洞建議，舊營積弊太深。人皆烏合，來去無恆，一弊也。兵皆缺額，且充雜差，二弊也。里居不確，良莠不分，三弊也。攤派刻扣，四弊也。新式槍炮，拋棄損壞，五弊也。營壘工程，不知講求，六弊也。營弁習尙奢華，七弊也。若以洋將統之，期其額必足，人必壯，餉必裕，軍火必精，技藝必嫺，勇丁不供雜差，將領不得濫充，此七者練兵之必要。所聘德國武將三十五人已來華，卽仿德國營制，設步隊八營，二百五十人分爲五哨，馬隊二營，一百八十騎分爲三哨，炮隊二營，二百人分爲四哨，工程隊一營百人，醫官、槍匠等咸備。凡勇丁二千八百六十人，餉四十四萬兩。俟操練有效，推廣加練，增至萬人。以此軍洋將移練第二軍，俾次第以成勁旅。是年，胡燏芬建議，新練各軍，宜用一律槍炮。北洋先練五萬人爲大軍，南洋練三萬人，廣東、湖北練二萬人，餘省萬人，操法軍械，務歸一律，以便徵調。各省應一律設立武備學堂。

二十二年，始以新法訓練海陸各軍。各省設立學堂，同時舉辦。是年，張之洞始裁撤湖北武防等三旗，改練洋操二營，工程隊一營，仿直隸武毅軍新練洋操章程，參用德國軍制，聘德國武員爲教習，以開風氣。是年，盛宣懷建議，全國綠營兵歲餉千餘萬，練勇歲餉亦千餘萬，凡八十餘萬人，徒耗財力，無裨實用，宜悉行裁撤。共練新軍三十萬人，就各省情形輕重，定兵數多寡，徵募訓練，悉仿西法。旋總理衙門以各省營伍，驟難盡裁，先就北洋新練兩軍，及江南自强軍、湖北洋操隊，切實教練。俟裁兵節餉，次第推廣。飭兩江、兩湖督臣，較準製造局槍炮畫一辦理。又於武昌城設武備學堂，聘洋員教習。

二十四年，令各省稽察缺額攤派之弊，嚴行革除。至操練之法，宜不拘成格，盡力變通，飭督辦軍務王大臣議之。尋以神機營、火器營、健銳營、武勝新隊，操演嫻熟，賞統兵大臣有差。令滿、蒙、漢各軍驍騎營、兩翼前鋒、護軍營，五成改習洋操，五成改用洋槍，八旗漢軍炮隊營、籐牌營，一并改練，神機營汰弱留强，共練馬步兵萬人。其陣法器械營制餉章，酌仿泰西兵制。是年秋，上親詣團河及天津大閱新操。又令各省增水師學堂學額，增造練船，習駕駛諸術。二十五年，以北洋各軍訓練三年，飭統兵大臣取各種操法，繪圖貼說以聞。步隊以起伏分合爲主。炮隊以攻堅挫銳爲期。馬隊以出奇馳驟爲能。工程隊以擴地利、備軍資爲事。以平時操練之法，備異日戰陣之需。二十六年，鄧華熙於安徽省城設立武備學堂，習槍炮戰陣諸學。

二十七年，以各省制兵防勇，積弊甚深，飭將軍、督、撫，就原有各營，嚴行裁汰，精選若干營，分爲常備、續備、巡警等軍，更定餉章，一律操習新式槍炮。又令南北洋、湖北之武備學堂，山東之隨營學堂，酌量擴充，認眞訓練。是年，劉坤一、張之洞等，以二十年來，各省練習洋操，屢經整頓，而舊日將領，於新操多未諳習。東西各國教將練兵要旨，約有十二：一曰教士以禮，使知有恥自重，一曰調護士卒起處飲食，一曰講明槍炮彈藥質性源流之法，一曰槍炮線路取准之法，一曰掘濠築壘避槍炮之法，一曰馬步炮各隊擇地借勢之法，一曰測量繪圖之法，一曰隊伍分合轉變之法，一曰守衞偵探之法，一曰行軍工程製造之法，一曰籌備行軍衣糧輜重之法，一曰行軍醫藥之法。各疆臣均應選擇統領、營、哨各官，均切實研究。練兵固亟，練將尤要。數年以後，非武備學堂出身者，不得充將弁。更請仿英、法之總營務處，日本之參謀部，於都城專設衙門，掌全國水陸兵制、餉章、地理繪圖、操練法式、儲備糧餉、轉運舟車、外交偵探等事。平日之預籌，臨時之調度，悉以此官掌之。兼采衆長，務求實用。令內外臣工合議。二十八年，設北洋行營將弁學堂，實演戰擊諸法。此歷朝訓練之規也。

清史稿卷一百四十

志一百十五

兵十一

製造

清代以弧矢定天下，而威遠攻堅，亦資火器。故京營有火器營鳥槍兵之制，屢命各省防軍參用槍炮。初皆前膛舊制，繼購歐洲新器。其後始命各省設局製造。製造之事，實始天津。當咸、同間，中原未靖，李鴻章疏請在天津設機器局，自造槍炮，以供北方軍隊之用。同時，江蘇亦創立機器局。

同治四年，江蘇巡撫李鴻章疏言，統軍在江南剿賊，習見西洋火器之精，乃棄習用之抬槍、鳥槍，而改爲洋槍隊。留防各軍五萬餘人，約有洋槍四萬枝，銅帽月須千餘萬顆，粗細洋火藥十數萬斤，均在香港、上海購買。又開花炮四營，每炮一具，重者千餘斤，輕亦數百斤，炮具精堅，藥彈繁重。惟器械子彈皆係洋式，所用銅鐵木煤各項，均來自外洋。必須就近設局自造，以省繁費。江蘇先設三局。嗣因丁日昌在上海購得機器鐵廠一座，將丁日昌、韓殿甲二局移幷上海鐵廠。以後能移設金陵附近，濱江僻地，最爲久遠之謀。五年，閩浙總督左宗棠疏言，外洋開花炮，近日督飭工匠仿造，已成三十餘尊。用尺測量，施放與西洋同其功用。十三年，船政大臣沈葆楨疏請飭沿江海各省，仿津、滬二廠，自設槍炮子藥廠局。

光緒二年，李鴻章、沈葆楨、丁日昌疏請選派製造學生十四人，製造藝徒四人，由出洋監督帶赴法國學習製造。此項學生，既宜另延學堂教習課讀，以培植根本，又宜赴廠習藝，以明理法，俾兼程並進，以收速效，備他日監工之選。其藝徒學成後，可備分廠監工之選。凡所習之藝，均須新巧，勿循舊式。如有他廠新式機器，及炮臺、兵船、營壘、礦廠，應行攷訂之處，由監督酌帶生徒前往學習。山東巡撫丁寶楨疏言：「今在山東省城創立機器製造局，不用外洋工匠一人，局基設在濼口，自春及秋，將機器廠、生鐵廠、熟鐵廠、木樣廠、繪圖房，及物料庫、工料庫大小十餘座，一律告成。其火藥各廠，如提硝房、蒸硫房、熇炭房、碾炭房、碾硫房、碾硝房、合藥房、碾藥房、碎藥房、壓藥房、成粒房、篩藥房、光藥房、烘藥房、裝箱房，亦次第告竣。其各廠煙筒，高自四十尺至九十尺不等，凡大小十餘座。所買外洋機器，次第運取。俟機件煤炭各種備全，廠局告成，不逾一年，卽可開工。將來如格林炮、克魯伯炮、林明登槍、馬梯尼槍，均可自造，不至受制於人，並可接濟各省，由水路轉運。卽使洋商閉關，不虞坐困也。」直隸總督李鴻章、兩江總督沈葆楨、江蘇巡撫吳元炳疏言：「上海製造局自同治四年開辦，閱七年，曾請獎一次。今又閱七年，先後增造機器二百三十三座，大小銅鐵炮三百四十八尊，炮架七百八十餘座，開花實心炮彈十萬一千餘顆，各式洋槍一萬八千六百餘枝，槍彈八十餘萬顆，火藥十七萬磅，其他零件關係軍事者甚多。在事諸人，寢饋於刀鋸湯火之側，出入於硝磺毒物之間，積數年之辛苦，乃克有此成績。請優獎以資鼓勵。」

三年，湖南巡撫王文韶疏言：「近年上海、天津、江寧均有製造局，濱海固宜籌備，而內地亦應講求。湘省一年以來，先建廠，次製器，仿造洋式，規模粗具。後膛槍及開花炮子，試演均能如法，與購自外洋者並無區別。以後隨時添造，自數千斤以至萬斤大炮，或鋼或銅，均可自造。湘省向產煤鐵，攸縣、安化各處所產之鐵，與洋鐵一律受鑽。火藥一項，督匠精造，與洋火藥不相上下。自光緒元年五月開辦，至二年十月，共用二萬二千餘兩。以後每月以三千兩爲度。請援津、滬二局成案，專摺奏銷。」四川總督丁寶楨疏言：「川省已設機器局，今外洋機件運到，卽行開局，自造洋槍子彈等項。」

四年，總理衙門王大臣疏言：「前陳海防事宜，有簡器一條，巨炮應如何購辦，各軍洋槍應如何一律，以後應如何自行仿造，請飭疆臣切實詳議以聞。」嗣據各將軍、督、撫覆陳：「有言前膛槍穩實者，有言後膛槍靈捷者，有言綫槍勝於洋槍者，有言宜勤加操練磨洗者，有言不宜多購防新出更勝者，有言宜派人赴外洋學習者，有言宜內地設局以防後患者。臣等查外洋槍炮，近時皆用後膛，名目甚多，必須擇其至精之品，一律切實辦理，庶在彼不敢售其欺，在我得以適其用。外洋軍械價值，本無成案可考，故承辦之員，視爲利藪。查上海爲各洋商聚集之地，多在該處交易。請以精明廉正之員，總理其事。各省有委辦軍火者，責成該員核定。如有浮冒等事，嚴行治罪。至仿造外洋軍火，李鴻章先後奏在上海、天津設局製造。丁寶楨、王文韶亦在山東、湖南二省各設局廠，不用洋人，其費最省。丁寶楨復於四川設局。以上三局，均設在內地。滬局製造槍藥，歲用銀四、五十萬兩。津局歲用銀二十餘萬兩。近據李鴻章、沈葆楨奏報，津局造後膛炮，滬局則前膛、後膛洋槍並造，既非通力合作，未必易地皆宜。請飭兩局派得力人員，隨時酌核，畫一辦理。」時廷臣有議以上海機器局欵，充固本餉及賑捐者。兩江總督沈葆楨疏陳，謂機器局締造十餘年，僅恃二成洋稅，入不敷出，而南北洋所用槍炮子藥，咸取給於此。海防重要，未可停工。

五年，丁寶楨疏言，四川機器局近以恩承、童華疏請停辦，奉諭令酌度辦理，仍請設法興辦，毋令廢墮，遂復開局製造。

七年，兩江總督劉坤一疏言：「金陵製造局，於光緒六年，卽飭工匠加工製造。各軍撥用洋槍，先後已及萬枝。今軍械所尚存來福前膛槍一萬三千餘枝，馬梯尼後膛槍七千餘枝，林明登後膛槍八千餘枝，細洋火藥六十五萬餘磅，洋炮火藥四十餘萬磅，棉花火藥九萬九千餘磅，銅火一千萬磅，各項銅管火十七餘萬件，又水雷應用之電線七十五車，所儲尚不爲少。而上海製造局現造之洋藥及林明登槍，可隨時接濟金陵。復定購機器，增設洋火藥局，並定購前後膛槍一萬五千枝，尚不在此數內。至各處明暗炮臺所用之炮位，有上海製造局現造之一百二十磅子之鋼炮，年內可成。金陵局中所造陸營之炮，亦多可用。」是年，督辦寧古塔等處事宜吳大澂疏請吉林創辦機器局。

十一年，直隸總督李鴻章疏言：「上海、江寧、天津、廣東各機器局，大都分造炮械子藥，以供各軍操練戰守之用，尚未能仿造後膛大炮。至若三、四寸口徑後膛小炮，後膛連珠炮，爲水陸軍必需之利器，應就內地已開煤鐵礦近水之處，分設造槍、造炮專廠。至克魯伯鋼炮，近來德、奧、義各國，恐純鋼不盡合用，均改造硬銅後膛小炮，融煉別有新法。日本已聘洋匠仿造。中國亦宜踵行。各國後膛槍式樣不一，新式改用連珠，或六、七響，精利無匹。

日本已設廠自造，中國亦宜專造，以應各省之用。約計造槍及小炮機器皆不過數十萬金，尙不甚鉅。水師所用之魚雷、伏雷，與炮並重。各種伏雷，中國機器局多能自造。至魚雷則理法精奧，別有不傳之秘，只可向西洋訂購。天津機器局已購備試雷修雷之具，仿造則未易言也。」兩廣總督張之洞疏言：「粤省請募欵開設槍、雷各局，其大炮仍歸滬、閩二廠製造。」又疏言：「省城有機器局，城西增步地方有軍火局，以器具未備，僅能製小鋼炮開花子、尋常洋火藥、白藥、水雷殼、洋火箭、修理船炮尋常機器，除火藥、火箭尙可用，其餘能成而不能精。設局十餘年，用銀數十萬，迥非津、滬、閩各局之比。今重加整頓，以機器、軍火二局，并入城西增步一局，以就水運之便，名曰製造局，仍製槍炮彈火藥等物。其修理魚雷，歸黃埔雷局。就製械而言，以槍彈與行營炮爲尤要。蓋購槍可用數年，購彈不能支三月，一舉而購槍數千則易，一舉而購炮數十則難。自宜分條並舉，循序圖功。期以一年半而鑄槍炮廠成，兩年而炮臺備，庶足以禦强敵。」大學士左宗棠疏言：「各省製造局廠，宜合弁籌辦，以專責成。前曾疏請開徐州、穆源各礦，爲鐵甲鋼炮材料。玆奉諭飭議設廠處所，若論常格，自應由兩江、閩浙籌欵試辦，或委公正富紳，集股創辦，並招通曉化學之人，研求煉法，俾速出鋼鐵應用。其實礦政船炮，相爲表裏。應設海防全政大臣，所有製造船炮礦廠軍火事宜，皆宜一手經理，以歸畫一。」

十二年，兩江總督曾國荃疏報金陵洋火藥局竣工。四川總督丁寶楨疏言：「川省建設製造局，已及五年。仿造洋槍，爲數不下一萬五千餘枝。除接濟廣西、雲南軍營外，局中尚存後膛洋槍三千五百枝，前膛洋槍四千枝。恐不敷用，向上海洋商訂購克虜伯開花炮、格林炮各十尊，另造得用之劈山炮七十餘尊，擡槍五百枝備用。其火器彈丸銅帽等，除撥用外，尚存九萬餘斤。今加工製造，每月可得火藥七千餘斤，以資接濟。」

十三年，四川總督劉秉璋疏言：「川省機器委員曾照吉等，能用巧思，不招洋匠，自教工徒，仿造外洋槍炮，創用水輪機器，以省煤力。又於省城外設局，以水機製造火藥。數年以來，成機三部，機器一千五百九十件，洋槍一萬四千九百枝，火藥二十八萬餘斤，銅火帽一千三百七十五顆，後膛藥彈六十八萬五千五百顆，鉛子六十萬五千顆，洋炮三具，成績甚優。」兩廣總督張之洞疏言：「前以籌辦海防，購運軍火，並濟雲南、廣西軍營，而後膛槍彈需用尤多，必須購置機器，自行仿製。乃在上海洋行購運製造槍彈機器來粵。正擬設廠開辦，適廣西撫臣李秉衡，以廣西所購槍彈機器一部，運解到粵，而廣西撤防，且無力設局，請留在廣東備用。當卽在省城之北石井墟地方，創立製造槍彈廠一所。所有機器大廠一座，打鐵、烘銅殼、鍋爐、造木箱、裝子藥房共五處，儲料、發料庫各一處，又有裝蠟餅紙餅火藥及工匠等房，共安設機器二副，能造毛瑟、馬梯尼、士乃得、雲者士得四種槍彈。試辦之初，每日約造二千顆。熟習之後,每日可造八千顆。目前卽可開造。尙有需用鎔銅、碾銅等機器,幷增建廠屋,俟次第到齊,卽可舉辦。」

十五年,張之洞疏言:「廣東籌建水師、陸師學堂,並於堂外建機器廠一座,鑄鐵廠一座,烟筒一座,及儲料所、打鐵廠、工匠房、操場、演武廳、石隄、馬頭等,約用銀六萬兩。機器廠內有十二匹馬力汽鍋機爐全座,大小旋鐵床、削鐵床、鑽鐵機、剪鐵機共一十七架,手用器具,銅鐵鋼料,約用英金二千五百鎊。其機器在英國廠訂購之。」又疏言:「前曾由文武官紳及鹽埠各商分年捐銀八十萬,造小兵輪十號。今接續捐募三年,專爲購買製造機器並建築廠屋經費。乃電詢德國柏林地方力拂機器廠,訂購新式製造連珠毛瑟槍,及造克魯伯炮、過山炮各項機器全副,其汽機馬力加大,以便槍炮兼造,鍋爐幷爲一廠,較爲節省。旋由出使德國大臣與該廠訂造槍機器一分,每日能造新式連珠十響槍五十枝,汽機馬力一百二十匹,又造炮機器一分,每年能成克魯伯炮口徑七生的半至十二生的之過山炮五十具,又購槍尾尖刀機器全分,價共一百八十一萬七千兩。今擇定省城西北石門地方,依山臨江,輪運便利,於建廠相宜,乃卽日開工起築。其槍管鋼料及煉鋼罐等,均向德國名廠購備,以期精良。他日鐵礦各山開采得法,則鋼鐵材料取給內地,次第擴充,並可接濟各省軍營也。」

十六年,湖廣總督張之洞於湖北省城初建兵工廠。是年,總理海軍事務大臣與戶部會議，以廣東槍炮廠改移湖北省，開廠後，常年經費，由湖北籌辦。旋由湖廣總督張之洞覆陳：「鄂省開廠後，督飭洋匠，悉心攷求。原定造槍機器一副，每年能造新式連珠十響毛瑟槍一萬五千枝，造炮機器每年能成克魯伯七生的半至十二生的行營炮及臺炮共一百具。又應添購造槍炮藥、造白藥、造彈、造炮車、造炮架各機器。每槍一枝，隨彈五百顆，每年須成槍彈七百五十萬顆。每炮一尊，外洋向例隨帶炮彈三百顆，茲就最少之數，亦須隨彈二百顆，每年須成實心彈、開花彈各種彈共三萬顆。統計一切經費，約需銀七十五萬兩。計一年所造槍炮全分，比外洋買價所省甚多。特是鉅欵難籌，此次開廠試辦，所有槍炮藥彈，每年各造一半，約需銀四十萬兩。機器今已到鄂，置閒必至鏽壞，工匠亦必練習，方能精熟。就鄂省財力自行籌措，查四川機器製造局，係奏明支用土藥稅釐，今湖北槍炮廠乃奉旨特辦，較四川製造局大小懸殊，關繫尤重。請將湖北省歲入土藥稅銀二十萬兩，川鹽加價銀十萬兩，共三十萬兩，撥充槍炮廠常年經費。將來各省需用，撥欵由鄂廠代造，則隨時收回價本，卽可推廣多造。此次鄂省新設槍炮廠所造各械，皆係南北洋、廣東、山東、四川等省製造局所無者。至鄂廠所造克魯伯各種車炮，尤爲邊防海防及陸道戰守必不可少之利器。前大學士左宗棠曾言購械外洋，以銀易鐵，實爲非計，一旦有警，敵船封口，受制於人，運購均無從下手。況陸續遠購之器，種式既殊，彈碼亦異，每至誤事。懲前毖後，則建廠自造，乃未雨綢繆之計也。」是年，兵工廠成。

十九年，直隸總督李鴻章、兩江總督劉坤一疏言：「上海機器局於光緒十五年，令道員劉麒祥辦理局務，專心創造新式槍炮，及自煉鋼料。外洋新出利器，不肯以秘法示人。其機括靈巧，猝難臆測。開辦之始，幾無端緒可尋。乃精選洋匠，博訪窮探，攷索成式，參以心得，造成試驗之，有稍不如法者，拆改重造。於二年之內，盡羣才之力，竟造成新式槍炮，並煉就鋼料，迭次攷驗，與西洋所造一律精堅。」湖廣總督張之洞疏言：「湖北新建煉鐵廠告成，開煉生鐵爐一座，已煉成生熟鐵具銅碾鐵軌鐵條，均有成效。其煉西門士鋼廠，開煉時極險，北洋、上海各爐，迭有炸裂堵塞之患。鄂省此項鋼爐，飭洋匠詳攷火候，向來至速須六點餘鐘出鋼，今止三點餘鐘已能煉就鋼料，成色無異洋製，足以爲造炮之用。炮廠亦卽開工，卽以煉出之鋼，試造六生的半及七八生的克魯伯陸路車炮。若能鋼料精堅，演放有準，卽可造十二生的大炮。以軍需孔急，飭工匠多煉西門士鋼，及貝色麻鋼，爲製造槍炮之用。外洋陸戰，全恃連珠快炮，僅有後膛槍炮，不足以盡之。鄂廠添購製快炮機器，尤爲利用也。煉鐵廠之鐵路運道，及洋匠華工，原爲二爐之用。今止一爐，每年只能出鐵一萬五千餘頓，折虧甚鉅。馬鞍山煤井焦炭爐完工在卽，擬以湖南省所出白煤和攙焦炭冶鍊，勉供二爐之用，始足以資周轉。」

二十年，總理衙門王大臣疏言：「軍務緊急，以趕造軍火爲先務，而經費有限。以之購買外洋軍火則不足，且多須時日，以之就各省現有局廠加工製造，則軍火可倍而出之。前由戶部撥欵，在吉林設立機器局，專供吉林、黑龍江二省常年操防之用。請飭吉林機器局加添工料，增造軍火，以應急需。」湖廣總督張之洞疏言：「湖北新設之漢陽鐵廠，先開生鐵大爐一座，日夜出鐵八次，共五十餘噸，以後日見進步，有每日出六七十噸者。其次乃煉熟鐵、煉貝色廝鋼、碾鐵條、製鋼軌以及錘煉烘壓各法，一時並舉。所出之鐵，雖係初煉，已與外洋相較，無甚軒輊。現在江夏馬鞍山煤井所出之煤，可作焦炭，合於煉鐵之用，已開橫穴煤巷，現擬進掘三層橫穴。外洋之大洗煤機及運煤之鐵掛線路，均已次第竣工。洋式焦炭爐十座，年內當可一律告成，足敷生鐵一爐及各廠煉鋼之用。參以湖南所產白煤油煤，卽可二爐齊開。」此製造鋼鐵已有成效之情形也。

又疏言：「鐵廠之設，實兼采鐵、煉鋼、采煤三大端爲一事。而開煤所費，幾與煉鐵相等，本難幷入造廠煉鐵計算。開平煤礦，費至二百萬，始克成功。今鐵廠自經始至觀成，用欵繁鉅，所有奏明撥用之欵，早經用罄，雖以槍炮經費勻撥，不敷仍多。非原估續估之多疏漏，實因開煉以後經費，與造廠工程本係二事，必須先行籌墊一年。且事皆創舉，機局變更無常，隨時補救，增出用欵，多在洋匠原擬之外，非預料所及。其增出之欵，除零星雜費數十項不計外，舉其重大者數端：一、增購機爐工料，如增置十五頓大汽錘一具，增貝色廨大壓汽機一副，增造西門士爐底火泥管及造火磚機器，增改生鐵大爐架一座，爐內用磚，令與礦煤之性相合，增生鐵廠內之鐵瓦敞棚，增中西兩式洗煤機，增內地火磚焦炭爐，增鋪地鐵板，增廠內運物鐵路，增運礦煤鐵車，增爐上鐵蓋，爐外水池水溝，及四周之保險門，增銅鐵管及水箱，增化驗煤鐵大小各項器具材料，以及汽表風表水表，皆爲精細貴重之件。一、增募開煉洋匠，原擬雇用八人，其餘雇用熟手之華匠百餘人應用。開煉之事，以生鐵大爐爲重，中國向未煉過。若欲選用華匠，非有極聰明之人在廠精練多年，難與此選。卽煉鋼各廠，亦非得專門名家之洋匠領首作工不可。若手法稍不中程度，卽致變生意外，危險之至。現募到洋匠二十八人，均萬不可少，較原估八人多出二倍餘。一、添補不全機器，外洋運到之機件，沿途損缺頗多。其簡便者，由漢陽本廠自行修補二千餘件外，其重大精細機器，必須由外洋或上海洋行重行購補。或此種不甚靈動，則洋匠必另購一機以救之。或此式之爐，試煉焦炭不淨，或舊法所采之礦不多，則洋匠又思一法以損益之。曠日加工，致多糜費。一、外洋金鎊值價日昂，比初定機器時，價高過半。而改換機器，訪訂洋匠等事，日積月累，亦成鉅欵。一、多用煤斤，凡鐵山煤礦，開采轉運，以及鐵廠起重運料、試鑽開井、抽水壓氣，無在不需機器，卽無日不用煤斤，爲數甚鉅。又生鐵大爐，購用外洋焦炭，試煉兩月，費亦不貲。各欵皆原估所難周悉，加以煤井開至數十丈，已費盡人工機器之力，而煤層忽脫節中斷。外洋辦法，必仍就原處追尋，另行開井。而重開一井，非鉅欵不辦。現實無此財力。若非馬鞍山煤井有成，則全恃湘煤，所費更鉅。此則時局變遷，多費用欵，初非意料所及。前曾督飭局員及洋匠礦師，續估用欵，以爲能銷貨周轉，不致再有增加之欵。乃移步換形，層折過多，加工遂致加料，費日因以費工，不特非局員所能限定，幷非洋匠所能預知，多方補救，繁費滋多。今撥借各欵，所餘無幾，若行銷挹注，必俟兩爐齊開，一年以後，始能流通周轉。尤須鋼鐵各料，胥臻精美，合於製造之用，方可期流通無滯。至暢銷後，尤防洋鐵有減價奪售之患。此開煉之初，必須寬籌經費，庶不致停爐待欵。原擬就槍炮廠經費挹注，無如槍炮廠增設炮彈、槍彈、炮架三廠，計機器運費等，已需銀三十萬兩，建廠之費，尚不在內，勢不能全行撥用。值此廠工已竣，煉鐵已成之際，所欠者僅此籌墊之欵。若鎔鋼煉鐵，因此停工，則製造槍炮，何所取資？當海防緊急之秋，而軍械缺乏，貽誤戎機，關係匪淺。今各省財力，自顧不遑，豈能協助。惟有就湖北本省各欵，竭力勻撥周轉，機爐勿使停工，軍實得資接濟，庶不致功虧一簣也。」

又疏言：「前因開煉鋼鐵爲造械之本，以槍炮廠經費勻撥濟用，而槍炮廠更形支絀。前辦海防所購軍械，每槍式參差，彈碼互異，及舊槍攙雜，藥彈潮濕，流弊滋多。故炮架、炮彈、槍彈三廠之設，萬不可緩。今竭力籌款，先將炮架、炮彈機器，於十八年夏間，在德國力拂廠購定製造水陸行營各種炮架機器全副，每年能成六七生的至十二生的炮架炮車一百副。購定製造克魯伯炮彈機器一副，每日能成六七生的至十二生的炮彈一百顆。其他開花彈、實心彈、羣子彈、子母彈，均能自造。又購定小口徑槍彈機器一副，每日可成槍彈二萬五千顆，造銅板、造鉛條、裝藥入彈、修理器具俱全，共用銀三十萬兩有奇。又添廠屋、大小鐵梁、鐵地板、水泥、火磚各種建築工程，三廠合計共用銀十五萬八千兩。近日外洋快炮益精，卽兵船八十磅至百磅之大炮，亦用機器造成。鄂廠本係製造新式連珠槍，若能兼造快炮，於軍事尤多裨益。已電詢洋廠，增購新式快炮機器及炮管各件，共價銀三萬兩有奇。其廠仍舊，俟機器到齊，卽可改製，較之另起廠屋，所省經費實多。此種快炮六生的者，每分鐘可放三十出，九生的者，每分鐘可放二十餘出，洵爲制勝之具也。」是年，陝西巡撫鹿傳霖疏請以甘肅省舊存製造軍火機器全具，運至陝西省城，試造槍炮子藥。

二十一年，奉天增練新軍，將軍依克唐阿遣員在山東、吉林、奉天、遼陽等處，製造銅鐵等各項炮位，華、洋各式步槍，以及炮車炮架，並購製造子彈、碾火藥、造地雷器具，曁刀矛等件，在正餉動支。山東巡撫李秉衡以山東省自設立槍炮機器局後，供給各路軍火，逐年增加製造，請增常年經費。兩江總督張之洞以前年任湖廣總督，創辦湖北漢陽煉鐵廠，及興國州、馬鞍山二處采煤，以供煉鐵之用，著有成效，請優獎在事人員。陝西巡撫張汝梅以陝西省各軍所用里明、毛瑟、中針、後膛各式洋槍，皆由他省協撥，不盡合用。咨商甘肅省撥舊存製造軍火之機器等件，運至陝西，即在省城設立機器局，試造槍炮子藥，隨時修理舊械。

兩江總督張之洞上言：「天津、江南、廣東、山東、四川原有製造局，所造軍需水陸應用各件頗多，而所成槍炮甚少。或止能造槍炮彈而不能造槍炮，或能造槍，而汽機局廠尚小，均宜量加擴充。福建船政局現有大鍋爐機器及打鐵各廠，并多諳悉機器員司工匠，若增置造槍炮機器，費省而工亦易集。如奉天爲根本重地，而道遠難於接濟，宜專設一廠。陝西爲中原奧區，且可以接濟西路，亦宜專設一廠。至各廠製造，大率皆宜以小口徑快槍及行營快炮爲主，或槍炮並造，或槍炮分造，宜每項擇定一式，各廠統歸一律，以免參差。腹省各局，只須陸路過山小炮，即足供陸戰之用。若沿江沿海數局，並宜造船臺大快炮，每廠每年至少須出快槍五六千枝，陸路、過山二種小快炮一百餘尊，方能濟用。一面雇用洋匠，一面選派工匠赴外洋名廠學習，冀他日能擴充製造廠數處。惟各省局廠，上海、金陵二處雖各有製造局，而金陵局規模頗小，機器未備，所出槍炮無多。其設局之處，限於地勢，不能展拓，僅能擇行軍要需者酌增機器，究不能多。上海製造局雖較宏大，惟所造槍彈、炮彈、水雷、火藥及修理輪船等門類頗多，而不專一，並非專造快槍之機器，每月成槍不過百餘枝，亦無造陸路、過山二種快炮之機器。至大炮則一年或出一、二尊不等。且該局軍械，須運出吳淞江後，再轉入長江。若有兵事，敵人以戰船封口，一切轉運，立卽束手。前此開局滬上，只圖取材便利，未能盡善。故沿江內地，必須添設局廠。湖北槍炮廠，因上年槍廠被火後，改造鐵料廠屋，修補機器，甚費經營。快炮所增新機，以工匠初試，未熟綫路，猝難較準。今甫造快槍式樣數十枝，快炮式樣一尊，車炮二尊，均尚合用。以後所出，自可日多。惟槍機曾經火灼，敏速之力稍減。一年以內，人器相習，每年約計可造成快槍七八千枝，陸路、過山二種快炮百尊。局廠地踞上游，最爲穩固。上可接濟川、湘、陝、豫，下可接濟江、皖，轉運甚便。若在江南另行擇地建造，所費至鉅。不如就湖北廠添購機器，廣爲擴充，其鋼鐵卽用鄂省鐵廠所煉。除鄂廠原造之數外，今每年能加出快槍一萬枝，無煙藥槍彈一千萬顆，陸路、過山二種快炮二百尊，炮彈二十萬顆。湖北向無新式藥廠，擬幷造無煙藥、棕色藥、黑藥，令足敷各種槍炮之用。合計槍炮架藥彈各項機器，與外洋名廠考較，諸從節省，凡運費造廠，約需銀二百萬兩。又因湖北省鐵廠，開煤井，煉焦炭，煉各種精鋼、熟銅、熟鐵，正在緊要之際，槍炮廠則趕造五處廠屋，試造槍炮。此二廠皆經費支絀，所造軍械，非專供湖北之用，請就江南籌防局撥款協濟。」

又以「江南省製造局，自光緒十七八年，沿江各省，教案會匪紛起，深恐海上有警，當將製造局應行增製快槍快炮、新式火藥各件，籌議購機試造。迨光緒二十年，日本軍事起，各省徵調頻繁，處處調撥軍火，局中積年所造之槍炮藥彈，幾至撥發一空。自應及時擴充機器，加緊製造。近年軍械，以槍炮藥彈爲先，而槍炮尤以新出快式爲利。是以鄂省設廠自煉鋼料，爲炮筒槍管之用。又因新式巨炮，皆用栗色火藥餅，快炮快槍皆用無煙火藥，局中自造者無多，應增置各項機器，擇要先辦。將煉鋼、製藥，及造快槍、快炮各機器數十座，向洋商定購。又購買基地，增建煉鋼廠、造栗色火藥餅廠、無煙火藥廠，及添購製造鋼料，與造火藥物料，合計用銀四十餘萬兩。其在外洋訂購之器件，與洋商籌議，令其暫行墊辦，不致稽延時日，先將各項機器運到，即可開廠製造。自光緒二十年海防戒嚴，各省防軍需用軍火甚急，而火藥子彈尤爲大宗。外洋守局外之例，不肯代購。即使設法運購，而價值驟增數倍，遠涉重洋，敵船又不時邀截，至爲困難。今江南製造局購機設廠，自能仿造，不待外求，自爲當務之急。但局中常年經費，僅有二成洋稅數十萬兩，只能製造各項子藥，分濟南北兩洋操練防守之需。若加造新式槍炮接濟各軍，則機廠既增，工料自倍加於昔。擬於江海關常年洋稅，或洋藥稅釐，每年加撥銀二十萬兩，爲擴充製造後常年工作之需」。

二十二年，成都將軍恭壽因四川省軍實不充，而防務重要，乃與駐防川省之八旗協領等量力捐廉，製造抬槍九十六枝，鳥槍四百八十枝，均用煅煉純鐵纏絲製造，堅實可恃。其舊存槍枝，一律修整，爲操練之需。直隸總督王文韶以北洋機器局所造各種炮子，名目雖不同，而十生的半之子彈居多，皆係舊式，不盡合用。乃向洋商訂購洋式翻沙泥，及造彈各機器，自行仿歐西新式製造。兩江總督劉坤一攷核機器局成績，於常年製造之外，煉鋼廠每年可出快炮快槍筒及槍炮槍件炮架器具等鋼料共二千二百餘頓，栗色火藥廠每年可出栗色火藥二十餘萬磅，無煙火藥廠每年可出無煙火藥六萬餘磅。所創立造槍炮新廠，購機已備，加工製造，每年可出快利新式槍一千五百枝，一百磅子之快炮六尊，四十磅子之快炮十二尊，快利新槍子一百三十餘萬顆，快炮子彈一千五百顆，大小鐵彈一萬餘顆，漸著成績。四川總督鹿傳霖以四川省機器局自光緒十二年至十七年，前督臣劉秉璋曾將在局出力人員獎勵。今又屆五年，所陸續造成機器藥彈等項，皆精良合用，增造後膛毛瑟抬槍亦頗快利。在局各員，仍行獎勵之。

直隸總督王文韶因京師練兵處王大臣以京營訓練，需用打帽抬槍一千五百枝，令北洋製造局如式製造，以應要需。乃造成邊機抬槍、中機抬槍各一枝，試放均屬靈捷合用。惟邊機抬槍分兩太重，不便施放。若用中機抬槍改造邊機，其尺寸斤兩，仍與中機抬槍一致。即令製造局按照此式，製造邊機前門大式抬槍五百枝，隨槍物件共五百分，以中機抬槍改造邊機前門小式抬槍一千枝，隨槍物件共一千分。其製造欵項，由北洋作正開支。北洋製造局向有歲造荷炮子彈經費銀四萬兩，本年以此項荷彈歲費，改造後門抬槍。今練兵處需槍孔急，擬卽以此欵移用。

湖廣總督譚繼洵以「湖北省製造軍火，向年所造舊式抬槍、線槍、抬炮、劈山炮等項，均係前膛，不及後膛新槍炮之敏捷，擬向外洋購置機器，改造各項後膛槍炮，並製造炮彈槍彈銅殼等項。今因部臣允從奉天府丞李培元之議，令各省製造局兼造抬槍，並造內地火藥，籌度辦理。因抬槍、抬炮本中國向日制勝之具，將弁兵丁素所習練，今若改用後膛，操演易於精熟，用欵不多，而日後可收大效。雖漢陽槍炮廠規模宏遠，而機器種類各有不同，若抬槍、抬炮等器，他日能製造精純，亦可爲漢廠之助也」。山東巡撫李秉衡攷核機器局成績，於光緒二十一年所造成各種火藥十五萬六千九百六十斤，大銅帽火七十二萬顆，開花炸子一千六百顆，炸子銅螺絲引門一千六百副，克雷力伯銅炮拉火銅管四萬四千枝，帶活架瓶炮九尊，大炮子一千四百九十顆，洋鉛彈丸一百三十九萬四百五十粒，添造各廠應用機器及熟鐵大鍋爐一具，修理各營損壞洋槍洋炮，製成各項軍火箱盒，修理槍子廠、軋銅廠房屋及大鍋爐，爐台、烘銅爐、大煙筒、生鐵廠、保險爐、提硝房、工務廠之屋宇等，又采買硝磺銅鐵鋼鉛及華、洋各種物料，暨員匠工役薪工運脚雜費等，共支用銀六萬四千七百餘兩有奇。是年，戶部從吉林將軍長順之議，增吉林機器局製造軍火常年經費，除黑龍江軍隊領用外，其餘分給奉天防軍。

二十三年，大學士榮祿上言：「製造軍火，以煤鐵爲根本。外洋購價日昂，中國各省煤鐵礦產，以山西、河南、四川、湖南爲最，應令山西等疆吏籌欵，從速開采，設立製造局廠，漸次擴充，以重軍需。」廷議允之。令督撫臣就地方情形認眞籌辦，總期有備無患，庶足倉卒應變。是年，湖北巡撫譚繼洵以湖北省製造軍火，增置炮架、槍彈、炮彈三廠，所有機器工料之價，並改換新式快炮機器，尚需銀十四萬餘兩，卽在籌捐項下撥給。

山東巡撫李秉衡上言：「山東機器局於光緒二十二年間所造軍火，共造成各種洋火藥十九萬六千餘斤，堅利遠後膛大抬槍二百十六枝，步槍六枝，大銅帽火四百四十二萬顆，粗細銅管拉火六萬二千枝，銅炮炸子二千一百顆，炸子引門二千一百副，炮子一千一百九十個，各種羣子八萬四千八百個，各種後膛自來火帶藥槍子一百十六萬八千四百顆，洋鉛丸一百七十二萬一千五百粒，抬槍、抬炮、來福槍、鳥槍及裝配毛瑟槍、哈乞開司槍各種大小鉛丸一百五十九萬粒，捲筒鉛子二萬一千二百斤，並修成各營抬槍、抬炮、洋槍、洋炮，添買車牀、鑽牀及各項雜費，均歸戶部核銷。原有機器局，設法擴充製造，添造槍械，采購應用材料，增建廠屋，購買機器，乃於機器廠後建設洋式大槍廠一所。造槍需用銅鐵零件甚多，則熟鐵廠必須擴充，乃於舊鐵廠之後，另建洋式熟鐵大廠一所。造槍則用槍子倍多，乃於舊槍子廠之東，另建洋式槍子廠一所。槍子需銅最多，乃另建軋銅大廠一所。外洋製造廠，視鍋爐之大小，以定烟筩之高下。今造成九十五尺高之烟筩一座，七十五尺高之煙筩一座，五十五尺高之煙筩一座，鐵煙筩一座。廠基深掘五尺，煙筩基深掘八尺，均密釘排樁，上築三合土，蓋以大石板，再砌條石牆脚，則扁磚實砌，純灌灰漿，梁棟皆用外洋木之方而巨者，屋柱則生鐵鑄成，卽機器常年震動，不致有鼓裂之虞。此外所增建者，軍械日富，則有存儲之區，工匠日多，則有休息之所，乃建軍火庫二十間，工匠房四十間。又建水龍房以備不虞，泥工廠以資修葺，皆不可少之工。共增廠四座，羣屋八十餘間，較原廠擴充三分之二。至製造抬槍機器，外洋本無抬槍名目，故無此專用機器。蒒選通曉製造之員，與洋商參酌，定造抬槍機器，並可兼造毛瑟洋槍機器共六十餘種。此外地軸皮帶鎚鉗軸枕螺絲各種輪模刀鑽，共一百七十餘件，已陸續運解到省。俟機器及銅鐵鋼料運齊，工匠募足，卽可開車製造。共用銀十二萬兩，先由藩庫及南運局籌給。」

大學士榮祿建議，通飭各省製造快槍、快炮、無煙火藥，並煉鋼鐵各項機器。海疆多事，武備爲先，須通力合作，以備强敵。河南巡撫劉樹棠上言，河南機器局規模甚小，若遵榮祿所議，兼造各式軍械，財力實有未逮。豫省機器局建設於省城南門外卓屯地方。其造彈機器，已向上海信義洋行定購，在外洋加工造成，陸續運至河南，安置妥貼，開工製造槍彈火藥。其造抬槍車牀，亦經運到，並訂購鋼箭五百枝。先造後膛抬槍五百桿，以資應用。本省新練之豫正全軍，一律改習洋操。又通令各州縣，籌欵自練勇隊，所需槍械子藥，皆省局自造。

湖廣總督張之洞上言：「大學士榮祿議令產煤鐵各省，咸從速開采，已經設立有製造局廠省分，規模未備者，尤宜擴充，自煉鋼以迄造無烟藥彈各項機器，均須實力講求，以重軍需。所言切中機宜，亟應籌辦。湖北製造廠所造快槍、快炮，爲新式最精之械。若有械無彈無藥，仍屬虛器。故既添設銅殼廠，又須添設無烟藥廠。因外洋裝配快槍、快炮，悉用無烟火藥，他項洋藥皆不合用。又槍管炮身，必須精煉之罐子鋼，方足以受無烟火藥之漲力。湖北鐵廠所煉之西門馬丁鋼，以之製他器，則已稱精良。以之製槍炮，則尚非極致。外洋罐子鋼之價值，數十倍於常鋼，非徒購運道遠也。故鋼藥二者，必須購機自造。雖物力困絀，終不敢畏難自沮，致已成之槍炮廠，有不全不備之弊。故於上年卽飭局員在漢口禮和洋行議定向德國格魯森廠添購無烟火藥機，每十點鐘能出火藥三十三磅，每年約出火藥五十頓，共價德銀十三萬六千八百馬克。今機器已運至上海。上年又與禮和洋行訂購德國名廠煉罐子鋼機器全副，每日能煉罐子鋼二、三頓，鑄鋼機能鑄塊鋼，每塊重二頓，價值運保各費，共用德銀十三萬馬克，久已起運，卽可到滬。至廠中儘製行營快炮，以備陸戰之用。因經費太絀，故於炮臺之大炮，未經議及。外洋新式十二生的長快炮，安置沿江炮臺，能施放有準，足禦敵艦。上年由出使德國大臣許景澄在力拂廠訂購十二生的快炮並架彈等機，共用德銀三十二萬五千馬克，機器月內可到。以上各機，皆屬無欵可籌，不得不與洋商婉商墊欠，分期歸欵，庶可及早舉辦。加以添購大小新式樣炮、碾銅板機、拉鋼機、壓鋼機、大汽錘以及添配最精之鋼模樣板等件，約須銀十數萬兩。再加增建廠屋，又需銀十餘萬兩。共增屋華、洋工匠常年製造工料之費，爲數甚鉅，又需銀二十三萬兩。各欵均無所出。如上海製造局年撥八十萬兩，嗣因添製快槍，並加撥常年工作之需，每年用欵已逾百萬兩。現在湖北廠所造槍炮子彈，比津局旣逾數倍，比滬局亦復加多，近又添造無烟火藥，添煉罐子鋼，添造炮臺所用十二生的大快炮，功用益廣，而常年經費僅土藥稅等三十六七萬兩，較滬局止及三分之一。惟有請加撥常年專欵，符原估七十五六萬之數，庶可增料加工，使舊有各廠得盡機器之力，新增各廠早收美備之功。況近年武備最重，鄂廠調撥槍炮供給各處，爲數甚多，造成槍炮，並非湖北一省之用。事關全局，滬廠、鄂廠，理無二致，軍實要需，必多爲籌備也。」

二十四年，山西巡撫胡聘之以山西省向無機器製造局，亟宜籌辦。因派員赴天津向洋商定購製造槍炮各種機件，並酌建廠屋，雇集工匠，仿洋式自行製造。在省城北關外擇地建廠。因山西僻在內地，非通商口岸，凡辦料募匠等事，用費極昂，即以歸化城關稅盈餘之款撥用。各機器運到晉省，開廠興工。山東巡撫張汝梅以山東省機器局自創造至今，並未延聘西人，而內地風氣初開，其精於製造人員，實不多見。且所造全係銅鐵硝磺等火器，局員工匠，素鮮經驗，非洋匠專門之比，稍一不慎，即有損傷炸裂之虞，至難極險，與尋常差使不同，乃量予獎敍。

直隸總督裕祿以北洋之軍械共有二局，一爲機器局，一爲製造局。機器局所有製造火藥、毛瑟槍子銅帽、各式後膛炮彈及硝磺鏹水、雷電器具、捲銅煉鋼等機，每年能造黑色火藥七十餘萬磅，栗色火藥二十五萬餘磅，棉花火藥五萬餘磅，無烟火藥八千餘磅，毛瑟後膛槍子四百餘萬粒，銅帽火二千八百餘萬粒，鋼彈一千二百顆，大小炮子一萬四千餘顆。製造局每年能造七生的半開花炮子一萬二千顆，銅件一萬六千副，克魯伯鐵身炮車十具，銅管拉火二萬四千枝，哈乞炮子五萬餘顆，哈乞開司槍子二百十萬餘粒，雲者士得槍子一百四十餘萬粒。而外洋所出軍械，日新月異。今各路軍營所用毛瑟快槍、小口毛瑟槍、格魯森五生的過山快炮、克魯伯七生的半陸路行營快炮、七生的過山快炮，頗爲合用，宜次第仿造。

兩江總督劉坤一以江南省製造局之後膛抬槍，上海製造局之快利新槍，及大小炮位，均稱合用。金陵局機器無多，凡大宗軍火，胥由上海製造局供用。近年增設煉銅廠、栗色火藥廠、無烟火藥廠三處，其所製炮，有十二磅子六磅子二種快炮，與北洋所用快炮口徑相同。惟北洋之七生的快炮，湖北之三生的七快炮，南洋之六生的快炮，若購自外洋，終非久計。乃擬增換機爐，自行製備，專精仿造。所有槍炮子彈，與天津、湖北二廠咸歸一律。四川總督文光因前奉朝旨，令四川製造局漸次擴充。前督臣恭壽擬就川省原有機器局擴充製造，不必另設局廠。但機器局雖創設多年，而規制未宏，若欲廣制槍炮，殊不敷用。乃擬增置長刨牀一部，小車牀及壓銅機器、引長機器、齊口機器各四部，緊口機器二部，均已一律製全，靈動堅固，與購自外洋者不異。惟機器既已增加，則製造亦宜推廣，應加常年經費銀二萬兩，以備製造之需。

二十五年，湖廣總督張之洞上言：「軍實最爲急需，利器必須完備，近日煉鋼造藥，尤爲槍炮廠必不可少之需，無罐子鋼則槍炮不精，非無烟藥則槍炮無用。屢經奉旨，責令湖北與上海各局，趕造軍械，供京營之用。而籌欵艱難，何從趕辦。前所請加撥宜昌關稅銀五萬兩，仍請照撥，俾購機建廠製造等事，徐底於成。上海製造局新增鋼藥三廠，每年加撥經費銀二十萬兩，鄂廠事同一律，舊設各廠，經費本屬不敷，新廠所需，更無從出。若從部議，不得動用關稅，則製造將無可措手。綜計新廠需欵共二十餘萬兩，但能加撥宜昌稅銀五萬，當設法周轉，不使廠務停滯也。」吉林將軍延茂於吉林省機器局增置機器，並代造黑龍江鎭邊軍及靖邊新軍各營軍火。山東巡撫毓賢擴充東省機器局，增建製造新槍大廠、造槍子廠、熟鐵廠、軋銅廠、化銅廠、泥工廠、軍火庫房、水龍廠房、法藍爐房、儲器房。又造大小磚鐵煙筩鐵栅等件。黑龍江將軍恩澤上言：「黑龍江鎭邊軍，每年由練餉內提銀三萬兩充軍火經費，歸吉林機器局兼造。近年物料昂貴，實不敷用。以新編之師，操練宜勤，軍火尤爲繁巨。應仿照奉天、吉林二省設局自造軍火成案，於黑龍江省城擇地設立專局，悉心製造。此項購買機器建築廠房各費，約用銀十萬餘兩，在鎭邊新軍歲需軍火經費內分年籌撥。」

是年，令各省疆臣，製造槍炮，爲邊防第一要著。惟各省財力不齊，自應就原有局廠切實擴充，以備鄰近各省就近購用。又令各疆臣：「天津、上海、江寧、湖北等處，均有製造槍炮局廠，會令督撫臣切實會商，務將所製槍炮膛口，子彈大小，各局統歸一律，以期通用。並將每年所造槍件子藥若干，據實上聞，並按季咨報戶部、神機營查核。乃爲時已久，並未據報有案。槍炮爲行軍要需，豈容因循延宕。」令裕祿、劉坤一、張之洞：「詳析查明各廠局所造槍炮，究係何項名目，是否業已會商，造成一律，迅卽切實復陳。嗣後仍遵前旨，按年按季分別奏咨，毋得延緩。各督撫督率承辦各員，認眞經理，精益求精。並將槍炮膛口子彈，彼此比較畫一，務令不差累黍，庶各省互相接濟，臨時不致缺誤。倘管理局員草率從事，虛糜經費，或演放時有炸裂等事，治以重罪。」旋經兩江總督劉坤一覆陳：「當飭滬、寧二處製造局員，將出入欵項，核實勾稽，製造軍械，詳細考究。並令與天津機器局、湖北槍炮廠隨時知照，互相講求。復由上海製造局員馳赴湖北比較數次，兩局所製成槍炮子彈，格式分量，口徑大小，一律合膛，並無歧異。惟江寧製造局所造後膛抬槍，係出新創，各省槍械，均無此式。其兩磅子、一磅子後膛快炮，亦與上海局中所造一律。此外炮架、炮彈、各種槍子拉火等件，分解南北洋各軍應用。以經費有限，未能加撥擴充。該局在江寧城外，粗具規模。且居腹地形勝之區，一旦海上有事，在內地製造，接濟軍需，庶幾緩急足恃。至上海製造局，並能造各項快炮，除炮臺所用之大炮外，其所造四十磅一種，卽北洋之十二生的快炮，其十二磅一種，卽北洋之七生的半快炮，其六磅子一種，卽北洋之五十七米里快炮，其兩磅子一種，卽湖北三生的七快炮。洋廠名稱雖殊，其尺寸大小，則不差累黍。今由上海製造局派員與天津、湖北二局逐一比試，均無參差。其快利新槍，係以舊機參用人工所造，亦頗便利。究嫌費用多而出槍少，去年飭各軍改用小口徑毛瑟快槍。本擬訂造此種槍枝及造槍彈機器，專一仿製，以歸一律。訪之上海各洋行，需欵數十萬，爲期且甚久，一時無此財力。遂仍用舊機，更易機簧，添配車座，訂購改造七米里之毛瑟槍枝槍彈等件，按照合同，每日可出槍十枝。俟安裝全備，卽日開工，嚴定章程，按年按季上聞，以期核實。各局兼造各項快炮，均係新式，尙敷應用。至仿造小口徑毛瑟槍，僅有湖北、上海二廠，其機器一係新購專門，一係舊式更改，能力所限，每年造槍不多，各路軍營，恐難遍給。曾與直隸、湖廣督臣商酌添購造槍新機，無論在津、鄂、寧、滬何廠承造，均以欵絀，未能卽行擴充。南洋軍火經費，但期洋稅暢收，並竭力撙節，另欵存儲，以備添置仿造小口徑毛瑟槍機器一部，能數年之內，機器購全，與湖北槍炮廠分途仿造，以期器械日精。又擬請設立工藝學堂，學習船械槍炮汽雷等各種製造，以廣人才。」是年，浙江巡撫劉樹堂向金陵軍械所撥用德國老毛瑟槍三千枝，子彈一百五十萬顆，供浙省防軍之用。

二十六年，直隸總督裕祿上言：「北洋機器局經費，每年用銀二十五萬餘兩，所造軍火，向供北洋海軍及淮、練各營操防之用。近年經費減收，而向例撥解軍火之外，又加以新練武衞等五大軍，而京師神機、虎槍等營，復時有調撥，每虞缺乏。況增募各軍，皆以快槍、快炮爲利器，各項槍炮子彈，必須自行製造，始能不誤操防。因於光緒二十四年，始陸續購辦製造快炮快槍子彈及造無烟槍炮火藥等項機器，今始由外洋次第運至天津，安設入廠。並派員赴上海、江寧等處，將各局所造快槍、快炮格式，及槍子、炮彈分量，互相討論，取到江南、湖北二局所造槍炮各種子彈，詳加比較，以求畫一。所有北洋增造快槍子廠、無烟火藥廠、快炮子廠，並整頓煉鋼廠等項經費，每年至少須增用銀十五萬兩，應由部臣在各海關洋稅內加撥，以濟軍用。」

二十八年，兩江總督劉坤一以上海製造局自製之新式無烟快槍、車輪快炮協濟廣西軍營。四川總督奎俊以四川省機器局自光緒三年創建廠房，製造槍炮，五年停辦。六年奉旨復開局製造，並增修熟鐵鍋爐碾火藥各廠房，各洋火藥局，迄今二十餘年，所造軍械，成績頗多。而屋宇年久漸多朽壞，一律修造，以濟要工。上年因擴充製造，已增設繪圖委員，既經培修各廠，乃增繪圖房、白火藥房各一所。四川人心浮動，調撥威遠軍一營，常年駐守局旁，以資巡察。並建修表碼廠一所，爲演試槍炮之地。閩浙總督許應騤以上年防務戒嚴，福建機器局製造槍子所需用魚子火藥，及海口炮臺所用炮位藥餅，因外洋禁售軍火，乃采購土硝硫磺，以備製造。復飭機器局，按照洋式，自造車輪快炮並快槍，共采買土硝七萬斤，硫磺一萬斤，自製成魚子洋式火藥五萬磅，各大炮藥餅六百九十三出，三磅子車輪快炮十二尊，十二磅子快炮二尊，後膛新式抬槍一百枝，修改後膛子輪快炮六尊，在海防經費內開支。

二十九年，兩江總督張之洞以滬上之製造局所有機器，七年以前所造，係林明登槍，乃外洋陳舊不用之式。兩年以前所造，係快利槍，乃製造局臆造之式，亦不甚合用。故槍械新舊湊配，出數無多，炮機亦未能完備，而歲費巨款，頗爲可惜。當整頓武備之時，軍營所用槍械，宜歸一律。乃定議上海廠仿照湖北廠，改造小口徑新式毛瑟快槍。惟上海廠槍機不能全備，必須兼以人工，費工多而出槍少。近年雖增機整頓，每日止能出槍七枝，一年出二千餘枝，於武備大局無裨。其炮廠所造車輪炮，亦不甚合用，必須購新式造槍機器，每年能造五萬枝快槍者，添配新式造炮機器，每年能造大臺炮十尊，七生的半口徑快炮二百尊者，庶數年之後，足以應各省之求，而歸畫一。

江西巡撫夏峕以江西省製造局規模狹小，擬先造快槍，向外洋定購小口徑毛瑟槍新式機器全副，每日約能出槍十五枝，彈殼機器全副，每日約能造槍彈三千顆，並向洋商酌配購機件，俾一機能造數器，以期價省而用宏。另備公用機器一副，爲添配修理各廠機器之用。

閩浙總督崇善以福建省於光緒二十五年，將前所移附馬尾船廠之機器，仍移設省城水部門內，專製各炮台炮子炸釘等項。旋於二十六年，在機器局旁擴充地基，增建槍子廠屋一座。又於二十八年，在省城西關外另設製造局，專造無煙快槍。其機器槍子二廠，自開辦至二十八年，止共用經費銀一十七萬八千餘兩，製成三磅子快炮二十四尊，與上海局所造炮同式，福字一號二號陸軍後膛快炮二尊，洋式十二磅半快炮二尊，而機簧標準，均不甚靈捷。尚有修改船廠舊式陸路快炮四尊，福強軍後膛車炮六尊，製造新式後膛抬槍一百枝，改造短柄洋槍一百枝，製造各項後膛槍子三百二十餘萬顆。其餘修理各項洋槍，製造前膛炮子彈等件，爲費甚多。其機器槍子二廠，建設在水部門內人烟稠密之處，存儲軍火，大非所宜，不如西關外製造局地面寬大，不近民居。蓋製造槍炮，與製造子彈，本係一事，與其分廠而費大，不如合廠而費省。乃飭二廠一律暫行停造，歸幷製造一局，將製成槍炮子彈及機件材料，妥爲存儲。其員役工匠，大加裁減，每年只造各式抬槍，及各式子彈，以備操防所用。

山東巡撫周馥以山東省爲海防要地，而軍隊器械不足。請向金陵製造局購新製三十七米里小快炮，湖北槍炮廠購格魯森五生的七過山快炮，並開花子彈。兩江總督張之洞以東西洋各國章程，於槍炮等件，每得新式，一律通行，其舊式軍械概行作廢。今湖北、上海二局，一律專造小口徑毛瑟快槍，乃將上海製造局所存快利槍枝悉行報廢，期軍火日精。河南巡撫張人駿以河南省機器局製造軍械，規模未備，亟應增購槍炮子彈需用銅鐵各料，並自造毛瑟快槍、無烟火藥。山東巡撫周馥以山東省機器局歷年造成各種西式槍枝火藥槍丸，今復采買外洋銅鐵各料，增造各廠機器爐房箱盒。是年，以湖北漢陽廠仿格魯森新式所造五生的三及五生的七之開花炮彈二種，又曼利亞槍彈、黎意槍彈各槍拉火，撥穀軍備用。福建機器局增造無烟火藥機器。

三十年，河南巡撫陳夔龍以河南省原有機器局，因陋就簡，未能講求新法，請增購機器十部，及一切應用物件，並購兩磅銅炮胚二十尊，四磅銅炮胚十尊，以備自行製造，逐漸開拓。兩江總督魏光燾擴充金陵機器局，仿照外洋，製造各式炮位架具、炸彈銅火，及炮台需用各件，分設機器翻沙、鐵木、火箭各廠。

三十一年，兵部議江南、天津、山東各處機器局，並金陵洋火藥局，所有運送軍裝軍火等運費，一律報部。四川總督錫良因奉部臣議，自光緒三十年以後，所有修整廠房機器，並造成機器火藥洋槍等件，遵新章呈報戶部。山東巡撫楊士驤以山東省機器局自創設以來，所造西式各種火藥大銅帽火，各種後膛槍來福槍，各式洋鉛丸，並增各廠機器爐房，尚不敷用。又采買外洋銅鐵物料，擴充製造。河南巡撫陳夔龍擴充河南機器局，卽開工製造槍炮子彈，以供軍實。是年，戶部定議，通飭各省所有機器製造局，以後如采購物料，必報部核銷。

三十二年，四川總督錫良綜核機器局成績，續造機器槍械、蜀利抬槍、利川手槍等一百有四起，火藥二萬餘斤，馬梯尼槍彈、毛瑟槍彈三十餘萬顆。湖廣總督張之洞以湖北省新增鋼藥各廠，所有經費，由兵工總局兌收。兩江總督周馥上言，上海製造局各項軍火，悉仿西式造成，分給各省，共經費二百三十八萬兩有奇，所用材料，多係洋產，工資物價，均無定例，難以常例相繩。陝西巡撫曹鴻勛以陝西省製造局陸續製給各營火藥三萬餘斤，鉛丸七千餘斤，爲滿、綠各營操防之用。直隸總督袁世凱、兩江總督端方會議，令金陵機器局仿照外洋製造各式炮位車輛架具、炸彈銅火以及修配炮台等處需用物件，分設機器翻沙、鐵木、槍子、捲銅、火藥各廠，雇募工匠，常川製造。四川總督錫良擴充川省製造槍炮所，造毛瑟槍彈，一切改良，仿造外洋九響毛瑟等槍子彈，亦能如式命中，修造機件，日益加多。是年，命政務處大臣會同部臣，嚴核各省機器槍炮局廠，五年保奬一次。

三十三年，陸軍部議建四大兵工廠，使所出軍械，日精日多，以備緩急之用。護理四川總督趙爾豐綜核機器局成績，於光緒三十二年內，共修理機器五十九起，舊式洋槍一千餘枝，新造法藍單響毛瑟槍一千四百餘枝，標刀帽火鋮簧一千四百二十餘起，洗把一百四十餘箇，九響毛瑟槍藥彈一百零四萬二千餘顆，毛瑟槍藥殼三十三萬餘顆，單響毛瑟槍藥彈三十三萬六千顆，銅擊火八百顆，十三響馬槍彈一千二百顆，碰火二千顆，紅銅小火四十六萬顆，黃銅釘五十二萬顆，火槍八枝，洋鼓二百十二箇，各項機件一萬五千十一起，已成洋火藥二萬八千一百八十五斤，均經試放合用，分別存儲。

湖廣總督張之洞創建湖北兵工廠，始於光緒十六年，經營籌度，至是年而規模始具。初辦時，每日所出七米里九口徑毛瑟快槍不過十餘枝，復經設法擴充，增置機器，以後每日可造成五十餘枝。槍彈一項，僅日造數千顆，逐漸加造至五萬餘顆。所造三生的七格魯森快炮，自開機至二十五年止，共造成六十餘尊。嗣於二十五年改造五生的七過山快炮，每年可造成六十餘尊至九十尊。開花炮彈，由五萬餘顆遞加至每年七萬餘顆。所造各項槍炮子彈，與來自外洋者無所區別。至鋼藥二種，逐年次第增設煉鋼、拉鋼各廠，所煉出鋼質，亦頗精良合用。火藥廠所造成無烟火藥，足能源源接濟，使兵工廠無誤製造子彈之用。所造軍械至三十二年年底止，共造成馬步快槍十萬一千六百九十枝，槍彈四千三百四十三萬七千九百三十一顆，各種快炮七百三十尊，前膛車炮一百三十五尊，各種開花炮彈六十三萬一千七百顆，前膛炮彈六萬零八百六十顆。辦事各員，不辭勞瘁，寒暑無間，乃能有此成績。光緒二十四年，曾加獎勵，今又及十年之久，仍彙案給獎。安徽巡撫馮煦以安徽省所用槍彈，向年購自他省，乃以原有之造幣廠改爲製造局，爲自造子彈及修理槍械之用，遂購機募匠，開局興辦。四川總督錫良以上年曾派員出洋考察製造軍械事宜，即在德國名廠訂購製造小口徑毛瑟快槍及造子彈、造無烟火藥各種機器，分運到川。因舊日製造局無可展拓，乃另擇相宜之地，建築造槍廠、造槍彈廠、造無烟火藥廠，仿德國蜀赫廠新式自造。

三十四年，直隸總督楊士驤在保定省城內軍械局增建火藥庫及兵房。東三省總督徐世昌以近年東省新軍日增，乃於省城設立軍械總局，吉林、黑龍江二省各設分局，以修械司附屬之。

宣統元年，陸軍部建議，泰西各國軍械製造局廠內首領以次各官，多與我國副、協都統、參領、軍校諸秩相埒。我國製造軍械，設立學堂，將來製造人才造就日多，應仿各國成規，於各製造廠設工官以供驅使。湖廣總督陳夔龍以湖北省兵工鋼藥廠自成立以來，爲軍械要需，每年經費，增銀至八十萬兩，以維局務。

二年，東三省總督錫良在奉天省垣設立軍裝製造局，選集木材鐵革各工師，分科製造，以供奉、吉、黑三省軍隊、巡警之用。

三年，吉林巡撫陳昭常以吉林省陸軍改編成鎮，設立軍械專局，附設修械司，備軍警之需。

綜舉各省製造軍械之事，同治元年，天津初造槍炮，二三年間，江蘇分設機器局於江寧、上海，共設三局。四年，并三局於上海，定名機器製造局。六年，天津擴充製造，設軍火機器局。九年，改名天津機器局。十三年，福建設機器局，自造開花炮。上海製造局仿造林明登槍。天津、上海二局，均仿造水雷。廣東設機器局、軍火局。上海、江寧二局，增槍炮子彈機。光緒二年，派學生藝徒出洋，分赴各國學習製造。湖南、山東二省，均設機器局，自造軍械，不用洋匠。三年，四川設局專造馬梯尼後膛槍。四年，津局造後膛炮。六年，江寧局造來福槍、馬梯尼槍、林明登槍。七年，上海局造炮臺鋼炮。吉林設機器局。江寧增設洋火藥局。十一年，廣東設製造局及水雷局。十三年，江寧局造田雞炮。廣東設槍彈廠。十六年，湖北設兵工廠，所造新式槍炮，爲南北洋、川、廣各製造局所無，並籌備煉鐵廠及開煤礦，爲製造之基。十八年，貴州設爐煉鐵。十九年，天津、上海二局，均設爐煉鐵。上海局增造新式槍炮。湖北設煉鐵廠。二十年，湖北增設炮架、炮彈、槍彈三廠。陝西運取甘肅舊存機器以備造械。二十一年，天津機器局改名總理北洋機器局。廣東造抬槍、綫槍。湖北、江南二省，均增設煉鋼廠、栗色火藥廠、無烟火藥廠。陝西設機器局。二十二年，江南新廠造快利新槍。天津局購機造新式炮子。四川局造後膛毛瑟抬槍。天津局造中機、邊機前門抬槍。湖北廠以舊日之抬槍、綫槍、抬炮、劈山炮，均改造後膛。山東增熟鐵廠、軋銅廠、槍子廠、大槍廠。河南局增造槍彈火藥及造抬槍機器。二十三年，湖北廠增造罐子鋼及造無烟火藥機器。二十四年，山西設製造槍炮廠。上海、天津二局，均增造快炮機器。二十五年，山東增建造槍、造彈、化銅、軋銅各廠。黑龍江設機器局。二十六年，福建增建槍子廠。天津增建快炮子廠、快槍子廠、無烟火藥廠。二十八年，江西局增造槍炮機器。二十九年，福建幷造槍造藥二廠爲一廠。三十年，河南局增造槍炮機器。三十三年，陸軍部議建四大兵工廠。四川設造槍廠、造彈廠、造無烟火藥廠。安徽建槍彈廠。宣統二年，奉天建軍裝製造局。三年，吉林設軍械局。各省機器局廠之設，歷時垂五十餘年，開局遍十七行省，幾經增改，漸就精良。此製造軍械之大概也。

清史稿卷一百四十一

志一百十六

兵十二

馬政

清初沿明制，設御馬監，康熙間，改爲上駟院，掌御馬，以備上乘。畜以備御者，曰內馬；供儀仗者，曰仗馬。御馬選入，以印烙之。設蒙古馬醫官療馬病。上巡幸及行圍，扈從官弁，各給官馬。以副都統或侍衞爲放馬大臣，主其事。上謁祖陵，需馬二萬三千餘匹，東西陵需馬四千三百餘匹，悉取察哈爾牧廠馬應之。迨乾隆時，每扈從用馬匹輒二萬餘。嘉慶中，物力漸耗，停木蘭秋獮。十二年，減額馬之半。道光九年，如盛京謁陵，額馬視乾隆時，約略相等，計取給廠馬暨各盟長所進，蓋二萬六千餘匹云。

順治十五年定軍馬，親王出征，馬四百匹，郡王三百，貝勒二百，貝子百五十，鎮國公百匹，輔國公八十，不入八分鎮國公七十，輔國公六十五，將軍八十，副將軍七十，護軍統領、前鋒統領、副都統皆六十，其下各有差，最少者護軍、領催各六匹。康熙三十五年，敕出征兵一人馬四匹，四人爲伍，一伍主從騎八匹，馱器糧用具亦八匹。是歲，征噶爾丹，以兵丁馬瘦，褫兵部尚書索諾和職。五十一年，覈定軍中職官馬數，大學士、尚書、左都御史十六匹，侍郎以下遞減，經略、大將軍各二十五匹，副將軍以下遞減。乾隆十六年，八旗牧官馬二萬七千七百餘匹，以萬匹於都城外牧養，熱河千匹，各莊頭二千匹，餘者分畀直隸標營。圈馬之設，始乾隆二十八年，從都統舒赫德請也。滿洲八旗，旗養馬二百匹。蒙古八旗，旗百匹。洎五十九年撤圈，分給各兵拴養。嘉慶十二年，諭成親王永瑆議復圈馬，大學士戴衢亨等會議，立章程十條，圈馬仍舊。道光末，軍興遂廢，後亦不復籌矣。同治元年諭曰：「馬政廢弛，積弊已深，以致軍馬罷瘠。牧廠大臣等應妥實整頓，差功罪以挽頹風，著爲令。」湖自世祖入關，迄於康、乾之際，盛京、吉林、黑龍江、直隸、江南、浙江、廣東、福建、湖北、四川、陝、甘、山東、山西諸省設駐防滿洲營，馬凡十萬六千四百餘匹，惟福建水師駐防僅數十匹。乾隆季年，定西藏兵制，前藏供差營馬六十匹，後藏二十匹，舊塘四十三，共塘馬二百二十匹，新設番塘二十四，共番馬九十八匹。黑龍江兵向無額馬，道光十六年，從哈豐阿請，始設置之。

天聰時，征服察哈爾，其地宜牧，馬蕃息。順治初，大庫口外設種馬廠，隸兵部。康熙九年，改牧廠屬太僕寺，分左翼右翼二廠，均在口外。是時，大凌河設牧廠一，邊牆設廠二，曰商都達布遜諾爾，曰達里岡愛，隸上駟院。尋分設牧廠五，曰大凌河牧羣馬營，曰養息牧哈達牧羣馬營，曰養息所邊外蘇魯克牧牛羊羣，及黑牛羣牧營，曰養息牧邊外牧羣牛營，並在盛京境。凡馬牡曰兒，牝曰騍，不及三歲曰駒，及壯擇割其牡曰騸。別其騍騸以爲羣，率騍馬五配兒馬一，羣無過四百匹。騍馬及羊三年一平羣，牛六年，騍馬羣三歲以息補耗，三馬而取一駒，騸馬羣歲耗其十一。置牧長、牧副、牧丁任其事，轄以協領、翼長、總管，官兵皆察哈爾、蒙古人充之。飼秣所需木槽鏇鑿钁杓，每羣各二，五年一給之。總管三年番代。二十四年，定牧羣牲畜歲終彙報增減數目，視其贏絀，以第賞罰。二十六年，令八旗豢馬，春夏驅赴察哈爾牧放，曰出青，秋冬回圈，曰回青。四十四年，將軍楊福請市馬給兵丁，上不許，諭曰：「朝廷屢以太僕寺廠馬並茶馬給各兵丁，故無賠馬之苦。歷觀宋、明議馬政，皆無善策。牧馬惟口外最善，水草肥美，不糜餉而孳生甚多。如驅入內地牧之，卽日費萬金不足矣。」雍正三年，定在廠馬以四萬匹爲率。至乾隆五年，足額外，溢七千餘匹。兩翼牧廠，共騍馬百六十羣，騸馬十六羣，令分在兩翼廠牧放。八年，敕牧界毋許侵越。先是甘、涼、肅三州及西寧各設馬廠，分五羣，羣儲牝馬二百匹，牡四十。尋改甘州廠屬巴里坤。二十五年，伊犁設孳生馬駝廠，畀錫伯、察哈爾、索倫、厄魯特四營牧之。三十二年，定牧廠官屬所需馬，視內地驛傳例，按官品給之，不得逾額。嘉慶中，從都統慶溥言，撤回厄魯特人牧廠。初，富俊建言，撤大淩河牧廠，分歸東三省，仁宗嚴諭斥之。迨道光七年，上經杏山東閱馬廠，見河岸馬羣壯整。因諭是間牧廠寬闊，水草蕃滋，馬恃以生息，若輕議裁，則散之甚易，聚之甚難。再有率爲此請者，以違制論。咸豐四年，科爾沁親王僧格林沁剿捻，檄取察哈爾戰馬六百匹，不堪乘用，奏聞。上大怒，嚴諭都統慶昀整頓，蓋馬政漸衰弛矣。光緒九年，太僕寺言兩翼騍馬騸馬一百十四羣，幷孳生馬五羣，駝亦五羣，較乾隆時羣數大減。嗣是穆圖善練兵，至黑龍江求馬無良，愀然曰：「地氣其盡乎！」迨於末葉，厲行新法，舊時牧政益廢不講，豈非時勢使然歟？

順治初，陝西設洮岷、河州、西寧、莊浪、甘州茶馬司，及開成、安定、廣寧、黑水、清平、萬安、武安七監，歲遣御史一人專理之。七年，喀爾喀、額魯特來市馬，諭令自章京監察之販客及賈人，與不係披甲者，概不許購，違者鞭一百，馬入官。蒙古攜馬來京，不許商販私買，胥役私購者罪之。康熙七年，裁茶馬御史，以馬政歸甘肅巡撫。三十四年，諭遣師中等往蒙古諸旗購馬，歸化城、科爾沁各二千匹，餘定額有差。乾隆十二年，禁朝鮮買馬。二十五年，敕烏魯木齊市易哈薩克馬百三十餘匹歸巴里坤。旋以五吉等言，選哈薩克所易馬撥往巴里坤，遂停購買。阿桂言伊犂易來哈薩克馬漸成大羣，敕書嘉予。二十八年，定江寧、浙江、福建駐防馬匹出口採買例。三十二年，以伊犂易哈薩克馬累積至多，擇巴里坤善地牧放。尋烏里雅蘇臺馬缺，亦以哈薩克馬換易之。陝、甘營馬，例調自伊犂轉補，道遠耗時。咸豐四年，用賡福請，由伊犂、塔爾巴哈臺隨地變價，令各營自購。七年，並敕山東缺額馬，亦就近買補云。

貢馬昉於國初，歸化城土默特二旗，每歲四時貢馬百匹。順治十三年，吐魯番貢三百二十四匹，嗣減令貢西馬四匹，蒙古馬十匹。康熙八年，以邊外蒙古貢馬，沿途抑買，諭嚴禁之。三十年，諭土謝圖、車臣俱留汗號，貢白駝一、白馬八如初，自餘毋以九白進。三十五年，喀爾喀蒙古獻駝馬，多不可計，感聖祖破噶爾丹，得歸原牧地也。四川各土司例貢及折徵馬，各營少者一、二匹，最多十二匹。甘肅唐古特七族西喇古兒例貢馬匹，各營最多者八十二匹，少者遞減至二、三匹。乾隆元年，諭四川土司折價馬每匹納銀十二兩，通省營馬改從驛馬例，納銀八兩，永著爲令。三十年，哈薩克沁德穆爾等獻馬。敕其餘馬赴伊犂，毋於喀什噶爾諸地貿易。尋令沙拉伯爾游牧之哈薩克，與沙拉伯爾一體貢馬。嘉慶元年，停葉爾羌進馬。十六年，諭烏里雅蘇臺將軍等貢馬及備用馬選取之。又諭伊犂進馬，材具佶閑，足供御用，令正備貢各五匹，有私帶者，以違制論。道光二年，從那彥成奏，青海屬玉樹番族歲納貢馬，據丁口數，依二十壯丁貢馬一匹例，按數遞裁。凉州屬番族歲仍納馬一匹。初內外蒙部多貴戚，每征伐，爭先輸馬、駝，漢、唐以來所未有也。康熙初，察哈爾親王、郡王、貝勒等，聞三藩叛，各獻馬匹佐軍。道光九年，章佳胡圖克圖捐馬百匹，收其半。二十三年，察哈爾蒙旗捐馬千九百七十匹。咸豐初，哲布尊丹巴等捐馬千匹，喀爾喀土謝圖等二千匹，錫林果勒盟長等三千匹，帝以其多，卻之。嗣聞已在途中，令擇善地牧以待用。自是三音諾顏部等，以軍事輸馬、駝，旋捐馬二千一百，錫林果勒盟等千二百，或留或否。七年，各部落蒙古王等捐馬六千四百匹，詔納之。時粵、捻擾畿東，利於用騎也。同治間，黑龍江將軍德英於呼倫貝爾各城勸捐軍馬。光緒初，豐紳托克湍辦海防，時昭烏達盟郡王捐馬六百匹，因請踵行推廣勸諭，以助軍實云。

驛置肇自前漢，歷代因之。清沿明制，設驛馬，爲額四萬三千三百有奇。各省驛制，定於康熙二年，凡齎奏官驛馬之數，各藩馬五匹，公、將軍、提督、督、撫三匹，總兵、巡鹽御史二匹，從兵部侍郎石麟請也。邊外之驛，定於九年，凡明詔特遣，及理藩院飭赴蒙古諸部宣諭公務，得乘邊外驛馬。三十五年，征噶爾丹，設邊外五處驛站，用便車糧運輸。又從理藩院言，自張家口外設蒙古驛。其大略也。驛傳在僻地者，僅供本州縣所需，亦曰遞馬，額不過數匹。衝繁州縣，置驛或二或三，額馬至六七十匹。驛差大者，皇華使臣，朝貢蕃客，餘如大臣入覲、蒞官、視鹺、監稅皆是。若齎奏員役，呈奉表册，其小者也。要者，如星馳飛遞，刻期立赴之屬。若閔勞恤死，允給郵傳，其散者也。驛政弊壞，張汧嘗極言之。越數誅求，橫索滋擾，蠹國病民，勢所必至。已定例諸驛額馬，每年十踣其三，循例買補。咸豐中，粵氛孔熾，湖、湘境爲賊據，劫失驛騎，焚毁號舍，往往有之。各州縣或買馬塡補，或賃馬應差，其有失驛未設，卽雇夫代馬。甘肅舊設馬額六千餘，亦以軍興廢弛。光緒九年，軍務旣平，驛遞漸簡，所留馬視前減三分二，而驛政亦無所妨。十一年，新疆南路設驛。是時，綜通國驛站歲費，約三百萬餘金。二十九年，劉坤一、張之洞條陳新法，謂驛站耗財，不如仿外人之郵政。郵政遞信速，驛政文報遲。弊由有驛州縣馬缺額，又復疲瘦，驛丁或倚爲利藪，因致稽延。請設驛政局，推行郵政，俾驛舖經費專取給郵資，卽三百萬歲耗可以省出矣。時韙其言。已而驛馬漸裁，嗣是驛遂廢不用。

順治初，建常盈庫，凡車駕司朋椿站銀，武庫司馬値，太僕寺馬價皆儲之。康熙初，改常盈庫儲歸戶部。乾隆十六年，敕雲南營馬除十踣其三按例應賠外，其逾額踣斃者免賠椿銀。二十七年，定給留圈馬乾，每匹視綠營稍優異。三十八年，又令雲南買補馬價，每匹減銀三兩。初馬乾歲費約四十四萬有奇。道光中，從載銓等言，裁八旗官拴馬半額，以節出之費補兵餉焉。

清初定現任官得養馬，餘悉禁之。尋許武進士、武舉、兵丁、捕役養馬。康熙元年，禁民人養馬。有私販馬匹，爲人首告者，馬給首告之人。其主有官職，予重罰。平民荷校鞭責。十年，令民人仍得養馬。二十六年，定出廠馬、駝，或踐食田禾，或縱逸侵擾，兵鞭責，官罰俸有差。其兵丁强人代牧，及勒索擾累者，兵發刑部，官降調。凡牧馬斃，則驗其皮，賠斃例須賠抵，有一九、一七之罰。應取駒千匹者，以百匹爲一分，百匹者以十四爲一分。雍正十三年，定馬、駝出廠時，毛齒皆有册，回日覈驗，如疲瘠十不及三，免議，否則兵鞭責，官罰俸有差。乾隆初，禁牧丁等盜馬私售，及與人乘，峻其科罰。十六年，嚴牧馬減剋料草之罪。二十八年，官馬出青，每百匹准倒十匹，逾額勒其買補。嘉慶十一年，行圍木蘭，查獲私販馬匹諸犯，重懲之。因諭：「我朝講武時巡，扈從均給官馬。大臣祿入較優，給馬較少。官員兵丁，視差務之繁簡，定馬數之多寡，少者一、二匹，多至五匹，事竣原馬還官。如賠斃，呈驗耳尾，仍按價折交。收放時，命王大臣督察。乃官兵等竟私鬻官單，察哈爾官兵收馬利，其折銀易於買補。積弊日深，大妨馬政。自後設有賣單及折收者，一體科罰。私買之馬販，從嚴問擬。大臣等其妥議定章以聞。」凡營馬或走脫竊失，責令賠補，謂之賠椿，年遞減十之一，至十年悉免之。應敵傷損者免賠。騎至三年賠斃者亦免。其餘一年或二三年內賠斃，賠額視其省而異，以十金爲最多。同治二年，定古北口盤獲私馬逾三十匹者送京，不及三十匹賞與兵丁，著爲令。